# 国际象棋快速入门

刘新 编著

人民体育出版社

图书在版编目(CIP)数据

国际象棋快速入门/刘新编著. – 北京：人民体育出版社，2016
ISBN 978-7-5009-4888-9

Ⅰ.①国… Ⅱ.①刘… Ⅲ.①国际象棋–基本知识
Ⅳ.①G891.1

中国版本图书馆 CIP 数据核字（2015）第 259957 号

\*

人民体育出版社出版发行
三河紫恒印装有限公司印刷
新 华 书 店 经 销

\*

850×1168　32 开本　10 印张　250 千字
2016 年 4 月第 1 版　2016 年 4 月第 1 次印刷
印数：1—5,000 册

\*

ISBN 978-7-5009-4888-9
定价：25.00 元

社址：北京市东城区体育馆路 8 号（天坛公园东门）
电话：67151482（发行部）　　邮编：100061
传真：67151483　　　　　　　邮购：67118491
网址：www.sportspublish.com

（购买本社图书，如遇有缺损页可与邮购部联系）

# 前 言

"国际象棋是智慧的体操",这是伟大的革命导师列宁对国际象棋这一智力体育项目的评价。一点不错,1500多年来国际象棋这项古老却又生机盎然的体育项目,以它独特神奇的魅力,吸引了全世界众多爱好者。它的世界性组织——国际象棋联合会目前已有169个国家和地区。

我国于1956年将国际象棋列为正式体育竞赛项目,此后棋运与国运相伴。随着我国改革开放、经济发展和综合国力的迅速提升,国际象棋运动经历了起步、坎坷、振兴,走向了腾飞。自1991年谢军首次夺得国际象棋女子世界冠军以来的20年间,中国棋手长盛不衰,不断在世界大赛上连创佳绩。诸宸、许昱华、侯逸凡先后夺得女子世界冠军,中国女队曾蝉联过四届世界团体赛的冠军。中国男队在2014年第41届世界奥林匹克团体赛上首次登顶,夺得男子团体冠军轰动了世界,打破了欧美棋手对男子奥赛长达87年的垄断。这个源于亚洲、兴于欧洲的智力体育项目,再次回到亚洲,来到中国。随着"国际象棋热"在华夏大地兴起,涌现出一大批爱好者,越来越多的青少年参加到这一有益于智力开发的活动中。

天津外国语大学是一所中西合璧、内外兼容、人才济济的高等院校。结合外语院校自身的特点,在校领导的大力支持下,国际象棋作为体育课的一个项目于2000年走进课堂。有着悠久历史的国际象棋,不仅是一个体育项目,更是一个中西融合的文化载体。通过这一载体可以拉近中国与世界的距离，促进中西方文化的交流。经过多年的探索与实践，国际象棋这一寓教于乐的智力体育项目在校园中蓬勃开展起来，受到学生的一致欢迎和好评。

我热爱天外，这里有培养我的老师，有志同道合的同事，是他们的教导和鼓励使我在学业和工作上不断提高、努力前进。根据多年的教学、训练、比赛经验，我编写了这本国际象棋普及读物，力求在内容上对国际象棋基本理论有比较全面、系统的阐述，引领爱好者尽快步入国际象棋的艺术殿堂。

此书在编写过程中承蒙姚振章、吴文辉、张艳光、吴蓉蓉、张晓欣、王蓓蓓、刘娜、吴维静及人民体育出版社姚垚的热心帮助，在此表达深切的谢意！

由于水平有限，疏漏与不当之处难免，恳请广大读者和行家指正。

刘 新<br>2015 年 10 月

# 目 录

**第一章 基本规则** …………………………………… (1)

 一、棋盘和棋子 ………………………………… (1)

 二、行棋着法 …………………………………… (5)

 三、王车易位 …………………………………… (20)

  练习题 ……………………………………… (24)

 四、记录方法 …………………………………… (25)

 五、胜负 ………………………………………… (33)

  练习题 ……………………………………… (41)

 六、和棋 ………………………………………… (43)

  练习题 ……………………………………… (50)

 七、比赛须知 …………………………………… (53)

  练习题 ……………………………………… (55)

**第二章 子力价值与性能** …………………………… (56)

 一、子力价值 …………………………………… (56)

 二、子力兑换 …………………………………… (57)

 三、子力的特点和作用 ………………………… (60)

  练习题 ……………………………………… (74)

1

## 第三章 杀单王 ……………………………………（78）

一、强子配合杀单王 …………………………（78）
    练习题 ………………………………………（80）

二、后杀单王 …………………………………（81）
    练习题 ………………………………………（83）

三、车杀单王 …………………………………（83）
    练习题 ………………………………………（85）

四、双象杀单王 ………………………………（86）
    练习题 ………………………………………（88）

五、马象杀单王 ………………………………（89）
    练习题 ………………………………………（92）

六、双马对单王 ………………………………（93）

## 第四章 基本战术 …………………………………（95）

一、击双 ………………………………………（95）
    练习题 ………………………………………（100）

二、闪击 ………………………………………（103）
    练习题 ………………………………………（110）

三、牵制 ………………………………………（113）
    练习题 ………………………………………（118）

四、消除防御 …………………………………（122）
    练习题 ………………………………………（129）

五、引离 ………………………………………（132）
    练习题 ………………………………………（137）

六、引入 ………………………………………（140）
    练习题 ………………………………………（146）

## 目录

七、堵塞 ……………………………………… (149)
    练习题 …………………………………… (154)

八、拦截 ……………………………………… (157)
    练习题 …………………………………… (162)

九、腾挪 ……………………………………… (165)
    练习题 …………………………………… (172)

十、过渡 ……………………………………… (175)
    练习题 …………………………………… (179)

**第五章 残局基础** ………………………………… (182)

一、王兵残局 ………………………………… (182)
  （一）正方形法则 ………………………… (182)
    练习题 …………………………………… (187)
  （二）对王和关键格 ……………………… (189)
    练习题 …………………………………… (199)
  （三）王单兵对王单兵 …………………… (201)
    练习题 …………………………………… (214)
  （四）王双兵对王单兵 …………………… (217)
    练习题 …………………………………… (226)

二、各种子力对单兵 ………………………… (230)
  （一）后对兵 ……………………………… (230)
    练习题 …………………………………… (237)
  （二）车对兵 ……………………………… (239)
    练习题 …………………………………… (243)
  （三）象对兵 ……………………………… (245)
  （四）马对兵 ……………………………… (246)
    练习题 …………………………………… (249)

三、各种子力的相互对抗 …………………… (251)
    练习题 ………………………………………… (260)
  四、车单兵对单车 ……………………………… (264)
    练习题 ………………………………………… (277)

第六章　常用开局 …………………………………… (282)
  一、开放性开局 ………………………………… (282)
  二、半开放性开局 ……………………………… (294)
  三、封闭性开局 ………………………………… (303)

# 第一章 基本规则

国际象棋棋艺理论博大精深,战术组合精彩纷呈,而基本规则却简单易学,对弈时趣味无穷。因此,国际象棋是深受人们喜爱的智力游戏。

下国际象棋只需一张棋盘、一副棋子,知道了基本棋规,就可以"纹枰对坐,从容谈兵"。

## 一、棋盘和棋子

如图1,这个漂亮的正方形图案就是国际象棋棋盘。

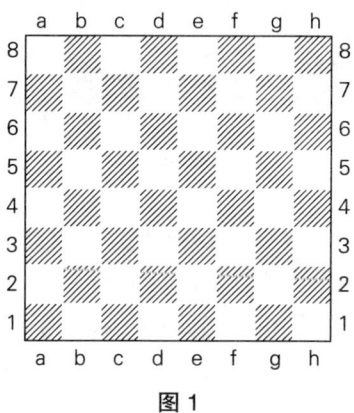

图1

棋盘由颜色深浅交错排列、大小相等的共 64 个小方格组成。深色格叫黑格，浅色格叫白格。黑格和白格各有 32 个。

下棋时，棋盘摆在对局者之间，双方右下角必须是白格，左下角必须是黑格。

如图 2，棋盘上有直线、横线和斜线。直线和横线各有八条。以白方为基准，八条直线从左到右分别用 a、b、c、d、e、f、g、h 八个小写拉丁字母来表示；八条横线从下到上分别用 1、2、3、4、5、6、7、8 八个阿拉伯数字来表示。斜线由同色格对角相连的斜行线路组成，共有 26 条。

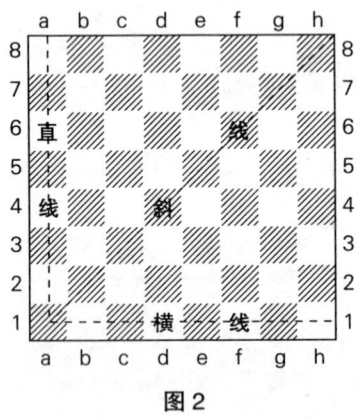

图 2

如图 3，我们已经知道了棋盘上每个小方格都是直线和横线的交叉点，因此它们可用直线的小写拉丁字母和横线的阿拉伯数字结合起来表示。如 a 线上第 1 横线的小方格用"a1"来表示，b线上第2横排的小方格用"b2"来表示，依次类推，这样棋盘上64个小方格都有了一个固定的名称。

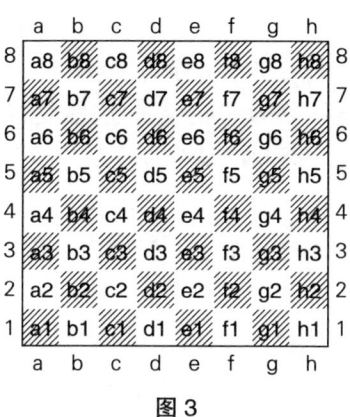

图3

棋盘是国际象棋的战场，请参照图4和图5。

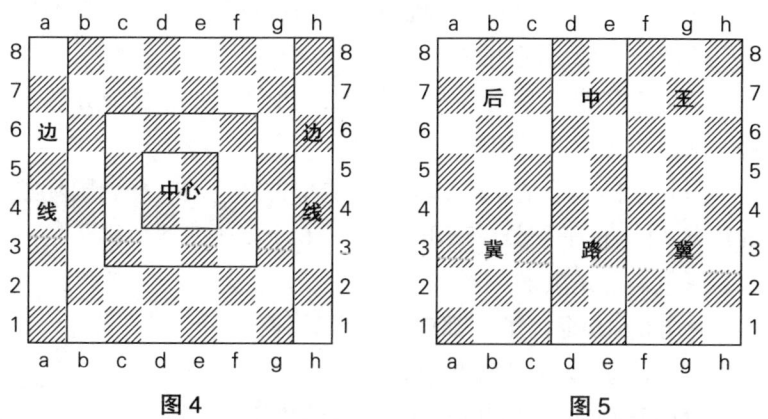

图4　　　　　　　　　图5

由 d4、d5、e4、e5 这 4 个格子组成的区域称为"中心"，由 c3–c6–f6–f3–c3 组成的区域称为"扩大的中心"，一共有 16 个格子。

中心地带视野开阔，利于子力调动，是棋盘上最重要的制高点，尤其在开局中是双方争夺的要点。

第 1 和第 8 横线称为"底线"。底线是双方王在开局、中局阶段所处的地带，因此也是双方攻防的重要地带，要给予格外关照和高度重视。

a1、a8、h8、h1 这 4 个小方格称为"角格"。

a、h 两条直线称为"边线"。

a、b、c 三条直线所组成的区域称为"后翼"。

f、g、h 三条直线所组成的区域称为"王翼"。

d、e 两条直线所组成的区域称为"中路"。

由同色小方格斜角相连而形成的线格称为"斜线"。斜线长短不一，最长的两条分别为 a1–h8 和 h1–a8 大斜线，最短的四条分别为 a2–b1、a7–b8、g1–h2、h7–g8。

在国际象棋中经常会出现斜线上的进攻，也是初学者不易适应的线路，应引起注意。

总之，棋盘是国际象棋的战场，初学者一定要十分熟悉它，这对于今后的学习很有必要。

国际象棋棋子是立体形状的，造型古朴生动。一副国际象棋共有 32 个棋子，分成两组，每组 16 个棋子。浅色棋子是白棋，深色棋子是黑棋。

每方的 16 个棋子，都包括 6 个兵种：1 个王、1 个后、2 个车、2 个马、2 个象和 8 个兵。

对局开始时，双方棋子在棋盘上的摆法如图 6。

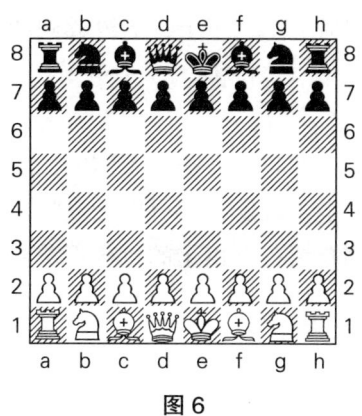

图 6

请注意，白方的棋子摆在第 1、2 横排上，黑方的棋子摆在第 7、8 横排上。双方王和后的位置不能摆错，一定要把白后摆在白格（d1 格），黑后摆在黑格（d8 格）。

图中双方棋子在棋盘上摆放的位置，叫原始位置。

白方各子在棋盘上的原始位置是：王 e1，后 d1，车 a1 和 h1，马 b1 和 g1，象 c1 和 f1，兵 a2、b2、c2、d2、e2、f2、g2、h2。

黑方各子在棋盘上的原始位置是：王 e8，后 d8，车 a8 和 h8，马 b8 和 g8，象 c8 和 f8，兵 a7、b7、c7、d7、e7、f7、g7、h7。

对局时，规则规定由白方先走，黑方后走，一次走一着，双方轮流走棋，直到对局分出结果为止。

## 二、行棋着法

在对局时，轮走棋的一方按走子方法把自己的某个棋子从所在的格子移动到另一个格子上，无论移到的格子是否有对方的棋子，都叫走一步（着）棋。

6个兵种中，王、后、车、马、象的走法和吃子方法是一致的，只有兵的走法和吃子方法是不同的。所有棋子吃子时不分强弱，只要符合走子规定，都可以相互吃掉对方任何子力。

下面我们分别介绍各个棋子的行棋着法。

## （一）王的着法

王直走、横走、斜走都可以，每次只能走一格。从图7中可以看到：王在a1时可以走到a2、b1、b2。王在e8时可以走到d8、d7、e7、f7、f8。王在e4时可以走到d3、d4、d5、e5、f5、f4、f3、e3。即图7中带黑点的任一格内。

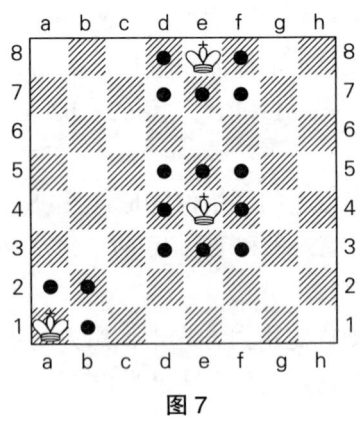

图 7

虽然王的移动每次只能走一格，但作用不可忽视，尤其在残局中王的作用尤为重要。

王和其他棋子的共同之处，是王在它能到达的格子上，可以把对方的任何子力吃掉（对方的王除外）。王和其他棋子不同之处，是王不能和对方任何子力交换；不能走到对方控制的格位内"送吃"；也不能吃有保护的棋子。

如图8，白王可以吃掉黑车，但不能吃黑马，因为有车保护，也不能吃黑兵，因为有马保护，也不能走到f6格，因有黑王控制。

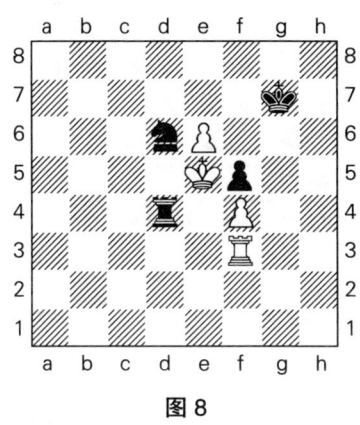

图8

如果把此图中的黑车移至d1格，这时白王暂时哪里也走不了，因为不能走到对方控制格内送吃，也不能吃马或吃兵，因为它们分别有己方车和马的保护。请大家一定要弄明白以上规定。

国际象棋被称为追捕国王的智力游戏，王的命运决定一局棋的结果。因此王是国际象棋中最重要的棋子。

## （二）后的着法

后直走、横走、斜走都可以，格数可多可少不受限制。从

7

图 9 中可以看到，后在中心 d4 格能走到的格子共 27 个。即图 9 中带黑点的任一格内。而在边线或角格能走到的格子各有 21 个。

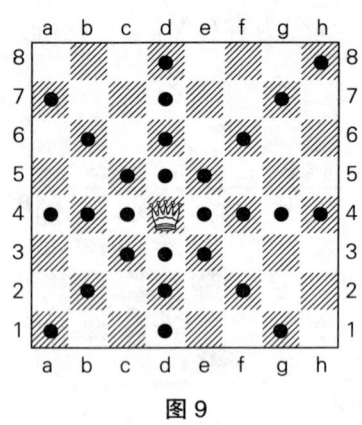

图 9

后的吃子方法和走法一样。在后一步棋能到达的格子上，如果有对方的棋子存在，后就能把这个棋子吃掉。

由于后既可走直横线又可走斜线，因此它是战斗力最强的棋子，称为"强子"。但是在开局阶段不宜贸然出动，以免受攻而失先。

如图 10，白后横线捉象，直线捉马，斜线捉车，可见后的威力之大。黑方只好先逃车，让白后挑一个子吃。

如图 11，白后虽然直线捉马，斜线捉车，但白后哪个子也不敢吃，因为黑方三个子互相保护着，白后如吃车，黑马可吃白后，白后如吃马，黑象可吃白后，因为后的价值相当于两个车或双马加一象，或双象加一马。一个后只换对方一个车或一个马是不合算的。

# 第一章 基本规则

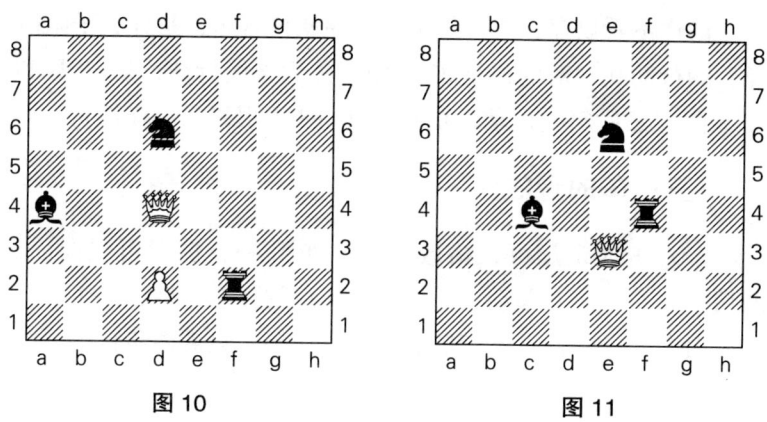

图 10　　　　　　　　　图 11

当后的行动线路上有其他子力（包括己方和对方）阻碍时，后不能跳跃过去行棋。

我们将图10稍加改动，形成图12，由于白后在吃黑方车、马、象的线路上都有子力阻碍，因此白后现在不能吃这三个子了，只能吃d6兵。

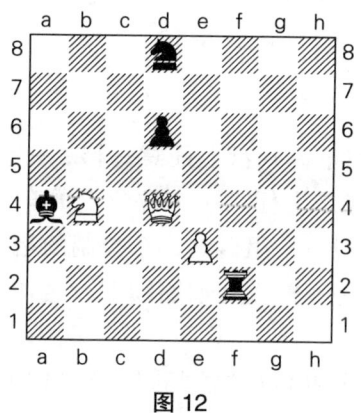

图 12

请你不看棋盘,想一想黑方在原始位置时,是什么子阻碍黑后的行动呢?对的,是d7兵阻碍黑后直线行动;是c7兵和e7兵阻碍黑后斜线行动;是c8象和e8王阻碍黑后横线行动。

## (三) 车的着法

车直走横走均可,格数不限。如图13,白车可以向前、向后、向左、向右移动,即盘上带黑点的任意一格,共14个。如果白车要走到盘上不带黑点的任意一格,只需两步棋即可。

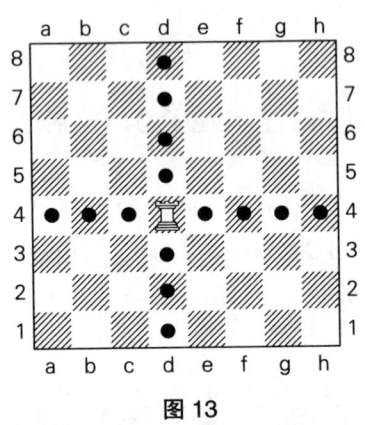

图 13

把图13中的车挪到盘上任意一格,一步棋能走的格子都是14个,也就是说任意一个位置上的车,在没有其他子力(包括己方和对方)阻碍时,车控制的格子是一样的。因此在对局中通常把车放置在通路线上,这样才能发挥它最大的作用。

车的吃子方法和走子方法相同,图14中的白车可以吃掉图中任一黑子。

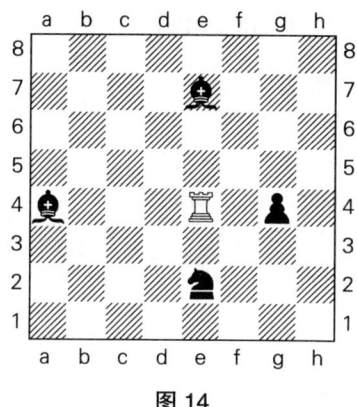

图 14

车的威力仅次于后,也属于强子。车的价值相当于一个半马(或象)。在中局阶段作用很大,与其他子力配合攻王,颇具威力。残局时,车的作用更能得到充分发挥。

## (四) 象的着法

象沿斜线走,格数不限,和后、车一样也不能越子行走和吃子。每方有两个象,一个在白格,叫白格象,一个在黑格,叫黑格象。由于走法决定,因此象只能在同种颜色的格子中行动。可谓分工明确,各尽其责。

如图 15 是象的行棋方法示意图。图中的白格象可以走到带叉子的任一格内,可以看到位于中心格的白格象可以走

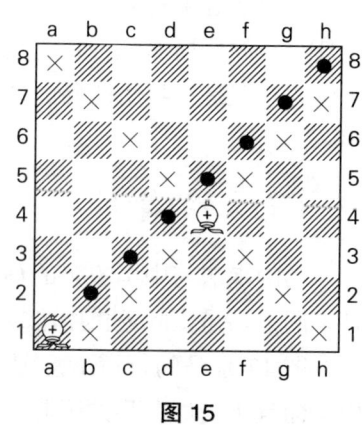

图 15

到的格子有 13 个。而位于盘角的黑格象可以走到的格子只有 7 个，即棋盘上带黑点的任一格。

图 16 是象的吃子示意图。象的吃子方法和行棋方法相同，图中的白格象可以吃 b5 车或 g2 马。黑格象可以吃 a7 和 f6 兵，c3 车及 g1 马的任一黑子。

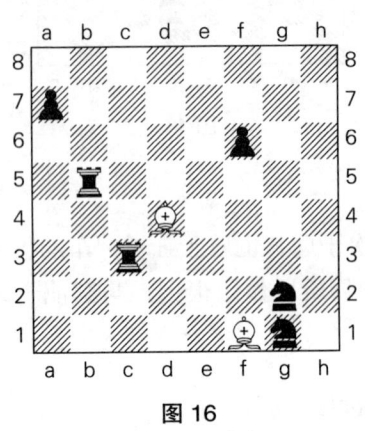

图 16

象属于远射程轻子，动作迅速，十分灵活而且隐蔽性强，尤其在开放性局面中，它的威力更大，在与后或车配合时颇具杀伤力。但是在封闭性局面中由于受到兵链的制约，其威力减弱。

## （五）马的着法

马的走法与中国象棋的马一样，即走"日"字，与其他兵种不同，马是国际象棋中唯一可以越子走的棋子。

图 17 是马的行棋示意图。图中的马可走到任一带黑点格内，而且不受周围兵的限制，即没有蹩马脚的限制。

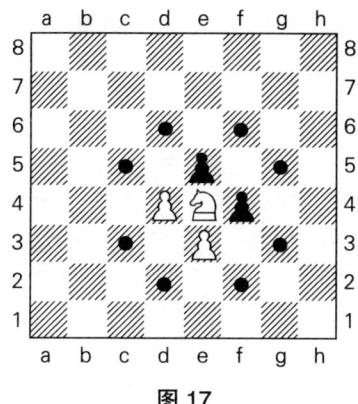

图 17

图 18 是马的吃子示意图。可以看出马的吃子方法和行棋方法一致，此时白马可以吃掉图中的任一黑子。

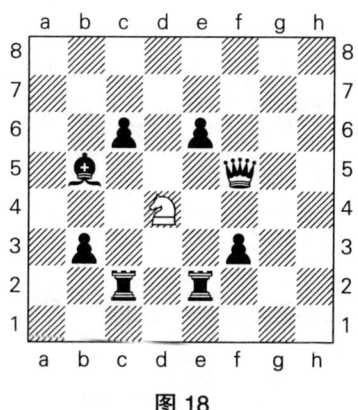

图 18

马的行棋方法独特可归纳如下三个特点：

马的第一个特点，是在国际象棋各种棋子中，马是唯一可以越子行棋的棋子（包括己方和对方）。

如图 19，在马的四周摆放了一圈棋子，但马仍可跳到图中带黑点的任一格子内。

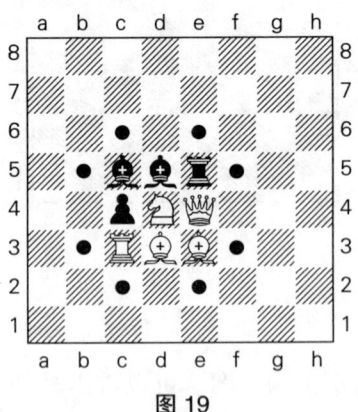

图 19

马的第二个特点，是马越位于棋盘中心，所能到达或控制的格子就越多。

如图 20 显示出马在各种不同位置时所控制的格数。处在 a8 角格的马控制格只有 2 个，即图中 b6 格和 c7 格。处在 g8

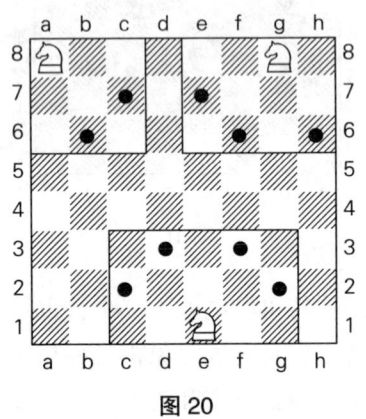

图 20

格的马，由于位置接近盘角，所以它的控制格只有 3 个，即图中 e7 格、f6 格及 h6 格。处在 e1 格的马，控制格有 4 个，即图中 c2 格、d3 格、f3 格、g2 格。而位于中心及扩展中心的马，控制格最多共有 8 个格，故有"马跳八方"之称。

马的第三个特点，是马每走一步，就换一次颜色，因此又称"变色龙"。

马和象一样属于国际象棋中的轻子，马是近程行进的棋子，虽然调动较慢，但由于特点独特，穿透能力强，在某些封闭性局面中能完成其他子力不能完成的重任。

## （六）兵的着法

兵只能向前直走，不能后退，也不能横走或斜走。在原始位置的兵可以根据情况向前直走两格或一格。凡是不在原始位置上的兵每步只能向前直走一格。

图 21 是兵在原始位置时行棋示意图。图中 d2 兵和 h2 兵可以走到带黑点的任一格内（直走两格或一格）。

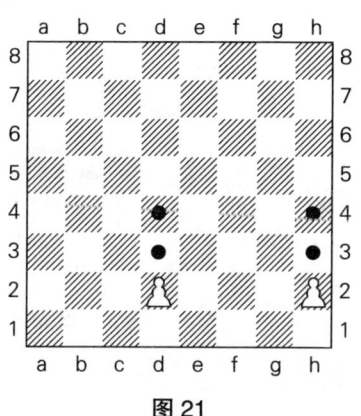

图 21

图 22 是兵不在原始位置时行棋示意图。图中 d3 兵和 h5 兵只能走到带黑点的格内（直走一格）。

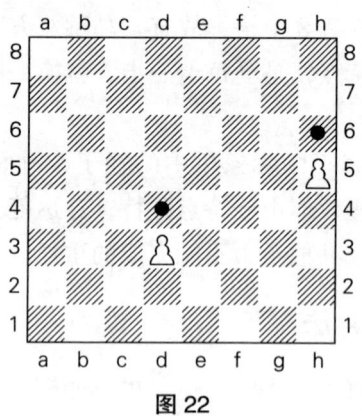

图 22

兵是六个兵种中唯一的走子方法和吃子方法不同的棋子。它是直进斜吃的，如果兵在斜进一格内有对方的棋子（或兵）存在时，就可以吃掉它而占据此格。图 23 是兵吃子方法示意图。图中白 d2 兵可以吃掉 c3 黑车或 e3 黑马，黑 g6 兵可以吃

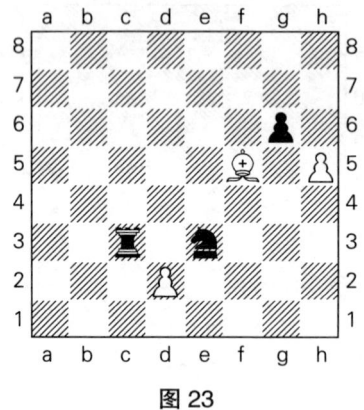

图 23

掉 f5 白象或 h5 白兵。

图 24 所示是双方兵均不能吃子的情况：a2 白兵前面有黑马，白兵是不能吃黑马的；白方 e4 兵和黑方 e5 兵对顶互相阻挡形成"对顶兵"，这时双方的兵都不能前进或互吃，黑方 h7 兵可以前进一格走到 h6，但不能走到 h5 吃掉白方 h5 象。

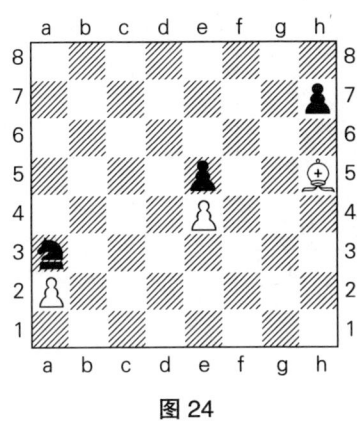

图 24

总之，兵的行棋着法是直着前进，但在它前进的格子上有棋子阻碍时，它就暂时无法移动，只能处于僵持状态。而吃子方法是斜进一格吃子。故概括为"直进斜吃"。

### （七）兵的特殊走法

除了上述兵的一般着法外，关于兵还有两项特殊着法：

#### (1) 吃过路兵

如果兵从原始位置向前走两格时，恰好和相邻直线上的对方小兵并排在一起，那么应着时对方这个小兵可以把此兵吃掉，并把自己的小兵放在斜吃一格的格位里。

图 25 是白方 e2 兵在原始位置时的情况。

图 26 是白方 e2 兵向前直走两格和黑方 d4 兵并排在一起时的情况。

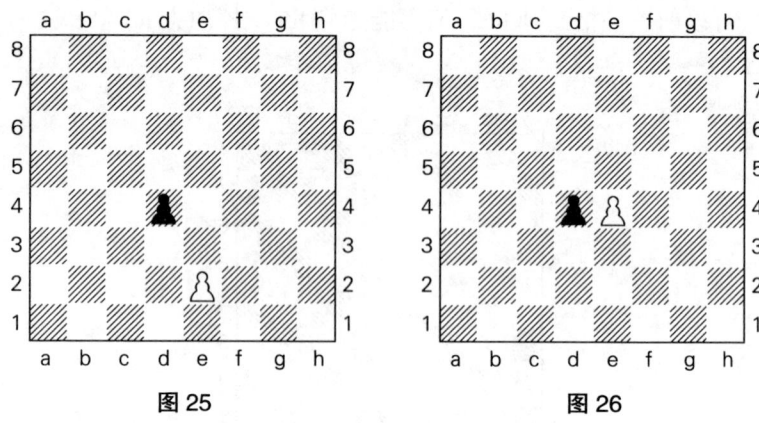

图 25　　　　　　　　图 26

图 27 是黑方 d4 兵吃过路兵以后形成的局面（即斜进一格吃掉 e4 的兵）。

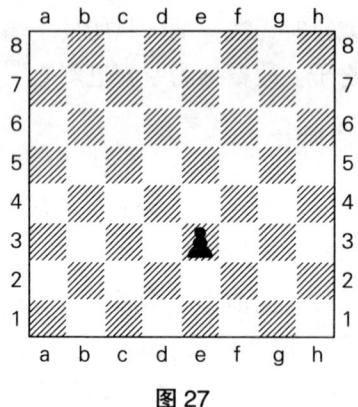

图 27

必须加以说明的是：当出现吃过路兵时，要想吃，必须立即就吃，如隔一步后再吃，是不允许的。

当出现吃过路兵时，并不是非吃不可的，可根据具体情况来决定吃否。

(2) 兵的升变

兵的价值虽小，但任何一个兵到达对方底线时（第1或第8横排），即可升变，可以变为后、车、马、象的任何一种棋子，但不能变为王，也不能不变。由于后的威力最大，因此一般应升变为"后"。但在某些特殊情况下，由于局势需要，升变时有时要变车甚至变马或象才有利。

兵一旦到底线，必须立即把要变的棋子摆在升变格内，这是升变的全过程，即一着棋的完成。随即所升变棋子的特性就生效了。

图 28 中白 d7 兵已冲至第 7 横排，可以直进一格至 d8 升变，也可以斜进一格吃 c8 黑马升变，也可以斜进一格吃 e8 黑车升变。显然此时吃 e8 黑车升变"后"是最好的一着。如图 29，这是白 d7 兵吃 e8 黑车后升变"后"的示意图。由此可

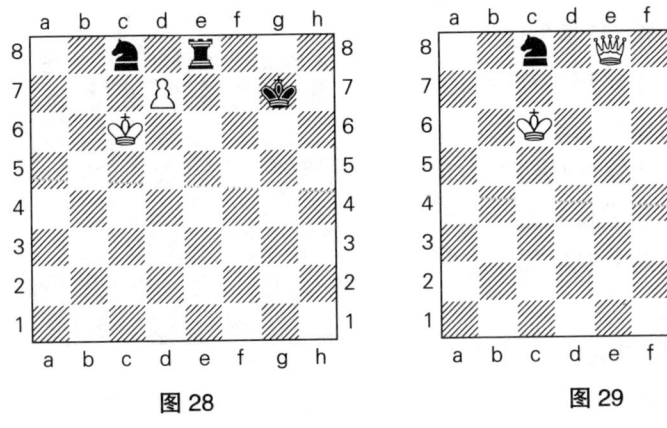

图 28　　　　　　　　图 29

见，白方立即由弱方变为强方，从而会很快取得胜利。

"麻雀虽小，五脏俱全"，兵的价值虽最小，但它的着法却颇为复杂。由于有兵的升变和吃过路兵的特殊规定，它给国际象棋带来了变数和趣味性，在对局中它的作用不容忽视，兵的走向和命运往往决定一局棋的结果。开局时，它快速抢占中心，限制对方子力的活动；中局时，它可以冲锋陷阵，夺营拔寨；残局时，常常利用兵的升变取得胜利。

## 三、王车易位

除了兵有特殊着法以外，王和车也有特殊着法，这就是王车易位。

每局棋中，双方各有一次机会，用一步棋同时走两个棋子（王和车），即王向参加易位的车的方向横走两格，然后车越过王，放在和王紧邻的格子里。这就是王车易位。

王车易位时，王与王翼的车易位，称为"短距离易位"，简称"短易位"；王与后翼的车易位，称为"长距离易位"，简称"长易位"。

国际象棋规则规定，王车易位时要先走王，然后再动车。如果次序搞错，先动了车，再想进行易位是不允许的，这时只能按摸子走子的规定走车了。

如图30是双方王车易位前的情形：

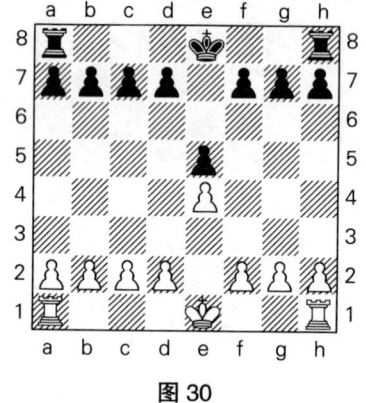

图30

如图 31 是双方王车短易位后的情形：

如图 32 是双方王车长易位后的情形：

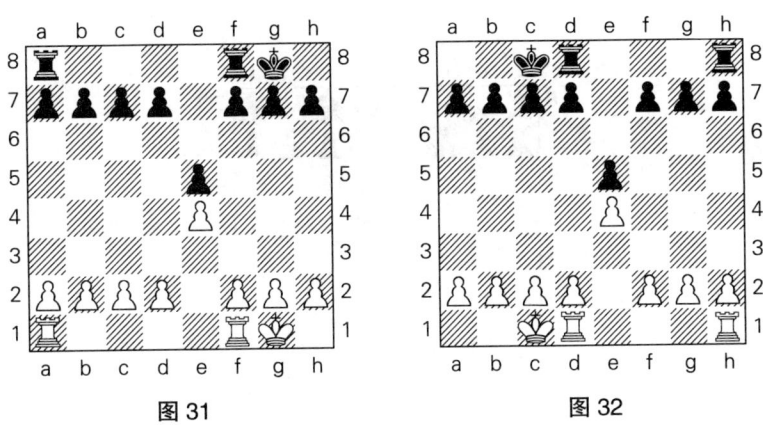

图 31　　　　　　　　图 32

王车易位是十分必要的，经常出现在开局阶段，它既可以把王转移到较为安全的一翼，同时使车及时参加战斗，是一着两用效率很高的着法，因此在开局中出现的频率很高。

王车易位是有条件的，首要条件是：王和易位的那只车在易位前必须在原始位置（即没有走动过），如果走动过即使又回到原始位置，也不能再易位了。

此外，出现以下四种情况之一时，暂时不能进行王车易位：

①王和参加易位的车之间还有别的棋子；

②王正受到对方棋子攻击而形成"将军"；

③王经过的格子受到对方棋子的攻击；

④王到达的格子受到对方棋子的攻击。

当出现以上四种情况时，准备王车易位的一方必须先采取措施使上述情况消失，才能进行王车易位。

21

如图 33，白方后翼王和车之间有马，因此暂时不能长易位，但可以向王翼方向短易位。同理，黑方王翼王车之间有象，因此暂时不能短易位，但可以向后翼方向长易位。

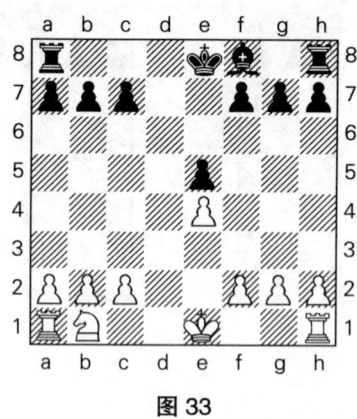

图 33

如图 34，黑方走车 e8 "将军"，白方暂时不能易位，此时应走象 e3 垫将，因如走王避将，将失去了易位权利，对白方不利。

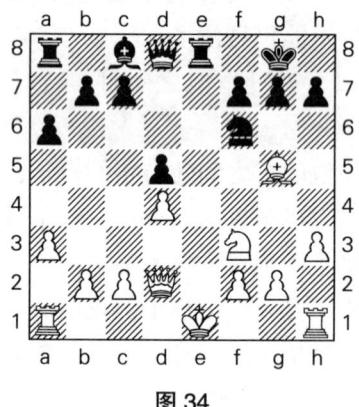

图 34

如图 35，黑方 b5 象控制着 f1 格，因此白方暂时不能短易位。而白方后翼车已动过了，已经丧失了长易位权利。

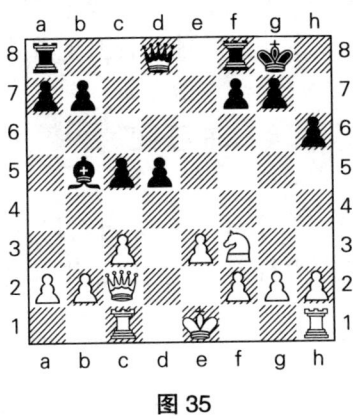

图 35

如图 36，白方 c4 白格象控制着黑王短易位后到达的 g8 格，因此黑方不能短易位，但此时可以长易位。因为我们在上面讲到易位的条件时说过，易位时王所在的格子和经过的格子及到达的格子受到对方棋子攻击时，暂时不能易位。而车并不受此限制，因此图 36 局面黑方可以进行长易位。

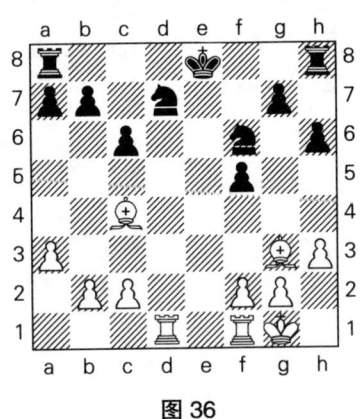

图 36

需要强调的是在对局中出现不符合以上易位条件时易位，必须及时纠正。要把王和车重新放回原格位，而只允许走王，为王选择其他走法（其中包括向另一方向易位）。只有在王没有合乎规则的着法情况下，才能选择其他着法。

## 练习题

下列各图中（习题 1~4），双方自对局开始王和车均没有走动过，现在均轮白方行棋，请问白方能否进行王车易位？说说为什么？

**练习题解答**

习题 1 解答：白方可以长易位，但不能短易位，因 f1 象还未出动。

习题 2 解答：白方暂时不能易位，因黑方 e8 车正在将军。

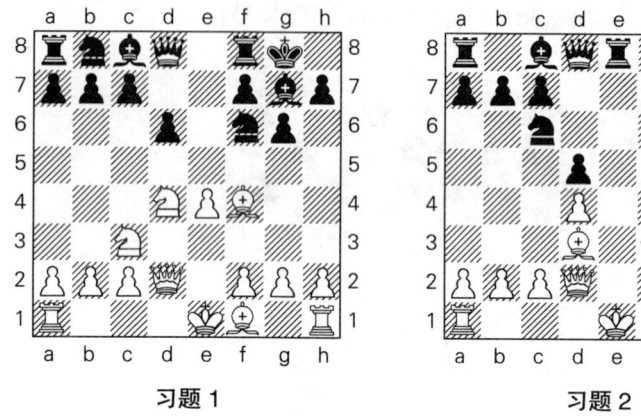

习题 1　　　　　　　　　习题 2

习题 3 解答：白方暂时不能易位，因黑方双象分别攻击着白方短易位王所经过的 f1 格及长易位后王到达的 c1 格。

习题 4 解答：白方两翼均可以易位，因为黑象攻击车时（或车经过、到达的格子）不妨碍易位，但此局面白方应选择短易位以免丢车。

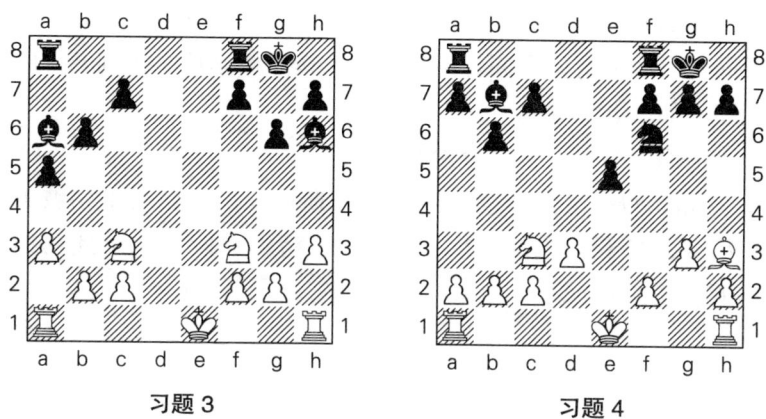

习题 3　　　　　　　　习题 4

# 四、记录方法

## （一）局面记录

我们在学棋时，为了不断积累知识，增加经验，常常把一些有教益的典型局面记录下来；或者在日常的训练对局中，一盘没有下完的棋，留在下次再接着下，这时就需要把下到一半的局面记录下来。这种记录方法，叫局面记录法。

记录局面的方法很简单，就是把双方每个棋子当时在棋盘上的位置逐个记录下来。

记录的次序是先写白方棋子，后写黑方棋子，每方棋子的次序按王、后、车、象、马、兵的次序排列。比如在 c2 格有一个象就写成象 c2，f3 格有一个马就写成马 f3。如某一种棋子有两个时，可写成象 c4、g5。记录同方同种棋子的位置，要按照直线从 a 行到 h 行的顺序，如兵 a2、b3、g3、h3。如果同一直线上有两个同方棋子时，要按照横排从 1 排到 8 排的顺序，如车 d2、d5。

下面，举一个实例来说明。

如图 37，是两位前世界冠军卡斯帕罗夫执白对卡尔波夫在第 4 次争霸战的第 22 局中的一个精彩片段。记录此局面如下：

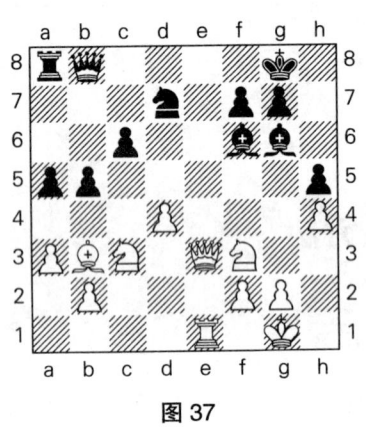

图 37

白方：王 g1，后 e3，车 e1，象 b3，马 c3、f3，兵 a3、b2、d4、f2、g2、h4。

黑方：王 g8，后 b8，车 a8，象 f6、g6，马 d7，兵 a5、

b5、c6、f7、g7、h5。

做局面记录时，首先要保证准确无误，其次是格式规范，此外还应力求工整、秀丽。

## (二) 对局记录

国际象棋的对局记录方法是学习国际象棋的必修知识，它是国际象棋的语言，是棋手之间棋艺交流的工具，也是对自己下过的棋或研究学习高手棋局进行复盘分析的手段。

国际象棋的对局记录方法有好几种，从实用角度考虑，这里只介绍国际上普遍采用的坐标记录法。

对局记录有完整记录和简易记录两种形式。通常在书刊、杂志上看到的多是完整记录，而在比赛或训练中则多采用简易记录。

### (1) 完整记录法

首先记棋子名称，再记棋子原来所在格位，接着加符号"–"或"×"，最后标出棋子新到达的格位。符号"–"表示到达；符号"×"表示吃子。举例说明：如马从g1格到达f3格，就记为马g1-f3，而马从f3吃掉对方d4格位上的棋子时，就记为马f3×d4。又如后从d4格到达a7时就记为后d4-a7，而后在a7吃掉对方e7格位上的棋子时，就记为后a7×e7。而兵不必记名称，只记它原来所在格位，接着加符号"–"或"×"最后标出兵新到达的格位。如e2-e4，或e4×d5，在兵升变时，应在该着记录后写清变了什么，如b7–b8（后），c7-c8（车）。

### (2) 简易记录法

在简易记录中则省略了棋子原来所在的位置，如马f3、e4，在吃子时应在棋子名称和新到达的格子之间加写"×"，如

27

马×f3、车×c8、王×a2、e×d5、b×c1（后）、e×f1（车）等等。如果是两个相同的棋子都可以到达同一格子或吃掉对方的同一个棋子时，为了区分走动的是哪一个，就要在棋子名称后面加记其原来所在格位的标志。如白方 b1 马和 f3 马都能跳到 d2 时，写马 bd2 表示马 b1-d2，而写马 fd2 则表示马 f3-d2。又如，白方双车分别在 a1 和 f1 都能到达 e1 时，则以车 ae1 或车 fe1 加以区别。黑方双车分别在 c8 和 b5 均能吃到白方 c5 格的棋子时，则以车 c×c5 和车 b×c5 加以区别。

采用上述两种记录方法时，王车易位时分别用"0-0"表示短易位，用"0-0-0"表示长易位。

此外，在做对局记录，以及阅读有关专业棋刊书籍时，还有一些特定的记录符号及各种棋子英文大写字母缩写需要知道：

+：将军　　　　　　　　#：将死
!：好棋　　　　　　　　!!：妙着
?：坏棋　　　　　　　　??：劣着
e.p.：吃过路兵　　　　　=：均势
±：白方稍优　　　　　　∓：黑方稍优
±：白方优势　　　　　　∓：黑方优势
+-：白方胜势　　　　　　-+：黑方胜势
!?：值得注意　　　　　　?!：有疑问
∞：任意一着　　　　　　∞：形势不明
1-0：白胜　　　　　　　0-1：黑胜
1/2-1/2：和棋

王：K　　后：Q　　车：R　　象：B
马：N　　兵：P

在参加正规比赛时，必须要做对局记录，对局开始前要在大会裁判组统一发给的记录纸上，写清双方姓名，比赛地点，比赛日期及台次，轮次等。对局开始后，依次记好每一回合的着法，对局结束时要写明结果，并双方签名，然后交裁判组由主办方统一存档。

我们学习了记录的方法，也了解了棋谱上各种符号所表示的意思了，要想掌握并熟悉记录方法，只要对弈时试着记一两次就能学会。下面附一个实战对局，请你对照棋谱认真摆一摆。

我们用完整记录法和简易记录法记录同一例局请进行比较和欣赏。

完整记录：

白方　奇布尔达尼泽（格鲁吉亚）

黑方　谢军（中国）

女子世界冠军赛第 8 局

1991 年 10 月 12 日　弈于马尼拉

1. e2–e4　　　e7–e5　　　2. 马 g1–f3　　　马 b8–c6
3. 象 f1–b5　　a7–a6　　　4. 象 b5–a4　　　马 g8–f6
5. 0–0　　　　象 f8–e7　　6. 车 f1–e1　　　b7–b5
7. 象 a4–b3　　0–0　　　　8. d2–d3　　　　d7–d6
9. c2–c3　　　马 c6–a5　　10. 象 b3–c2　　 c7–c5
11. 马 b1–d2　 车 f8–e8　　12. 马 d2–f1　　 马 a5–c6
13. h2–h3　　　象 c8–b7!　 14. 马 f1–g3　　 象 e7–f8
15. 马 g3–f5　 马 c6–e7　　16. 马 f5×e7+　　象 f8×e7
17. a2–a4　　　象 e7–f8　　18. 象 c1–g5　　 h7–h6
19. 象 g5–h4　 象 f8–e7　　20. d3–d4　　　 后 d8–c7!

（图 38）

图 38

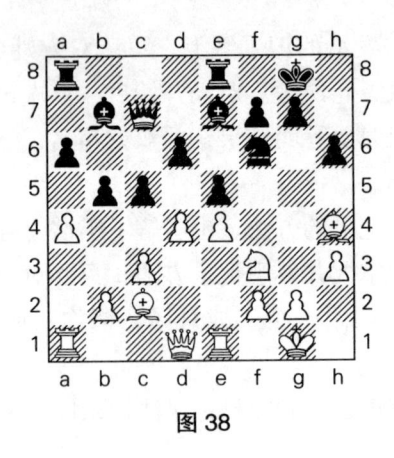

双方在西班牙布局中展开激烈角逐，由于黑方布局策略成功，准备充分，防守准确有力，至此，白方的先手已被化解，局面均势。

| 21. d4×e5 | d6×e5 | 22. 后 d1-e2 | c5-c4 |
| 23. 车 e1-d1 | 后 c7-c5! | 24. 马 f3-h2?! | b5-b4! |
| 25. c3×b4 | 后 c5×b4 | 26. 马 h2-f3 | 马 f6-h5! |
| 27. 象 h4×e7 | 后 b4×e7 | 28. g2-g3 | 后 e7-e6 |
| 29. 王 g1-h2 | 马 h5-f6 | 30. 车 a1-a3! | a6-a5 |
| 31. 车 a3-e3! | 象 b7-c8 | 32. 后 e2-f1 | 车 a8-b8 |
| 33. 车 d1-b1 | 象 c8-a6 | 34. 后 f1-e1 | 车 b8-b4 |
| 35. b2-b3 | 车 e8-b8 | 36. b3×c4 | 马 f6-d7!? |
| 37. 车 e3-b3 | 后 e6×c4 | 38. 车 b3×b4? | a5×b4 |
| 39. 象 c2-b3 | 后 c4-d3! | 40. 后 e1-d1 | 后 d3×d1 |
| 41. 车 b1×d1 | 马 d7-c5 | 42. 车 d1-b1 | 象 a6-d3 |
| 43. 车 b1-b2 | 象 d3×e4 | 44. 马 f3×e5 | 马 c5×b3 |
| 45. 车 b2×b3 | 象 e4-d5 | 46. 车 b3-b2 | b4-b3 |

47. 马 e5-d3　f7-f6?　　48. g3-g4　　　象 d5-c4
49. 马 d3-c5??　（图 39）

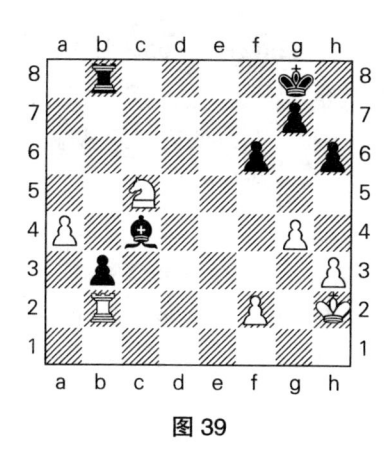

图 39

最后的败着，此时应走 49.马 c1！尚可守住，例如：

49. …　车 b4　50. a5　车 a4　51. 马×b3　车 b4　52. a6　象×a6　53. 车 a2　象 c4　54. 车 a8+　王 h7　55. 马 d2，这时谢军机敏地抓住这一机会，步步紧逼使得白方陷入了被动局面。

49. …………　车 b8-c8！
50. 马 c5-e4　象 c4-d5
51. 马 e4-g3　车 c8-a8！
52. 马 g3-e2　车 a8×a4
53. 马 e2-c3（图 40）

白方最后的希望，指望黑方 53. …　车 a5 或 53. …

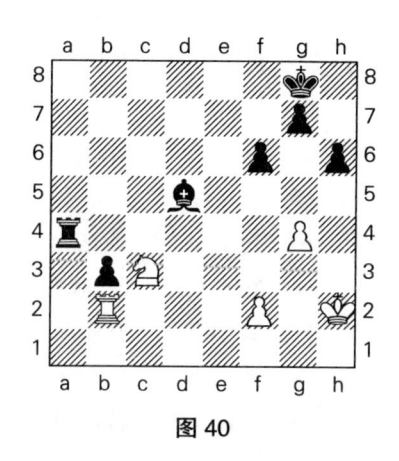

图 40

车 d4 以后，54. 马×d5　车×d5　55. 车×b3 守和。但黑方走出：

53. …………　车 a4–a2!

使白方幻梦破灭。

54. 车 b2–b1　车 a2×f2+　　55. 王 h2–g1　　车 f2–g2+

56. 王 g1–f1　车 g2–h2

至此白方大势已去，无力抵抗，遂认输。0–1

简易记录：（姓名等项从略）

| | | | |
|---|---|---|---|
| 1. e4 | e5 | 2. 马 f3 | 马 c6 |
| 3. 象 b5 | a6 | 4. 象 a4 | 马 f6 |
| 5. 0–0 | 象 e7 | 6. 车 e1 | b5 |
| 7. 象 b3 | 0–0 | 8. d3 | d6 |
| 9. c3 | 马 a5 | 10. 象 c2 | c5 |
| 11. 马 bd2 | 车 e8 | 12. 马 f1 | 马 c6 |
| 13. h3 | 象 b7! | 14. 马 g3 | 象 f8 |
| 15. 马 f5 | 马 e7 | 16. 马×e7+ | 象×e7 |
| 17. a4 | 象 f8 | 18. 象 g5 | h6 |
| 19. 象 h4 | 象 e7 | 20. d4 | 后 c7! |
| 21. de | de | 22. 后 e2 | c4 |
| 23. 车 ed1 | 后 c5! | 24. 马 h2?! | b4! |
| 25. cb | 后×b4 | 26. 马 f3 | 马 h5! |
| 27. 象×e7 | 后×e7 | 28. g3 | 后 e6! |
| 29. 王 h2 | 马 f6 | 30. 车 a3 | a5! |
| 31. 车 e3! | 象 c8 | 32. 后 f1 | 车 b8 |
| 33. 车 b1 | 象 a6 | 34. 后 e1 | 车 b4 |
| 35. b3 | 车 eb8 | 36. bc | 马 d7!? |
| 37. 车 eb3 | 后×c4!? | 38. 车×b4? | ab |

| | | | | | |
|---|---|---|---|---|---|
| 39. | 象 b3 | 后 d3! | 40. | 后 d1 | 后×d1 |
| 41. | 车×d1 | 马 c5 | 42. | 车 b1 | 象 d3 |
| 43. | 车 b2 | 象×e4 | 44. | 马×e5 | 马×b3 |
| 45. | 车×b3 | 象 d5 | 46. | 车 b2 | b3 |
| 47. | 马 d3 | f6? | 48. | g4 | 象 c4!? |
| 49. | 马 c5?? | 车 c8! | 50. | 马 e4 | 象 d5 |
| 51. | 马 g3 | 车 a8! | 52. | 马 e2 | 车×a4 |
| 53. | 马 c3 | 车 a2! | 54. | 车 b1 | 车×f2+ |
| 55. | 王 g1 | 车 g2+ | 56. | 王 f1 | 车 h2 |

白方认输 0-1

学会了读谱和记录方法，就可以随时抽时间自己欣赏和研究更多精彩的棋局了。这对你的兴趣培养和棋艺水平的提高都是很有益的。

## 五、胜负

对局的直接目的是将死对方的王，怎样才算将死王呢？我们先要从"将军"谈起，当一方的棋子攻击对方王的时候，即在下一着要把王吃掉的时候，称为"将军"，简称"将"。

如图 41 所示：左上黑王被 b5 白车将军，右上黑王被 e5 白象将军，左下白王被 a2

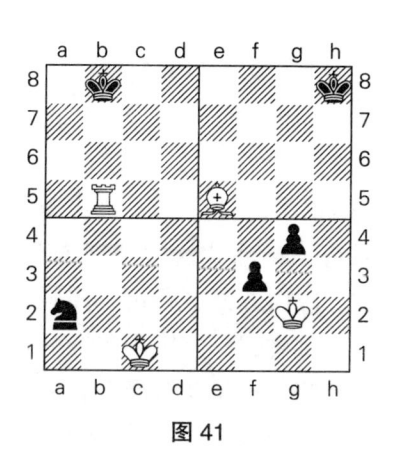

图 41

黑马将军，右下白王被 f3 黑兵将军。

将军的形式还有下面几种情况：

双将：一方有两个棋子同时攻击着对方的王。

如图 42 所示：图左是白方马 c6-a5 后，形成白方后和马同时攻击 b7 黑方王。图右是黑方象 f6-h4 后，形成黑方车和象同时攻击 f2 白王，这时均称为双将。

闪将：一个棋子为另一个棋子让出线路形成将军，称为闪将，它是最具威胁的将军形式，因为它在将军时闪开的棋子还可以攻击到对方重要的棋子（或格位）。

如图 43，白方多一马，但轮黑方走棋，黑方走车 d3-d2 闪将抽后，一举获得

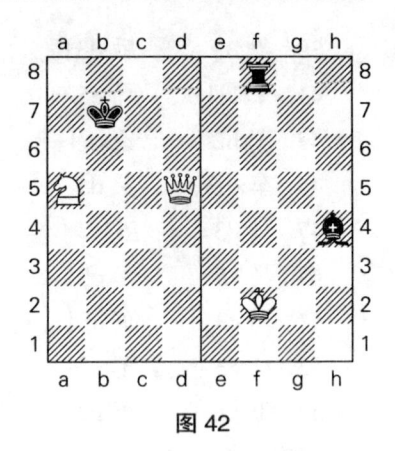

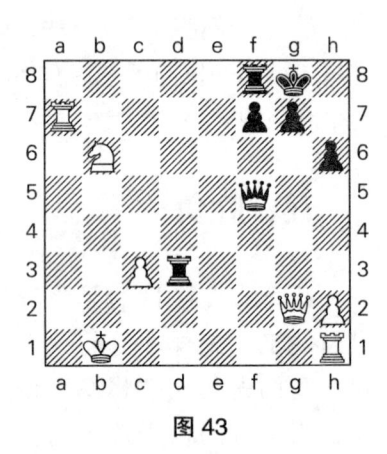

图 42

图 43

胜势。请注意这时可别走车 d1 因白方走王 a2，也不能走车 g3，因白方可走后 c2，黑则一无所获。

抽将：一方棋子在将军的同时也可以吃掉对方棋子时，称为抽将。抽将在对局中经常出现。

如图 44 左：白方 c5 车正在将军抽吃 c2 黑象；右：黑方 f3 马正在将军抽吃 h4 白后。

从上面的图例我们可以看到，尽管将军的形式不同，但它们的目的相同，那就是通过将军来获得物质利益。

在对局时规则规定，被将军的一方必须要应将。

应将的方法有三种：

①吃子解将：吃掉对方攻击王的棋子。

②避将：把王从被攻击的格子走到不受攻击的格子。

③垫将：用棋子挡住对方攻击王的棋子。

图 45 左：白方可选择用车或兵吃掉黑方 a3 马解将。右：黑方可选择用象或马吃掉白方 h3 车解将。这都称为吃子解将。

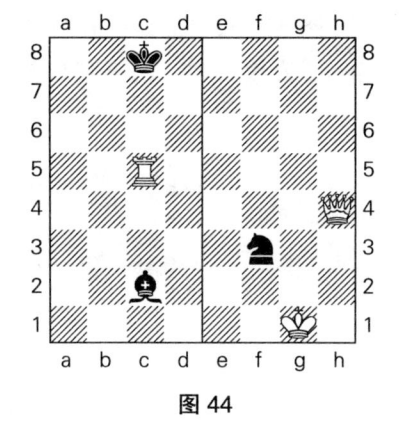

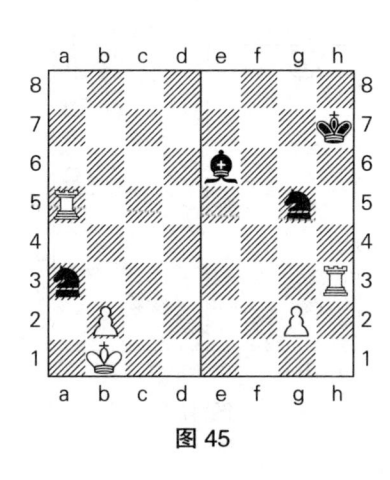

图 44

图 45

图 46 左：白方车 a1 将军，黑王可选择移到 b7 或 b5 格。右：黑方象将军，白王则只能把王移到 g1 格，这都称为避将。

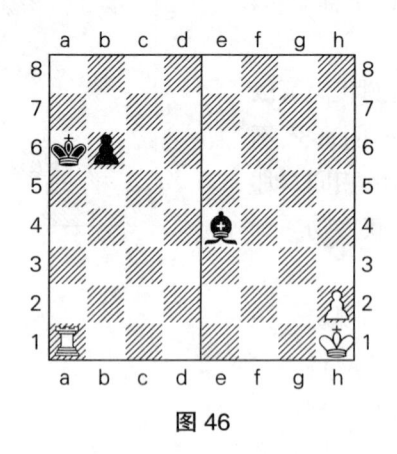

图 46

图 47 左：白王为解除黑方 b8 车将军，可选择马 b4 或象 b4 阻拦，称垫将。右：黑王为解除 e4 象将军，可选择象 g6 或 g6 进行阻拦，也称垫将。

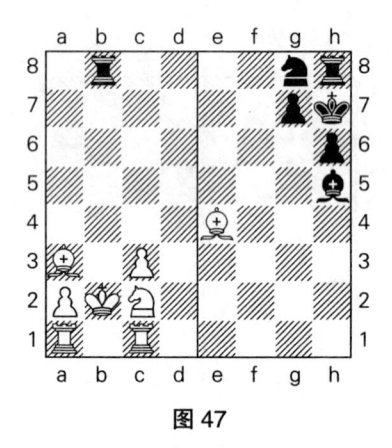

图 47

如果对方用马将军，因马可以越子行走，那么用垫将的方法来应将显然就不行了，这时可能存在的应将方法只有两种，即吃子解将和避将。当对方用兵来将军时，应将的方法也只有吃子解将和避将两种方法了。因兵所攻击的格位只是邻近格，当然就无法用垫将来应将了。

图 48 左：白马正在 c5 将军，黑方可以选择用象吃 c5 马，或把王避开两种方法应将，而无法用兵垫将来完成应将。右：黑马正在 h4 将军，白方可选择用车吃 h4 马或把王避开解将，也无法用垫将完成应将。

图 49 左：白方 b5 兵将军，黑方可选择用 a6 兵吃 b5 兵，或把王避开两种方法应将。右：黑方 f3 兵将军，白王不能用王吃 f3 兵（因有 g4 兵保护），此时，则只能用避王来完成应将。

当被对方双将时，可能存在的应将方法就只有一种，即避将。因为对方有两个子在同时将军，因此吃子解将和垫将都不起作用。

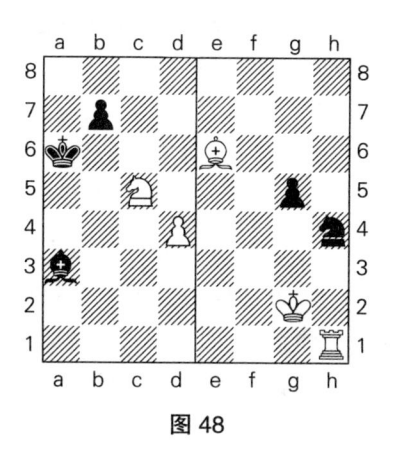

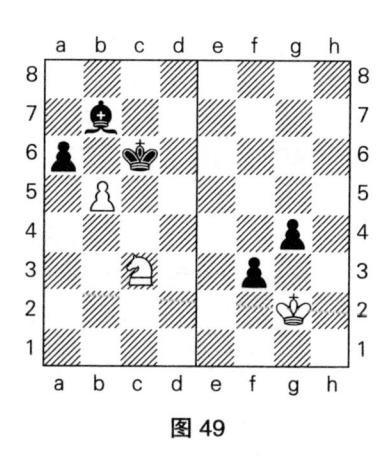

图 48

图 49

如图 50，白 e1 车和 b5 象在同时将军，形成双将，这时黑方用兵吃象，白车将军，如黑方用象 d7（或象 e6）挡将，隔挡开这个拦不住那个，所以黑方此时的应将方法只有避将一种，即王 d8。

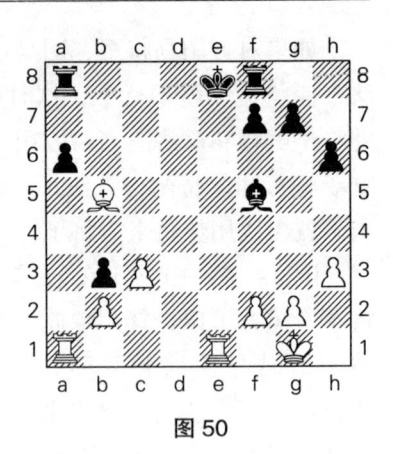

总之，在对局中被将军的一方要根据当时局面具体情况，选择三种应将办法中的一种方法应将。如果被将军时无法应将，也就是说无法避免下一着被对方吃王，就是被将死，这时对局就结束了，因为对局的直接目的是将死对方的王。

图 50

下面各图分别是用各种子力将死王的图例。

图 51 是用后将死王。

图 52 是用车将死王。

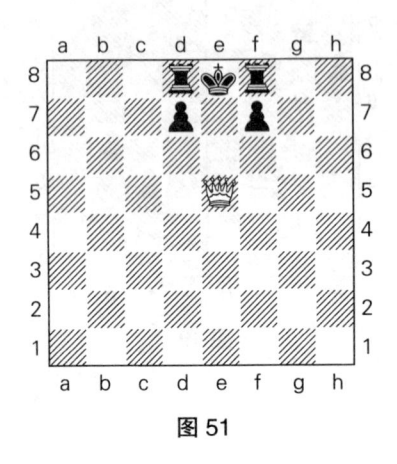

图 51

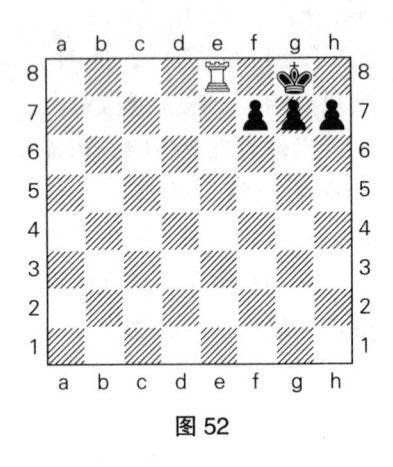

图 52

图 53 是用象将死王。

图 54 是用马将死王。

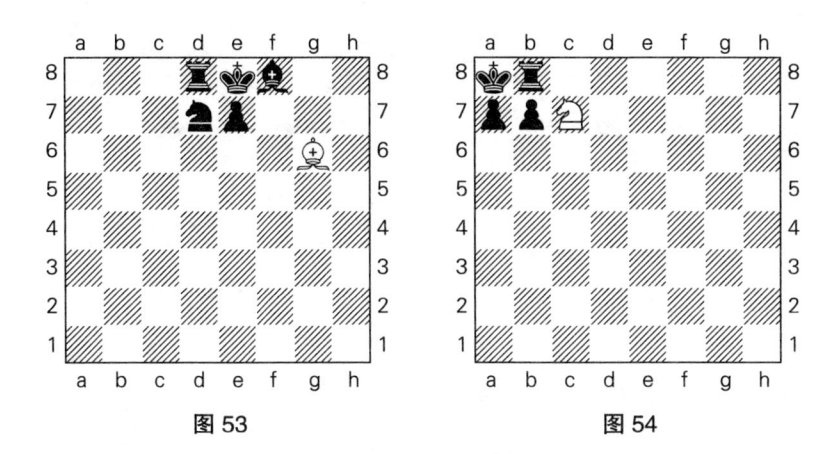

图 53

图 54

图 55 是用兵将死王。

为了使大家进一步知道什么叫将死，下面再列举一些五种兵种的基本杀式。图 56 至图 60，记住这些典型杀王还是很有必要的。

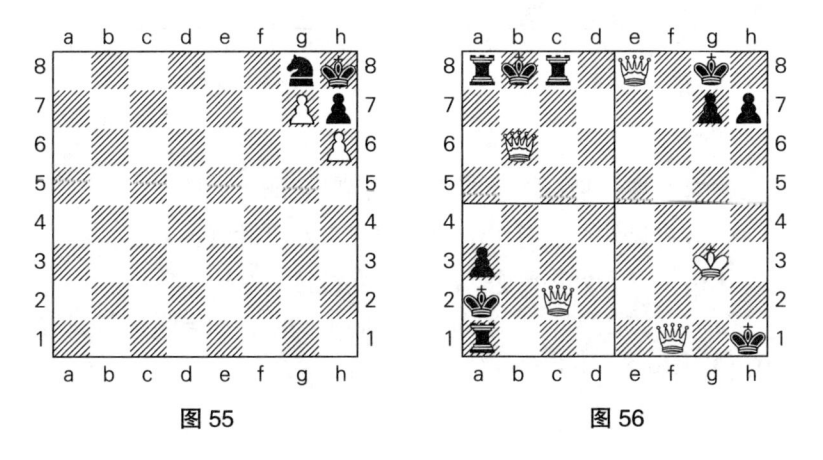

图 55

图 56

图 57

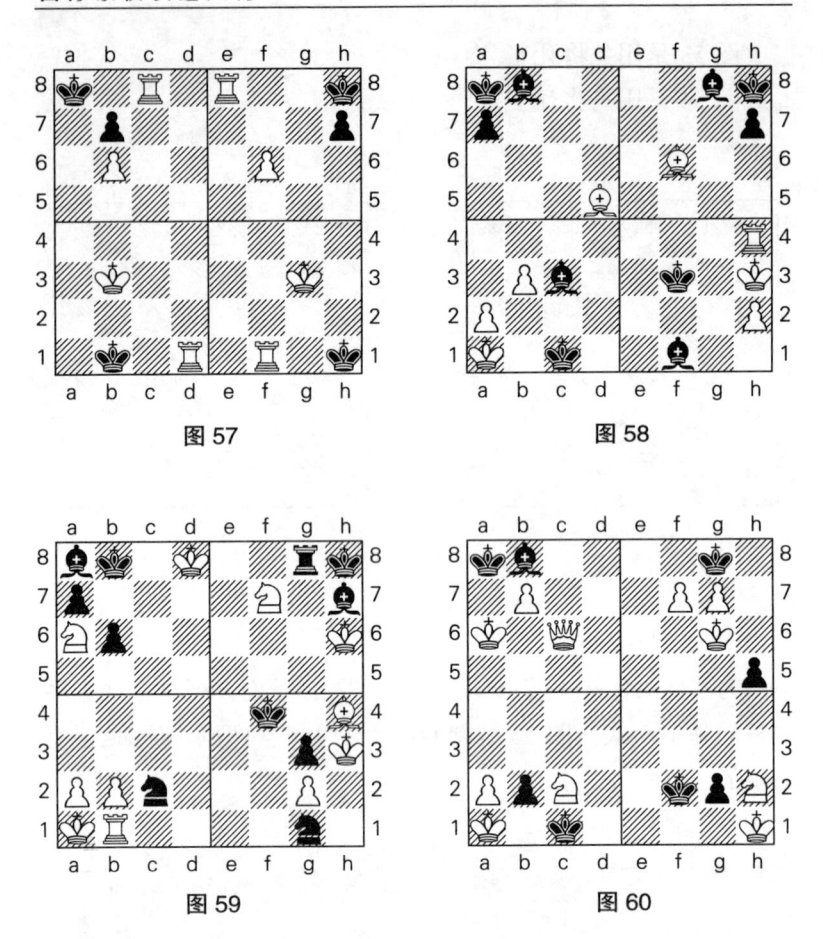

图 58

图 59

图 60

被对方将死是初学者对局时决出胜负的常见情况。

除被将死外，还有以下两种情况来判定胜负：

①由于一方大势已去，主动放弃抵抗，爽快认输。

②在正式比赛中，对局是有时间限制的，如果超过了规定的用时时限时，也算输棋，称为超时判负。

## 练习题

习题 1~习题 8 均为白先,一步杀。

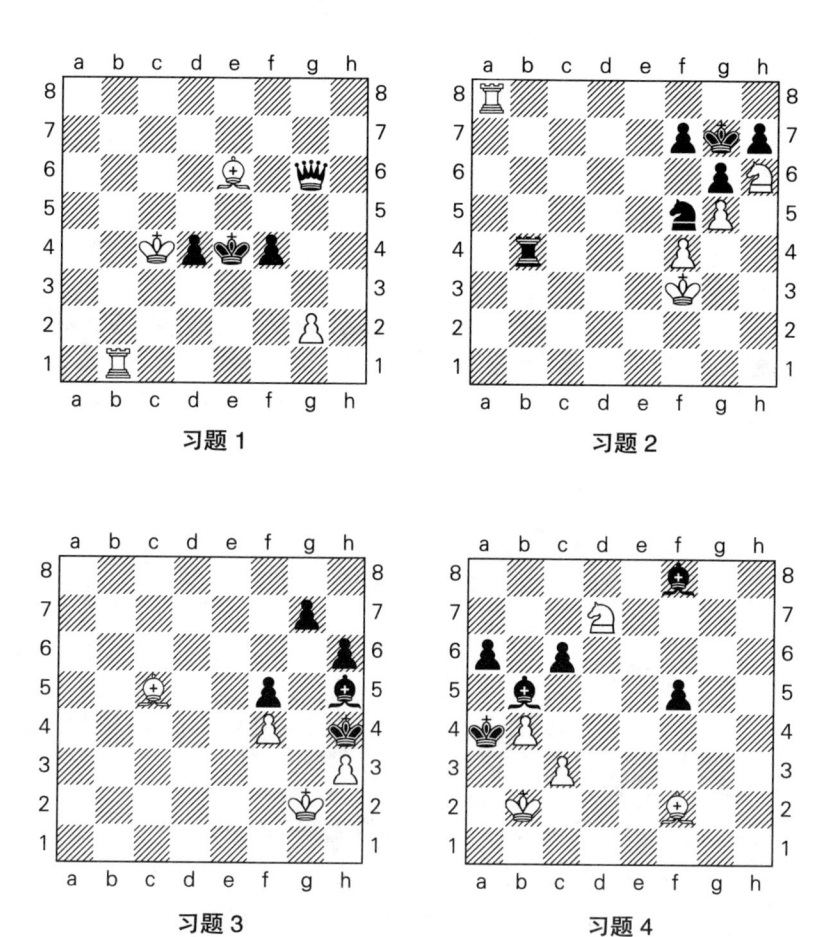

习题 1

习题 2

习题 3

习题 4

习题 5

习题 6

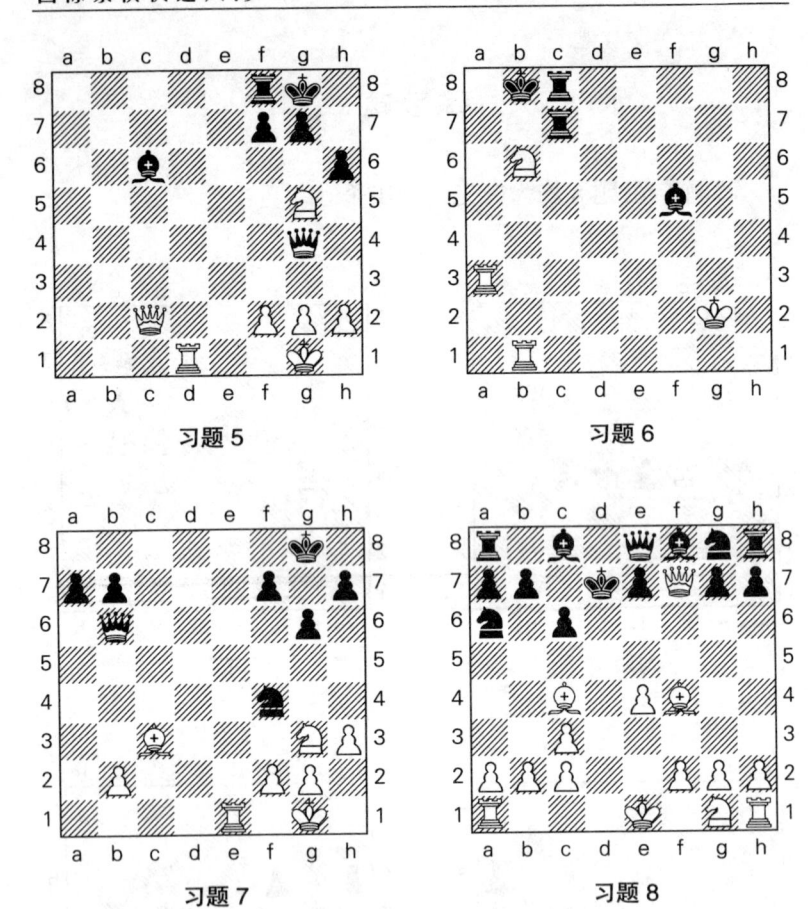

习题 7

习题 8

**练习题解答**

习题 1　1. 车 b1-e1#　　　习题 2　1. 车 a8-g8#

习题 3　1. 象 c5-f2#　　　习题 4　1. 马 d7-b6#

习题 5　1. 后 c2-h7#　　　习题 6　1. 马 b6-d7#

习题 7　1. 车 e1-e8#　　　习题 8　1. 0-0-0# 或车 a1-d1#

## 六、和棋

一盘棋的结果除决出胜负外，有时双方决不出胜负，谁也赢不了谁，这称作和棋。

当双方所剩子力都不足以将死对方时，再走下去已徒劳无意义，于是以和棋告终。

比如，双方都只剩下一个王，即单王对单王；或者一方只剩一个王，另一方只剩一个王和一个象，即单王对王和象；或者一方只剩下一个王，另一方只剩下一个王和一个马，即单王对王和马……这些都属于理论上公认的和棋，叫作理论和棋，也叫官和。上述情况双方决不能决出胜负，按规则应判为和棋。

如图 61 所示，是双方均无法取胜的四例理论和棋实例。

除了理论和棋之外，还有以下三种主要的和棋形式。

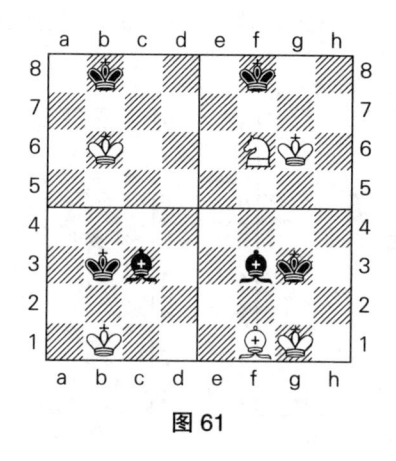

图 61

## （一）无子可动和棋

当一方走棋时，王没有被将军，但王无路可走，同时自己其他棋子也都无法走动（无子可动），这种局面，就算和棋，叫作无子可动和棋或称逼和。

## （二）长将和棋

一方连续不停地将军，而对方的王又无法避免被将军的局面，按规则判和棋，这叫长将和棋。

## （三）三次重复局面和棋

对局中同一局面将要或已经第三次出现，而且每次都由同一方走棋，轮走棋的一方提出，经裁判核准后判为和棋。

重复局面指同种同色的棋子都位于同样的格子，所有棋子可能的着法，包括王车易位和吃过路兵的权利，也都相同。

下面我们把这三种情况分别举例说明。

图62至图69局面中均轮黑方走棋，都是逼和的实例。

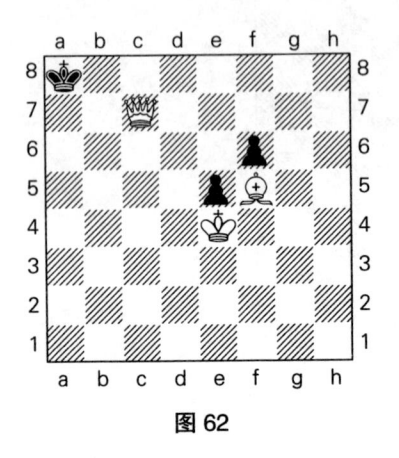

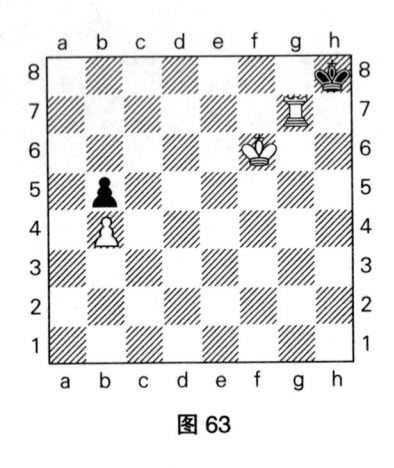

图62

图63

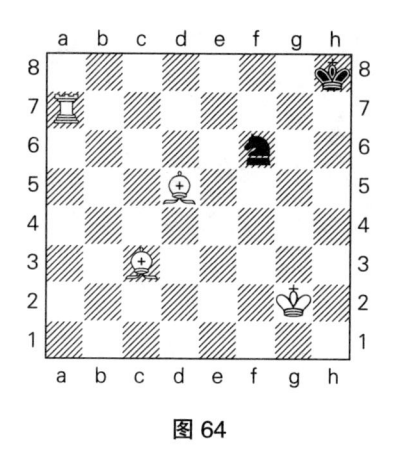

第一章　基本规则

图 64

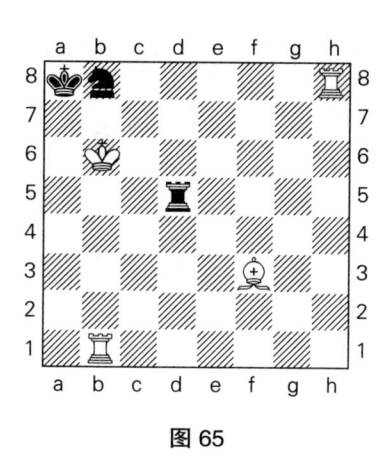

图 65

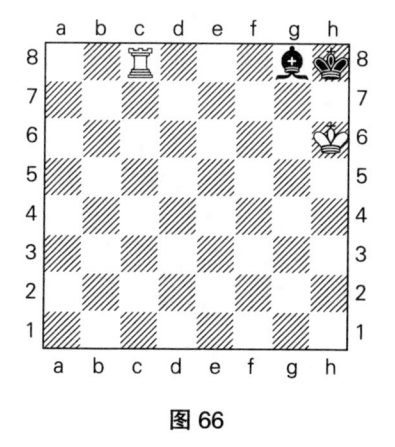

图 66

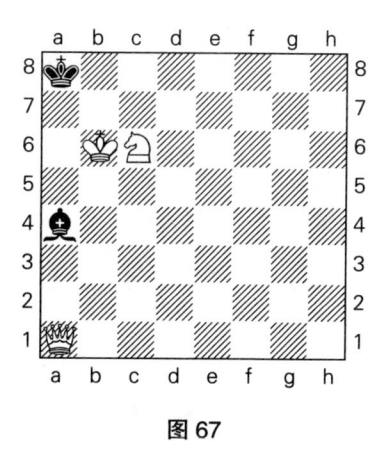

图 67

45

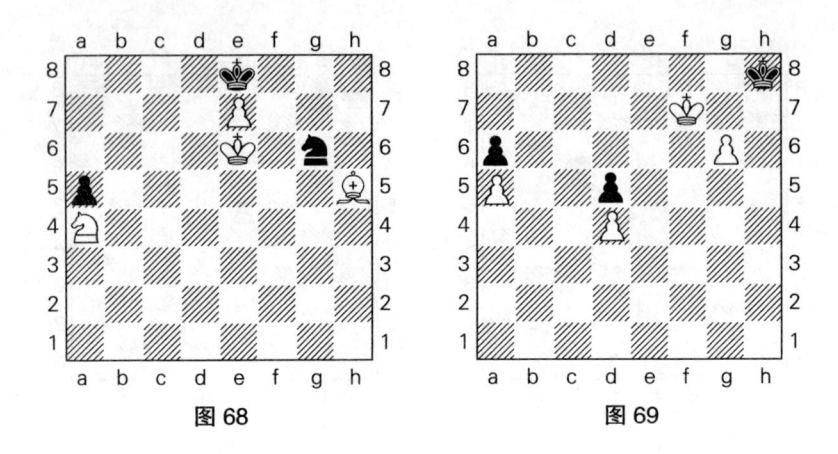

图 68

图 69

图 70 至图 72 是长将和棋的实例。

如图 70，轮白方走棋，但它无法兼顾黑后底线杀和 g2 格杀，但可以利用长将和的规则，以主动出击的策略，挽救了对局。着法如下：

1. 后 g5-d8+！ 王 b8-a7　　2. 后 d8-a5+　　王 a7-b8
3. 后 a5-d8+

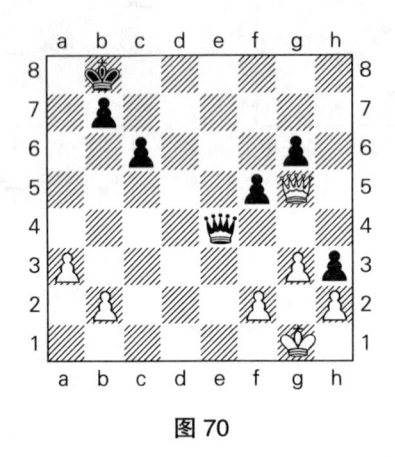

图 70

如此循环往返，即形成长将和棋。

如图 71，黑方子力占优，且白方马象都在黑方嘴里，形势危急，现轮白方走：

1. 马 h6-f7+！　王 h8-g8
2. 马 f7-h6+　　王 g8-h8
3. 马 h6-f7+

白方马象配合形成长将，挽救了劣势局面，成功求和。

如图 72，黑方面临白方 c7 升后被杀的困境，但黑方利用"杠子车"（双车相互保护）的威力，走：

1. ………… 　车 g2-g1+！
2. 王 h1-h2　 车 g1-g2+
3. 王 h2-h3　 车 g2-g3+

白王无法避开长将，和棋。

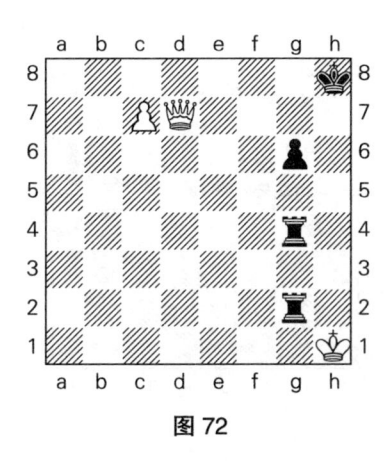

图 71

图 72

图 73 和图 74 是三次重复局面的实例。

图 73，是象兵残局中的一个局面，第 40 回合白方走的是象 c6-e8，使本局面第一次出现。轮黑方走棋，黑方象 e6-f5 保 g6 兵。

以下是 41. 象 e8-c6 象 f5-e6 42. 象 c6-e8，使图中局面第二次出现，黑方走 42. … 象 e6-f5，以下 43. 象 e8-c6 象 f5-e6。

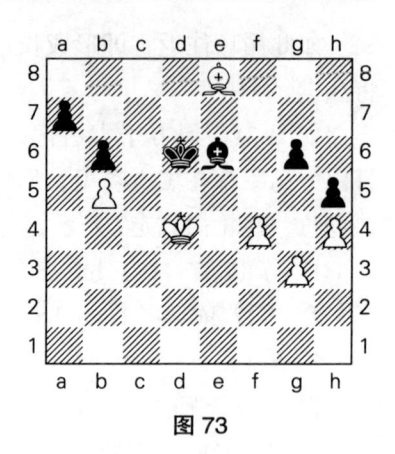

图 73

这时，执白棋的一方，向裁判提出他将走 44. 象 c6-e8，形成三次重复局面。

经裁判审核，正确无误，判为和棋。

图 74，轮黑方走棋，黑方多兵。白方以精确的防守使黑方难以进展，形成三次重复局面。

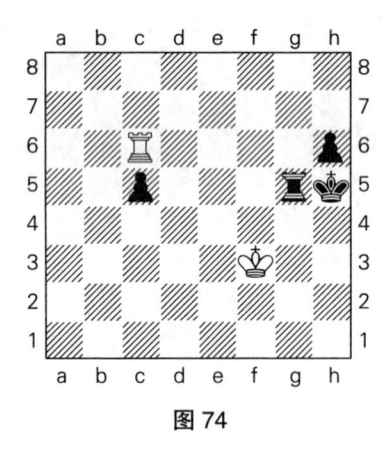

图 74

| | | | |
|---|---|---|---|
| 51. ………… | 车 g5–d5 | 52. 王 f3–f4 | 车 d5–d4+ |
| 53. 王 f4–e3 | 车 d4–d5 | 54. 王 e3–f4 | 车 d5–g5 |
| 55. 王 f4–f3 | 车 g5–f5+ | 56. 王 f3–e4 | 车 f5–g5 |

这时白方向裁判提和，称他将走王 e4–f3，形成三次重复局面。经裁判检验准确无误，判为和棋。

图 75 这个例子挺有意思，白方处于劣势，看似难以守和，但经过精确计算，白方利用巧妙的弃象阻挡，将黑车引入王口，化险为夷。

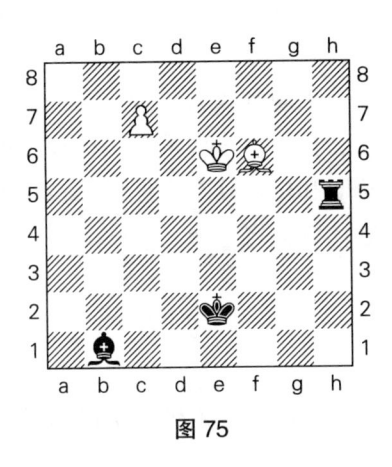

图 75

显然 1.c8（后）不行，因 1. … 象 f5+，黑胜势。

1. 象 f6–g5！ 车 h5×g5 2. c7–c8（后）象 b1–f5+
3. 王 e6–f6 象 f5×c8 4. 王 f6×g5

形成王象对单王的官和局面。

如果黑方不接受弃象走 1. … 车 h8，则 2. 象 d8 车 h5
3. 象 g5 车 h8 4. 象 d8 车 h5，形成长拦局面，和棋。

总之，白方充分利用和棋规则，得到满意的结果。

除了以上所讲的几种主要和棋，还应该知道有双方同意和棋及五十回合规则和棋。

### (1) 双方同意和棋

对局中一方出于某种考虑，在自己刚走出一着棋后，向对方提出和棋，对方如无异议，结果也是和棋，这种和棋形式，称作双方同意和棋。

### (2) 五十回合规则和棋

当轮到走棋的一方提出，至少在五十回合中，双方没有走动一个兵，也没有吃过任何一个子，经裁判检验无误宣告和棋。

国际象棋中的和棋规则较为复杂，也十分重要，尤其应熟悉并掌握有关逼和、长将、三次重复三种和棋规定，在劣势时善于利用规则，争取和棋。反之在优势中，不可掉以轻心以防对手施金蝉脱壳之计，逃之夭夭。

## 练习题

习题1和习题2均轮白方走棋，是逼和吗？

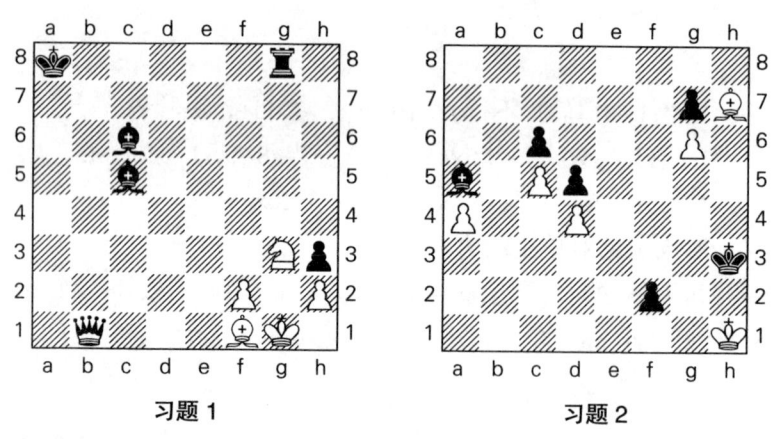

习题1

习题2

## 第一章　基本规则

习题 3~习题 8 均轮黑方走棋，如何和棋？

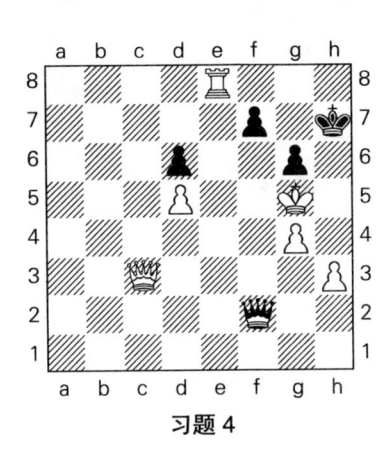

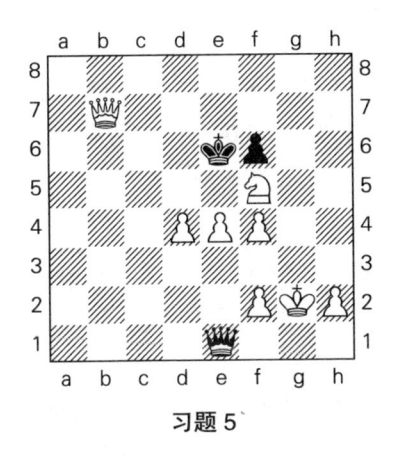

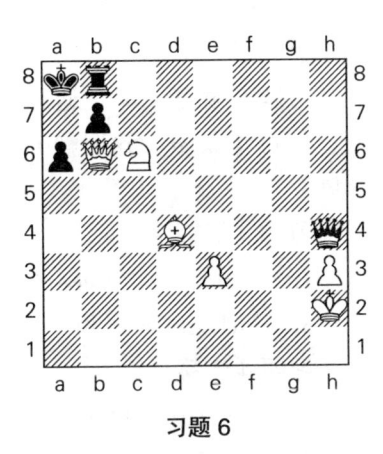

习题 3

习题 4

习题 5

习题 6

习题 7　　　　　　　　　习题 8

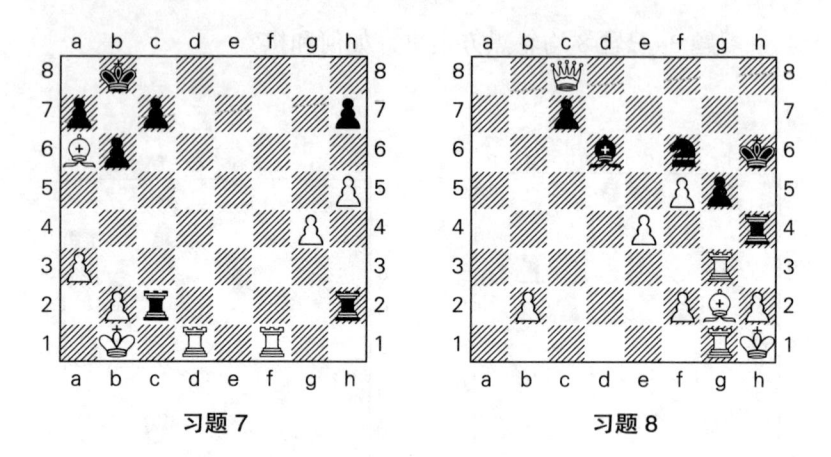

**练习题解答**

习题 1 解答　是逼和局面。因为白方马象和 f2 兵均被牵制，h2 兵与黑 h3 兵对顶，王的行动格子 g2 和 h1 格被 c6 象和 h3 兵所控制，因此哪个棋子也不能动，王又没被将军，当然是逼和了。

习题 2 解答　不是逼和局面，因为虽然白王和兵都不能动，但可走象 g8，这时黑 f2 兵到 f1 升后或升车，形成将杀，黑胜。

习题 3 解答

| 1. ………… | 象 e8-c6+ | 2. 后 c5×c6 | 车 g6-g1+ |
| 3. 王 h1×g1 | 逼和 | | |

习题 4 解答

| 1. ………… | f7-f6+ | 2. 后 c3×f6 | 后 f2-h4+ |
| 3. 王 g5×h4 | g6-g5+ | 4. 王~ | 逼和 |

习题 5 解答

| 1. ………… | 后 e1×f2+ | 2. 王 g2-h3 | 后 f2×h2+ |
| 3. 王 h3-g4 | 后 h2-h3+ | 4. 王 g4×h3 | 逼和 |

52

习题 6 解答

| 1. ………… | 后 h4-f2+ | 2. 王 h2-h1 | 后 f2-f1+ |
| 3. 王 h1-h2 | 后 f1-f2+ | 长将和 | |

习题 7 解答

| 1. ………… | 车 c2×b2+ | 2. 王 b1-a1 | 车 b2-a2+ |
| 3. 王 a1-b1 | 车 a2-b2+ | 长将和 | |

习题 8 解答

| 1. ………… | 车 h4×h2+ | 2. 王 h1×h2 | 马 f6-g4+ |
| 3. 王 h2-h3 | 马 g4×f2+ | 4. 王 h3-h2 | 马 f2-g4+ |

长将和

## 七、比赛须知

学习了以上几节内容，掌握了棋子的走法之后，我们就可以下棋了。再经过一定的实践和理论知识的学习，就可以去参加比赛了，因此应了解必要的比赛规则。

在参加比赛时，应了解和遵守的常用规则有如下内容。

### (一) 白先黑后

比赛时，执白棋一方先走，执黑棋一方后走。关于每轮比赛谁执白棋或谁执黑棋，是依据不同赛制，遵循有关规则来确定的，对局者必须服从。

### (二) 摸子走子

在对局中，如用手触摸了自己某个棋子，就必须走动它。如果所触摸的棋子根本无法走到，才可以另走别的棋子。如果要摆正棋子，必须要先向对手或裁判口头声明："我摆正棋子。"才可摸子，否则容易引起纠纷。如果用手触摸了对方的棋子，就必须吃掉它。只有当自己任何一个棋子都无法吃它时，才可以走别的着法。

### （三）离手无悔

一着棋走了之后，手已离开棋子，是不能更改的。如果你的手这时还没离开这个棋子，则可改走其他格位，但必须按摸子走子原则走动这个棋子。

### （四）纠正错误

（1）在对局时，如果发现棋盘的方向摆错了，即黑格的棋盘角放在了自己的右侧，则应即把对局已走成的局面移置到摆放正确的棋盘上，然后继续对局。

（2）在对局中，如果发现双方所用棋子颜色反了，即先后手不符合比赛的编排规定，应交换棋子重新开始对局。如果此时比赛时间已过了第一时限所规定的四分之一，则对局应继续进行。

（3）在一方"将军"时，另一方未采取相应的"应将"措施而误走了其他着法，要及时纠正。被"将军"一方要重新选择"应将"的着法。但是，重走时误走的棋子如果可以"应将"就必须用它来"应将"，只有在它无法"应将"的情况下，才能另用别的着法来"应将"。

需要说明的是，以上出现的各种情况，要在对局过程中及时纠正，如果对局结束才发现，那么对局的结果有效。

因此，我们在平时训练中要养成先动脑后动手的好习惯。在比赛中做到遵守棋规，尊重对手，服从裁判，养成良好的棋风。

第一章 基本规则

国际象棋的竞赛规则较为复杂，限于本书的内容，这里就不详细介绍了。如果要想知道更多的内容，可参阅由中国国际象棋协会审定的《国际象棋竞赛工作手册》。

## 练习题

习题1 在对局时由哪方先走？比赛时，棋手每轮的先后手是如何确定的？

习题2 在比赛中，发现棋盘方向摆错了，应如何处理？

习题3 在比赛中，棋手拿起了一个子，并未松手，然后放回原位，又走动另一个子，是否可以？

习题4 在比赛中，棋手拿着的棋子已触及到某格位，但并没松手，又把棋子移到另外的格子里，可以吗？

**练习题解答**

习题1 在对局中应由白方先走，黑方后走。比赛时每轮的先后手，是由编排长根据不同赛制遵循有关规则确定的。

习题2 比赛中，棋盘的方向摆错了，应立即把对局已形成的局面移置到摆放正确的棋盘上，并检查局面无误，然后继续对局。

习题3 不可以。你已拿起了这个子，必须走动这个子，除非这个子根本无法走动，才可允许走别的子。

习题4 可以。棋子没松手，可以另走其他格子。

# 第二章 子力价值与性能

## 一、子力价值

在对局中，不可避免地会发生子力交换，熟悉各兵种的实力价值，我们在对局中进行子力交换时，就会心中有数，不会吃亏了。

棋子的实力价值是由它们的活动范围和攻击能力所决定的。

国际象棋中，后的活动范围最大，位于棋盘中心格位时可控制 27 个格子，攻击力最强，它是各兵种中实力价值最大的棋子。车的实力价值次于后，它在棋盘任意一格均可控制 14 个格子。象在棋盘中心可控制 13 个格子，但因它有不同色格的限制，威力将减半。马位于棋盘中心格位时可控制 8 个格子，但它不受格位颜色限制，64 格子都可走到。因此，马、象实力价值相当，都小于车。兵是实力价值最小的，它最多只能控制两个格子。

王位于棋盘中心时可控制 8 个格子，其战斗能力相当于马或象，但王代表着一盘棋的胜负，从这个意义上说，王的价值是最高的。

于是，棋手根据实践总结以实力价值最小的兵为基准，指出各兵种的实力价值分值：兵 1 分、马或象 3 分、车 5 分、后

9分。

## 二、子力兑换

我们已经知道了棋子的分值，当不同的棋子进行兑换时，就有了一个大体的依据了。例如，用一后换取一车、一象和一个兵，或换三个弱子，大体相当。而用一车换取一象（或一马）和两个兵，也互不吃亏。对初学者来说，这样的兑换在许多情况下是实用的。但我们还应知道棋子的价值不是一成不变的，它会随着棋子的位置不同而变化的。比如，同样一个象，用一个好位置起重要作用的象，去换对方一个没有作为的坏象，表面上看是对等交换，其实前者吃亏了。再说，即使是同一种棋子，随着它在一局棋中所处的不同阶段，其价值也会浮动的。又如开局中的王和残局中的王；原始位置的兵和即将升变的兵……它们的价值是不可同日而语的。

总之，棋子的价值是随着棋局的进展而变化的，因此明确兑换目的，掌握兑换时机十分关键。

下面我们通过实例来说明：

如图1，双方子力相等，看似均势，轮白方走棋，白方抓住机会，立即进行定胜负的交换：马 e4×f6，黑方认输，因无论是吃马或避王，白方下着后 h7。

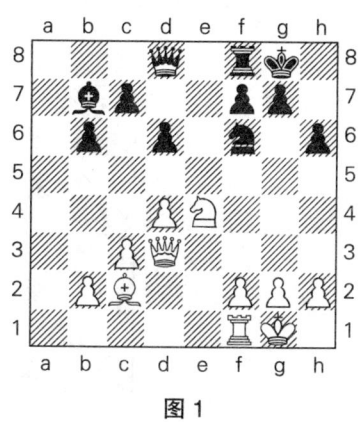

图1

如图 2，白方净少两兵，形势不妙，交换的一般原则是子力少的一方应尽量避免交换。但在此局面中，白方即打破常规，及时主动地把车强行交换掉，而后又弃象，从而得到满意的结果。着法如下：

1. 车 d2-d8+！ 车 c7-c8
2. 车 d8×c8+！ 王 b8×c8
3. 象 c4-a6！ b7×a6

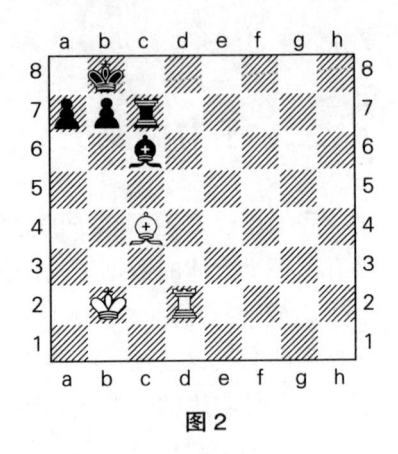

至此，形成黑方多一象两兵而无法取胜的必和局面。

如图 3，双方子力相等，黑方马同时攻击白方 a5 车和 d4 马，白方如被动防守走车 5a4 逃车保马，则黑方走马×d4，白方车×d4 后，黑方车×c5，白方丢兵。经过计算白方走马×c6 主动换马，接下来的变化是必然的，黑方车 c7×c6，于是车 a5×a7，车 b7×a7，车 a1×a7，车 c6×c5，经过一系列等价交换，形成车三兵对车三兵简明均势局面。

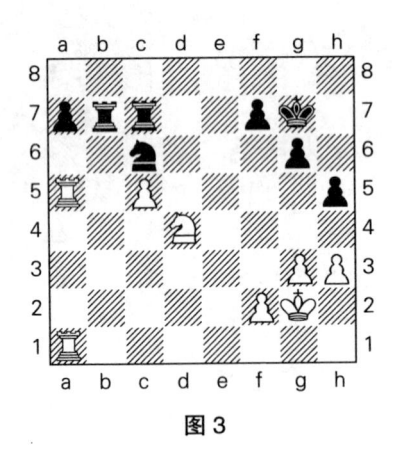

图 3

## 第二章 子力价值与性能

当然，我们应逐步认识到棋子的实力价值是不能教条地用数学来计算的，棋子的实力价值会随着它的位置和局面的变化而发生变化。在许多场合下，一方根据全局的需要，经常用价值较高的棋子，去主动交换对方价值较低的棋子，这种着法称为"弃子"。弃子在对局中经常出现，是为了局面的需要，当你有所可行的时候而采用的有效战术手段。

如图4，双方子力分值相等，但白方马被困在边线，王又差一步保兵，这时轮黑方走棋，果断走象 e5×f3！弃象吃兵，白方无论走什么都无法阻挡黑兵升变，只好认输。

如图5，黑方子力明显占优，但王在中路处境危险，轮白方走棋，白方经过计算，已胸有成竹，于是连续采用主动弃子战术，消除了黑方的防御，形成妙杀。

1. 象 d3×b5+！ a6×b5　　　2. 马 e6-c7+！　　车 c8×c7
3. 车 d1-d8#

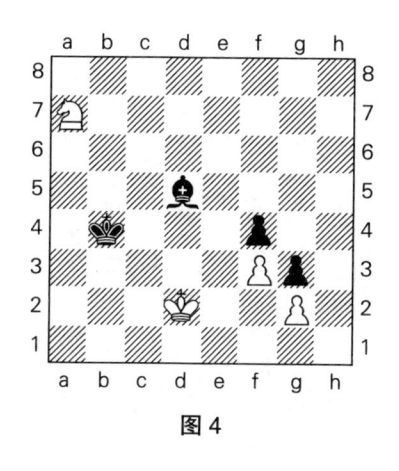

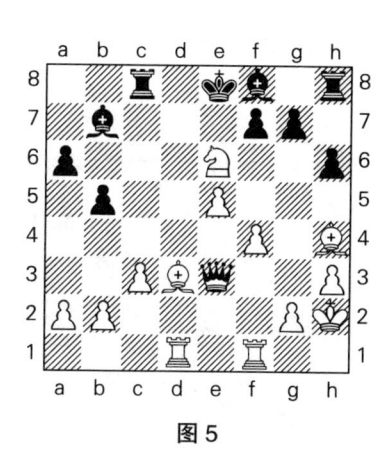

图4　　　　　　　　　　图5

# 三、子力的特点和作用

## (一) 兵的特点和作用

兵的分值虽然最小，价值最低，但它在对局中的作用不可忽视。兵最富于牺牲精神，为了局面的需要，弃兵的情况经常出现，它的每一次行动都会牵动着局势的走向，法国著名棋手菲利道尔曾精辟地指出："兵是象棋的灵魂。"

如图6，白方少子，但兵力配置很好，而黑王被困在边线危险区，白方走 f2-f4 切断黑王逃路，下着黑方无法阻止白方 g2-g3#。

如图7，虽然双方子力相等，但白方子力协调，分工合作，e6兵十分有力，像埋伏在黑王前的一颗定时炸弹，时机一到立刻爆炸了。

1. 后 f2-f7+！ 象 g6×f7    2. e6×f7#

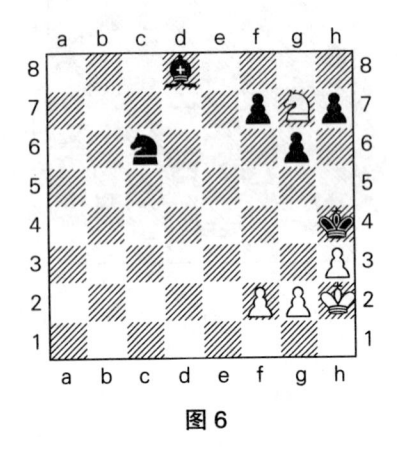

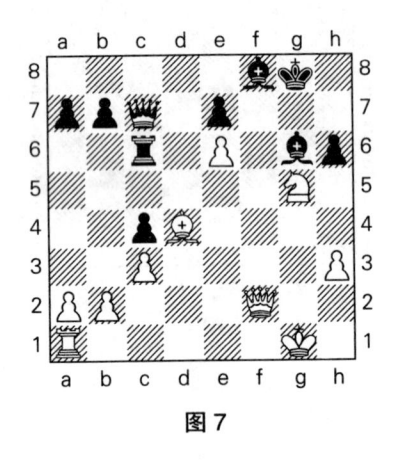

图6

图7

如图8，双方对攻各攻一翼，轮白方走，通过观察对比就可以发现白方双象控制着两条斜线，限制着黑王活动，而黑方双象却堵住了王的逃路，形成了典型"好象"对"坏象"的局面。进一步分析发现f6格十分重要，一旦消除了黑方对f6格的防守就可杀王了。于是白方果断弃后，把防守f6格的马引离，然后，由小兵完成致命的一击。

1. 后e3–e5+！ 马d7×e5
2. f5–f6#

图8

如图9，看似黑方已易位王很安全，但是轮白方走棋，白方通过后、车的配合，还是把黑王驱赶到小兵的刺刀下。

1. 后c5×f8+！ 王g8×f8
2. 车c3–c8+！ 王f8–e7
3. d5–d6#

两兵联手，再次擒王。

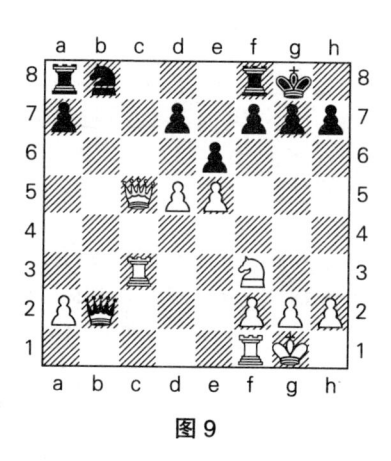

图9

## （二）马的特点和作用

马的走法独特，又没有绊马脚的限制，还可以变颜色，当它攻击其他子力时，对方却无法反击，从而表现出马的特殊功效。马适合短兵相接的近距离作战，在封闭性局面中更能显示

61

出它的威力，因此称为勇敢的骑士。

如图 10，在马兵对象兵的残局中，黑王被困在边线，轮白方走：1.王 c7-b8！一着两用，既控制住黑王 a7，又给马 c7 腾出格位，黑象毫无办法，只能眼睁睁的看着白方 2.马 e6-c7 将杀。

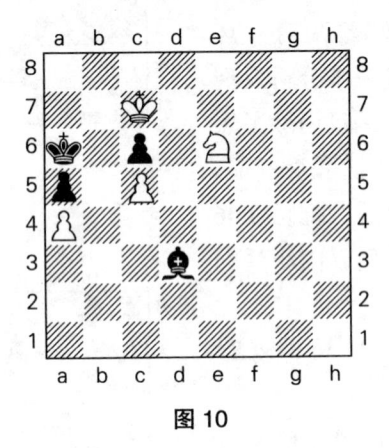

图 10

如图 11，黑方子力占绝对优势，威胁下一步后车杀王，但白方利用了马的特点果断弃车，使黑王堵塞，形成双马杀王：

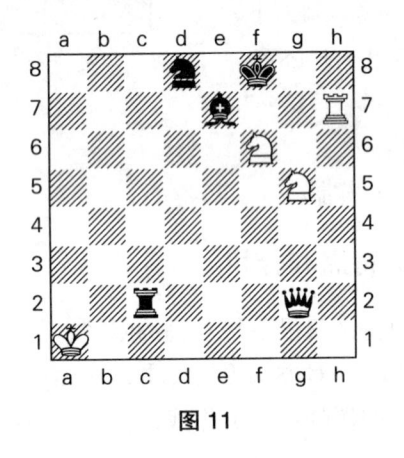

图 11

1. 车 h7-f7+！马 d8×f7
2. 马 g5-e6#

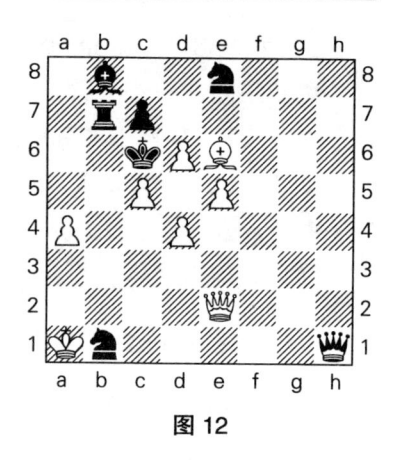

如图 12，黑方子力占优，只要走马 c3 闪将即可杀王。但轮白方走，白方通过精准计算，走出石破天惊的妙着：1.后 e2-h5 威胁后×e8，以下黑方有两种应着都不行，如 1. …马 c3，则 2.后×h1；如 1. …后 c1（或后~），则 2. 后×e8 将杀。黑方只好走 1.…… 后 h1×h5 接受弃后，现在白方既无后也没有马，怎么能赢呢？谈何用马来杀呀！请看 2．d6 –d7 马~　3．d7 –d8（马）马到成功。如 2. …后 g5 则 3. d×e8（后），同样是白胜。

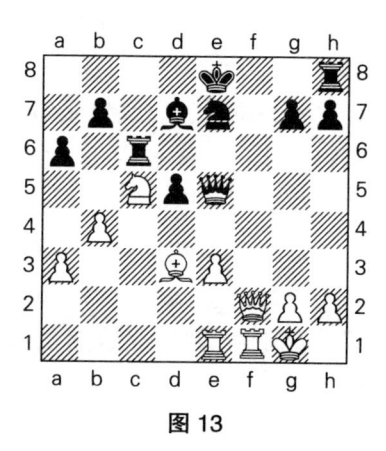

图 12

如图 13，马行动步法诡异，能在自身安全的情况下随时击双，马眼中的世界总是与众不同。黑方 d7 象、e5 后、c6 车在一条"直线"上，这足以吸引着马想法设法利用了。

图 13

机会往往是需要自己创造的。如果黑方王处在 f8、f6、b6、b8 任何一格，那么马的击双就摆在面前了。虽然黑王不在这些格子里，但我们可以强迫它到那里。轮白方走棋，于是：

1. 后 f2-f8+！ 车 h8×f8　　2. 车 f1×f8+！ 王 e8×f8

两步强制性的着法后，黑王就进入了马的视野。

3. 马 c5×d7+！ 王 f8-e8

如 3. … 王 f7 更糟，因 4. 马×e5 之后又抽 c6 车。

4. 马 d7×e5

至此，白方净赚一子，马的击双很有效果。

## （三）象的特点和作用

象属于长武器，象和马的分值相等，但作用不同，谁更厉害呢？这要根据局面的具体特征来回答。一般来说，在开放性的局面中象优于马，而在封闭性的局面中马优于象。象所控制的格子比马多，但它只能在一种颜色的格子上发威，活动范围只有半个棋盘，而马属于短武器，虽然控制的格子没有象多，但它能换色。因此它们功能不同，各有优劣。在开放性局面中，双象的优势更为突出，双象杀王要比马象杀王简单得多。

如图 14，局面中心呈封闭状态。双方的两个象各有一象和己方兵链色同色，另一象和己方兵链色不同。这个局面说明，能够控制开放线路的象，比困在兵链内的象要积极，称为"好象"，反之称为"坏象"。即白方 f2 象和黑方 c8 象为好象。而白方 e2 象和黑方 g7 象为坏象。尤此可见象的好坏和兵的配置有直接关系，当然小兵的位置是可以变化的，因此象的好坏是可以转变的。

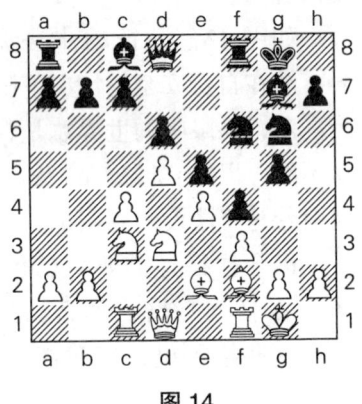

图 14

如图 15 是用双象配合来杀单王的例子，白方走棋。

1. 象 c1-a3!　　王 g8-h8　　2. 象 f1-e2!　　　王 h8-g8
3. 象 e2-c4+　　王 g8-h8　　4. 象 a3-b2#

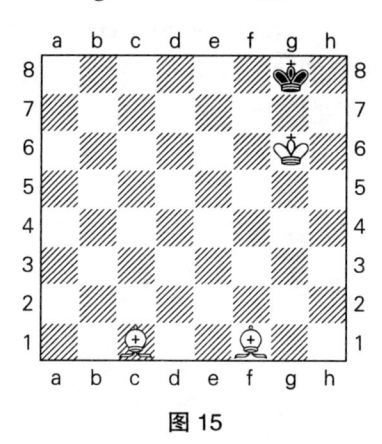

图 15

充分发挥了双象配合的特点，其中包括远射程的威力、控制作用、等着作用。像两支长矛一般干净利索地刺中黑王的喉咙。

如图 16 是一个好象胜两个坏象的例局。白方先走：

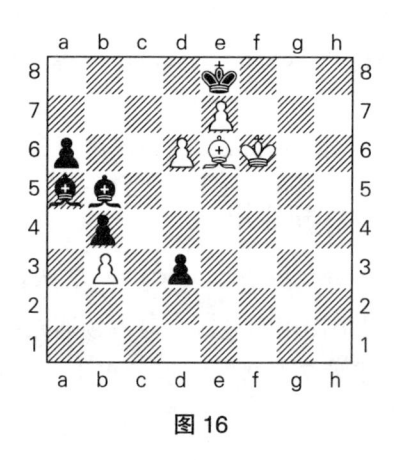

图 16

1. d6-d7+！　　象 b5×d7　　2. 象 e6-f7#

黑方黑象毫无作用，白方及时冲兵照将，逼使黑方白格象成为绊脚石形成用单象巧杀。

如图 17，黑方出子落后，后孤军深入，威胁后 a1 杀，白方想到了进攻是最好的防守的格言，给黑方演示了什么叫"围魏救赵"。

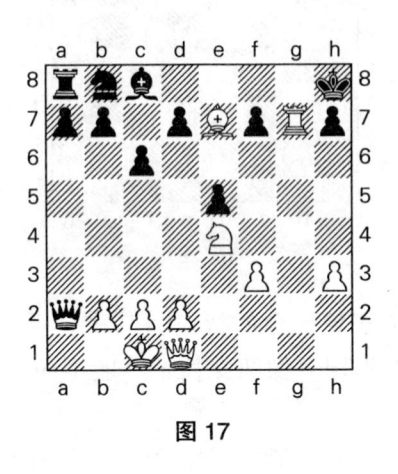

图 17

1. 车 g7-g8+！　王 h8×g8　　2. 后 d1-g1+！　　王 g8-h8
3. 象 e7-f6#

白方车、后、象协同作战，又一次由象完成射门。

## （四）车的特点和作用

车是远射程子力，价值仅低于后，虽然在开局中难有作为，但在中、残局中作用明显，一旦占领通路线又能迅速深入对方腹地（第 2 或第 7 横排），这时如同卡住对方王的咽喉，其威力就更大了。

如图18，白方双车占据通路，在象的支持下，必然会发威的。白方先走：

1. 车 d1-d7+　马 c6-e7　　2. 车 d7×e7+　　后 e5×e7
3. 车 d8-d7

白方得子，胜定。

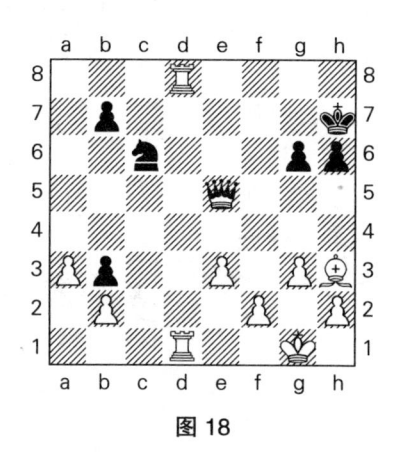

图 18

如图19，黑方多半子，但白方双车与马配合形成了典型的杀式。

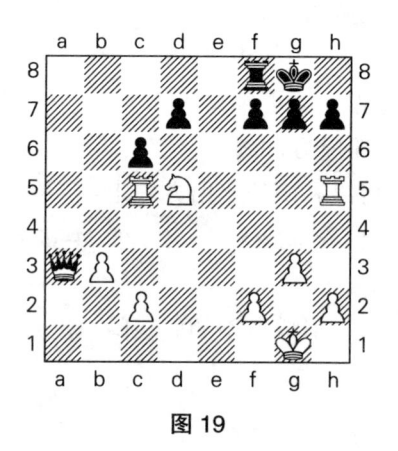

图 19

1. 马 d5-e7+　王 g8-h8
2. 车 h5×h7+!　王 h8×h7
3. 车 c5-h5#

由车马配合形成的如此杀法非常典型，称为阿拉伯杀法。

如图 20，双方对攻局面，黑方盯着 f2 点，威胁后×f2。现轮白方走，通过观察发现白马在兵的支持下埋伏在黑王前沿，车也在通路上，万事俱备，只欠东风，于是走：

1. 后 a3×f8+!　王 g7×f8
2. 车 e1-e8+　王 f8-g7
3. 车 e8-g8#

白方一气呵成，再次展示了阿拉伯杀法的威力。

如图 21，双方子力相等，看似局面均势，但再细心分析，白方发现黑方底线的防守弱点还是可以利用的。白方先走：

1. 后 g4×c8+!　车 a8×c8　2. 车 d4-d8+　车 c8×d8
3. 车 d1×d8#

白方前仆后继，形成典型的底线闷杀。

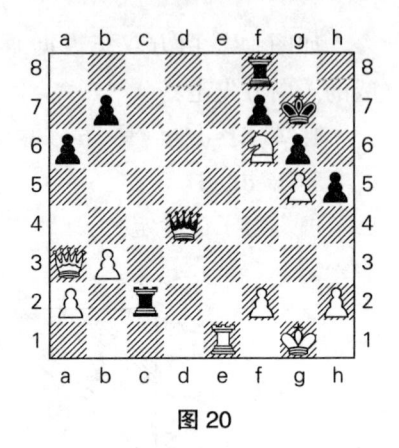

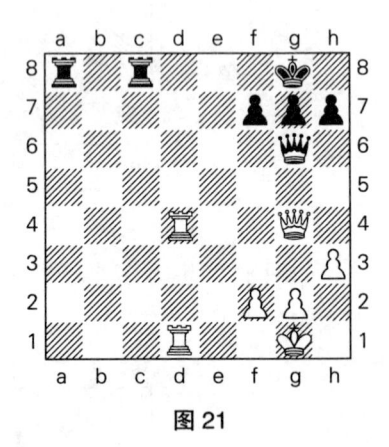

## （五）后的特点和作用

后具有王、车、象为一体的功能，是国际象棋中最强的子力。后调动自如，视野开阔，威力神勇，在和其他子力配合作战时杀伤力极强，但在开局阶段不宜盲目行动，以免受到弱子的攻击而失先。

如图22，虽然白方子力占优，但王门空虚，轮黑方先走立即进后将军争得时间，在好象的配合下，吃车杀王。

1. ………… 后 d7-h3+！ 2. 王 h1-g1 后 h3×g2#

如图23，本例局说明速度决定一切。白方先走：

1. 后 d2-a5+！ 王 b5×a5 2. a6×b7+ 王 a5-b6
3. b7-b8（后）#

白方弃后，争得时间，为闪将、小兵升后杀王立了头功。

谈到后的特点和作用，我们有必要向大家隆重推出后的一种典型杀式——后的肩章杀。因杀式之形状酷似肩章而得名，是由美国天才棋手保罗·摩菲在一场让马车轮战时弈出，因此也称为"摩菲杀"。

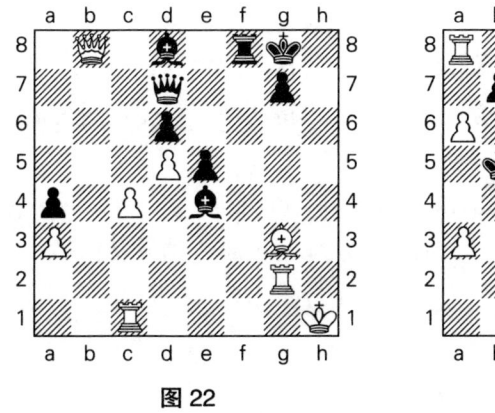

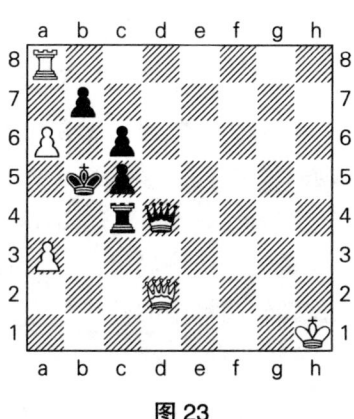

图22

图23

如图 24 所示，这就是摩菲在车轮战中执白用肩章式杀法创造的杰作的结局。这种杀法很华丽。是在对方子力"积极"配合下，仅仅用单后即完成将杀。

如图 25，相同的子力，不同的位置，决定了本局的结果。白方先走：

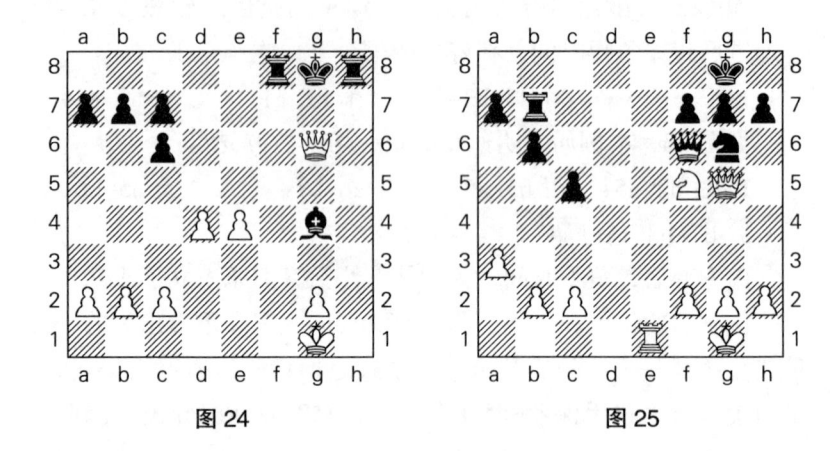

图 24

图 25

1. 车 e1-e8+　马 e6-f8　　2. 马 f5-h6+!!　后 f6×h6

白方步步紧逼，黑方别无选择，只得从命，接受白后的肩章杀。

3. 车 e8×f8+!　王 g8×f8　　4. 后 g5-d8#

最后一个例局很精彩，白方着法非常细腻，请欣赏白后一次次辗转腾挪中的妙味吧……

如图26，黑方后、车配合威胁着吃 b2 兵杀。然而天才的白后开始行动了。

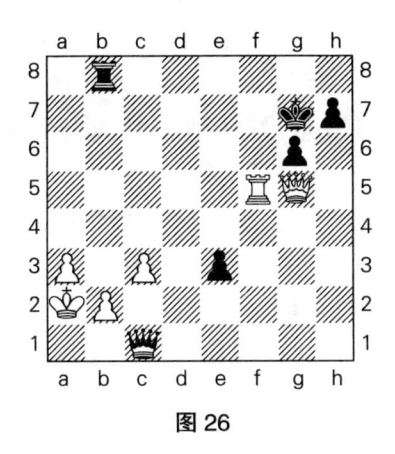

图 26

1. 后 g5-f6+　王 g7-h6

如果黑王往底线逃，白方会很快带将把车抽掉，请自己摆一下。

2. 后 f6-h4+　王 h6-g7　　3. 后 h4-d4+!　王 g7-h6
4. 后 d4-f4+　王 h6-g7

这时还不能吃车，因为自己的车也在黑兵口中。

5. 后 f4-e5+!　王 g7-h6

关键时刻到了，该用肩章杀了。

6. 车 f5-h5+!　g6×h5　　7. 后 e5-f6#

华丽舞步的最后点缀——漂亮的肩章杀。

爱屋及乌，在我们学会了肩章杀的同时，请记住永恒的天才棋手——保罗·摩菲。

## （六）王的特点和作用

王不同于其他棋子，它的价值不取决于它的战斗力。王代表一盘棋的胜负，从这个意义上说，王是最重要的棋子。在开局和中局阶段王是一个弱子，必须受到可靠的保护，在残局阶段，王的威力明显增大，尤其在王兵残局中它的作用尤为重要，实力评估当在一象（马）和一车之间。

如图 27，轮白方走，白王位置优于黑王，白王逼使黑方配合杀王。

1. 王 c6-c5!　　b5-b4　　2. c3×b4#

如图 28，轮黑方走，但由于黑王被困底线，处境危险，无法挽救。

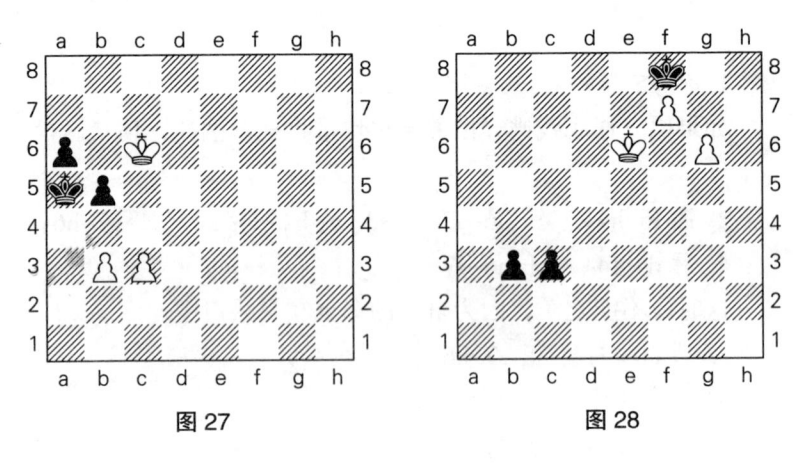

图 27　　　　　　　　图 28

1. …………　　c3-c2　　2. 王 e6-f6　　c2-c1（后）
3. g6-g7#

如黑改走 1. … 王 g7，则 2. 王 e7! ~ 3. f8（后）白方必胜。

## 第二章　子力价值与性能

如图29，双方兵形成"0"型对峙，不用摆了，一看双方王的位置，你就会知道谁赢？

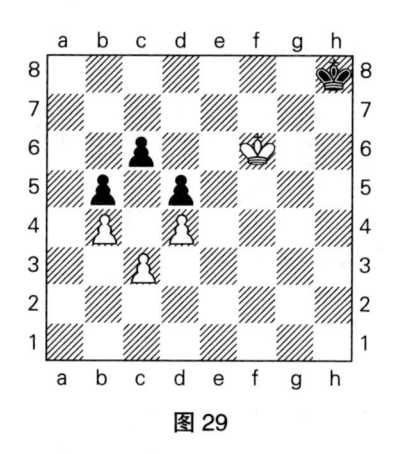

图 29

从以上三个例局你就会知道王在残局中的作用了，也明白了王的位置会直接关系着一盘棋的结果。

有关王兵残局其他知识，将在第五章中另行讲述。

在上面所列举的例局中，我们已经对各兵种的作用和价值有了一定的认知，子力的分值是在棋局的变化中由它所在的位置和棋局的具体情况所决定的，而它的基本分值则是抽象的原则性的。在实战中谈孤立的分值是没有意义的。如"好象""铁马"，线路开阔，攻守兼备，价值必然增大；而"坏象""笨马"，作用不大，价值自然减少。"强兵""通路兵"会给对方带来很大威胁，价值必须增大。反之"弱兵"（孤兵、叠兵），是挨打受攻的目标。

因此，进一步正确认识棋子在实战中的价值十分重要，真正做到正确认识它也不是容易的事，只有不断提高理论水平，加强实践对局，在实战中学习，在实战中提高。

## 练习题

习题 1~习题 10，均为白先三步杀。

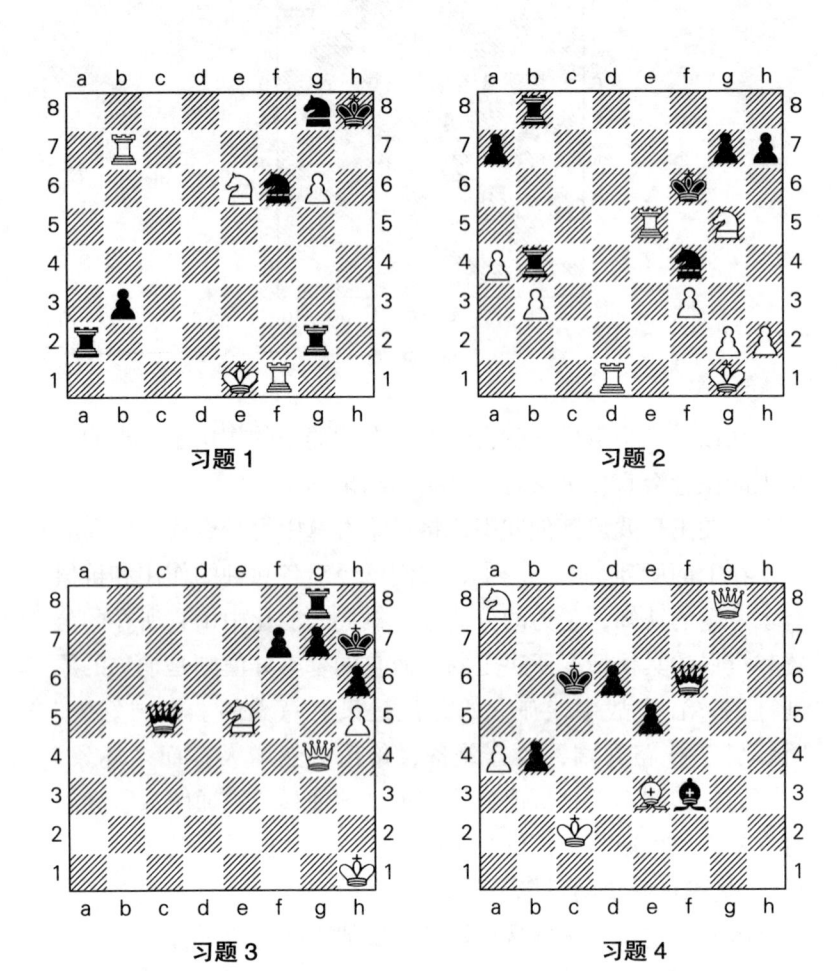

习题 1

习题 2

习题 3

习题 4

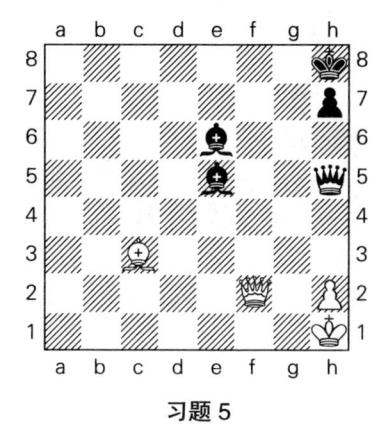

第二章 子力价值与性能

习题 5

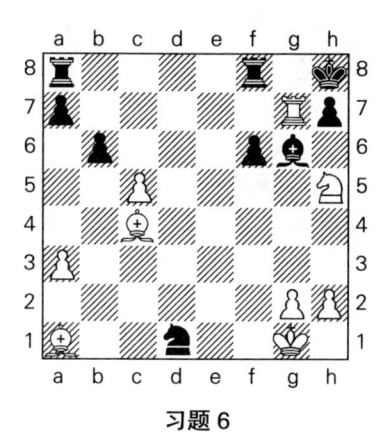

习题 6

习题 7

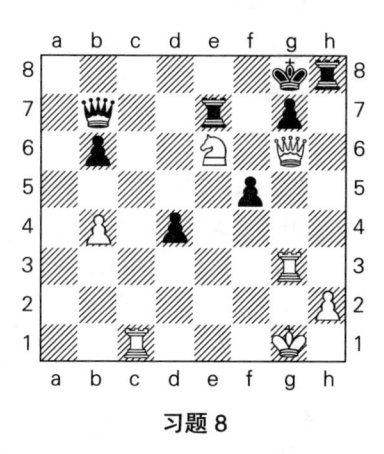

习题 8

习题9

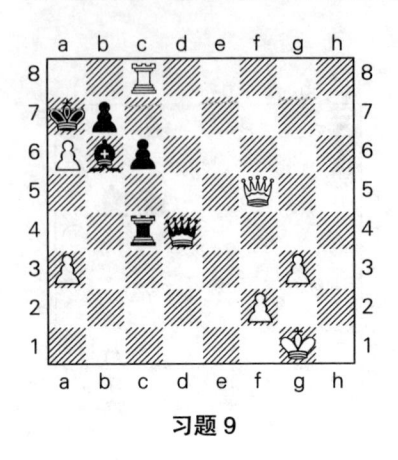

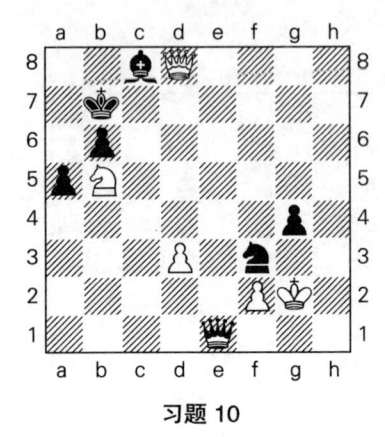

习题10

**练习题解答**

习题1　　1. 车 f1–h1+　车 g2–h2

2. 车 b7–h7+　车 h2×h7　3. g6–g7#

习题2　　1. 车 d1–d6+　王 f6×e5

2. 马 g5–f7+　王 e5–f5　3. g2–g4#

习题3　　1. 后 g4–g6+　f7×g6

2. h5×g6+　王 h7–h8

3. 马 e5–f7#　[如 1. ……王 h8 则 2. 马×f7#]

习题4　　1. 后 g8–c8+　王 c6–d5

2. 后 c8–c4+　王 d5×c4　3. 马 a8–b6#

习题5　　1. 后 f2–f8+　象 e6–g8

2. 后 f8–f6+　象 e5×f6　3. 象 c3×f6#

习题6　　1. 车 g7–g8+　车 f8×g8

2. 象 a1×f6+　车 g8–g7　3. 象 f6×g7#

习题 7          1. 车 e7–b7+    象 e4×b7
2. 马 d4–c2+    马 a3×c2       3. 车 g5–b5#
习题 8          1. 车 c1–c8+    后 b7×c8
2. 后 g6×g7+    车 e7×g7       3. 车 g3×g7#
习题 9          1. 车 c8–a8+    王 a7×a8
2. 后 f5–c8+    王 a8–a7       3. 后 c8×b7#
习题 10         1. 后 d8–c7+    王 b7–a6
2. 后 c7×c8+    王 a6×b5       3. 后 c8–c4#

# 第三章 杀单王

在杀单王的残局中，各兵种的特点表现比较明显。学习杀单王可以加强对各种兵种性能特点深入了解，熟练掌握各兵种杀王要领杀王定式是下国际象棋的基本功。

将杀单王就是封锁住王的一切出路，这时优势一方要运用各种杀王技巧，先把对方王逼到棋盘边上或角上，然后再用王帮助完成杀王。

如优势一方有后车或双车非常大的子力优势时，不用王的帮助也能很快将杀单王。

## 一、强子配合杀单王

### （一）后车杀单王

后车杀单王，比较简单，不用王的帮助，也能很快取胜。

图1，白先。

1. 车 b2–d2　　王 e5–e6
2. 后 b7–e4+　　王 e6–f6
3. 车 d2–f2+　　王 f6–g5
4. 车 f2–f5+　　王 g5–g6

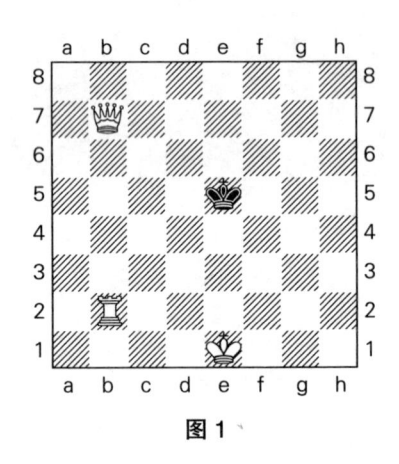

图1

5. 后 e4-g4+    王 g6-h6    6. 车 f5-h5#

## (二) 双车杀单王

双车杀单王,也可以不用王的帮助,通过用双车交错将军,把对方王逼到底线(或边线),就可以将杀。

图 2,白先。

白方用双车错的方法取胜。着法如下:

1. 车 a1-a4    王 e5-d5    2. 车 h1-h5+    王 d5-c6
3. 车 a4-a6+   王 c6-b7    4. 车 a6-g6     王 b7-c7
5. 车 h5-h7+   王 c7-c8    6. 车 g6-g8#

图 3,如果白王能参战,也可在棋盘中心杀单王。

双方王在棋盘中心形成马步形,白方只要用车控制黑王,迫使其主动对王,即可成杀。

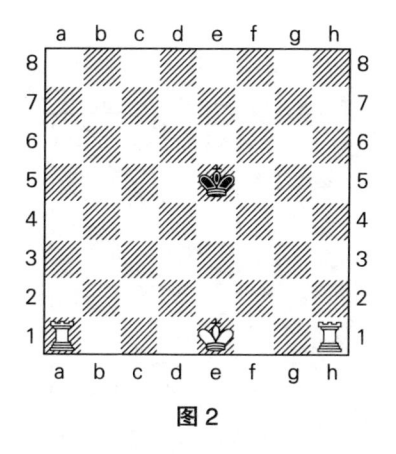

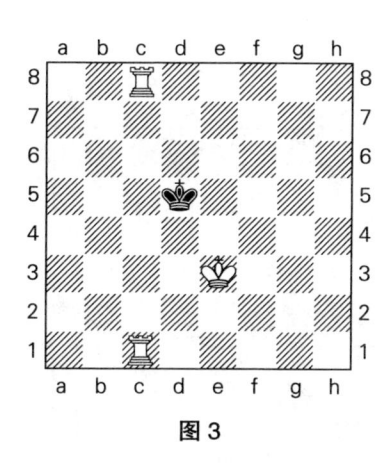

1. 车 c8-c6    王 d5-e5    2. 车 c1-c5#

图 2

图 3

# 练习题

## 完成习题1~习题4

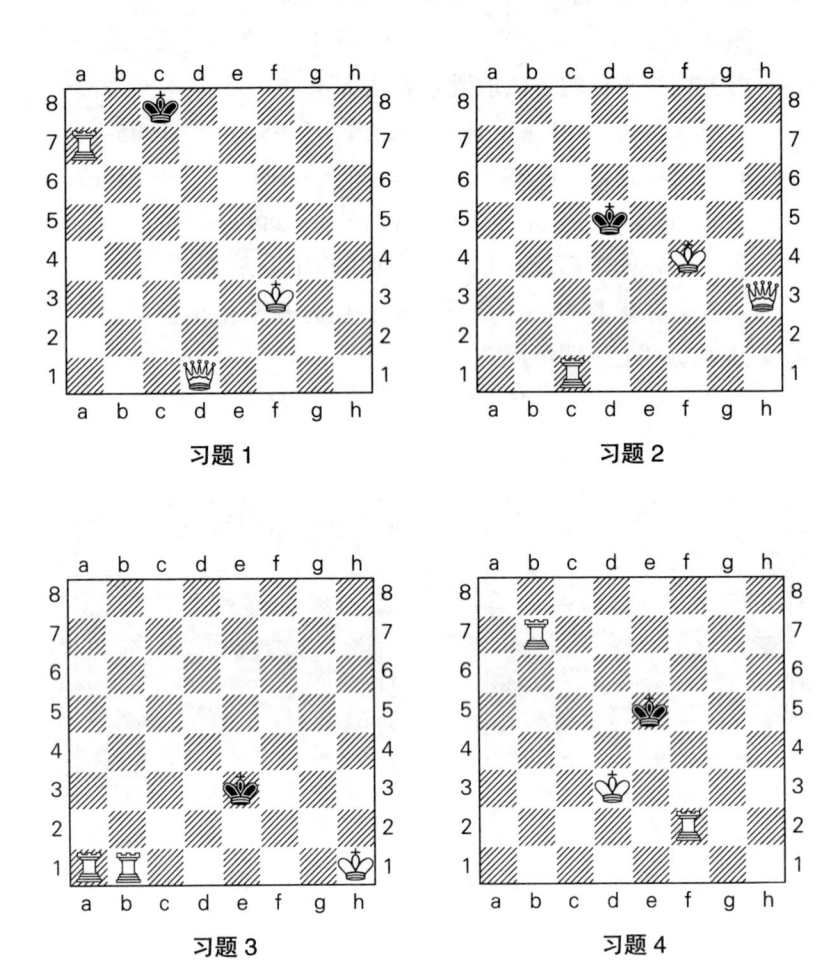

习题 1

习题 2

习题 3

习题 4

**练习题解答**

习题 1　1. 后 d1-d7+　王 c8-b8　2. 后 d7-c7#

习题 2　1. 后 h3-d7#

习题 3　1. 车 a1-a4　王 e3-d3　2. 车 b1-b3+　王 b3-c2
3. 车 b3-g3　王 c2-b2　4. 车 a4-f4　王 b2-c2　5. 车 f4-f2+
王 c2-d1　6. 车 g3-g1#

习题 4　1. 车 b7-b6　王 e5-d5　2. 车 f1-f5#

## 二、后杀单王

单后杀王如果只用后去将军，显然是不能杀王的。要将杀对方的王，必须要依靠己方王的帮助，把对方的王逼到棋盘的边上或角格才行。

如图 4 所示是单后在王的配合下杀王定式。

在追杀过程中，由于后的控制点多，因此，要始终注意不要让单王方无子可动，形成逼和。

如图 5 所示，轮黑方行棋是无子可动和棋局面。

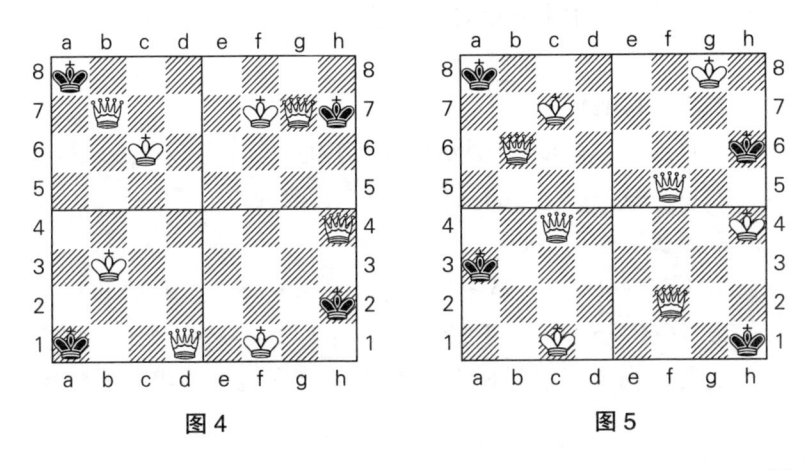

图 4

图 5

从图4所示单后杀王的定式中可以看到白方都是把黑王逼至到棋盘边上或盘角，在自己王的帮助下杀黑王的。

如图6，白先。

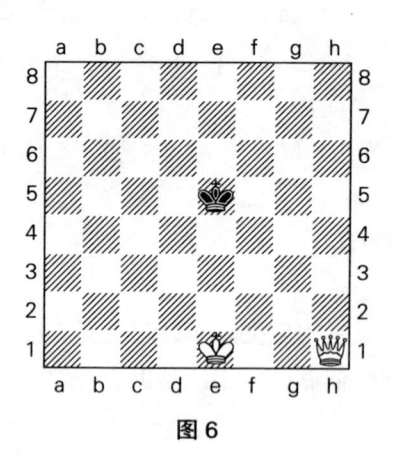

**图6**

黑王位于棋盘中心，白方如何追捕黑王呢？

1. 后 h1-c6!

注意，后和黑王形成"马步"，用来缩小黑王活动范围，这是单后杀单王中十分重要的手段。

1. ………… 王 e5-d4

2. 王 e1-d2!

一旦形成"马步"，则要及时上王助战。

2. ………… 王 d4-e5　3. 王 d2-e3　王 e5-f5

黑王被迫撤离中心。

4. 后 c6-d6　王 f5-g5　5. 后 d6-e6　王 g5-h4

6. 后 e6-g6　王 h4-h3

至此，白方王、后配合把黑王逼迫到边线。黑王面临将杀。

7. 王 e3-f3    王 h3-h4（h2）    8. 后 g6-g4（g2）#

## 练习题

习题 1、习题 2 均为白先，两步杀。

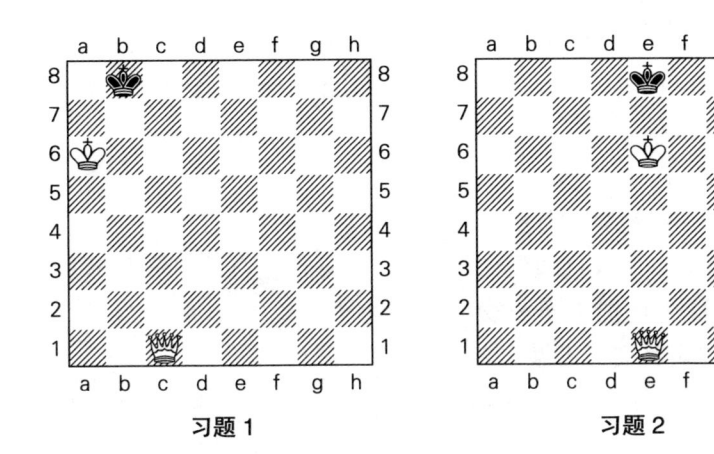

习题 1

习题 2

**练习题解答**

习题 1　1. 王 a6-b6!　王 b8-a8　2. 后 c1-c8#
习题 2　1. 后 e1-b4!　王 e8-d8　2. 后 b4-b8#

## 三、车杀单王

车杀单王取胜的方法是车借助王的帮助，利用控制、对王、等着战术相结合，把单王逼到棋盘边上或盘角将杀单王。

如图7是车杀单王的最后阶段。白方先走,白车可以在d线或第1横排任意走一着,这称为"等着";白王与黑王同处在d线,相隔一横排相对,这称为"对王"。

对王和等着在单车杀单王中起着重要作用,请看实例图7。

1. 车 d1-a1!

必要的等着,当然白车不一定非走车a1,随便走哪都行,目的是把走子权交给黑方,以观其变,再做定夺。

1. ………… 王 d8-e8
2. 车 a1-f1

控制战术,迫使黑王对王。

2. ………… 王 e8-d8

形成对王,这是将杀的时机。

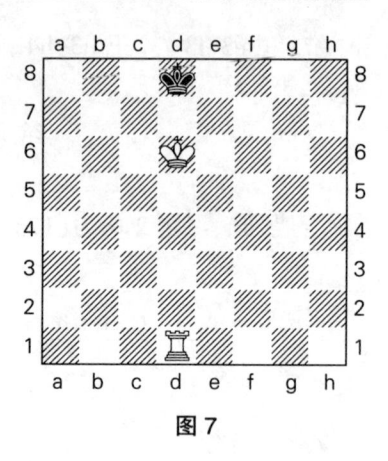

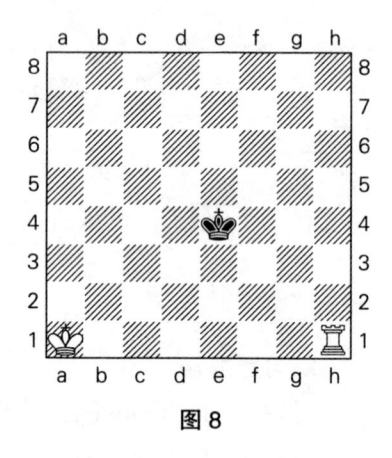

3. 车 f1-f8#

图7

图8

如图8是黑方王位于棋盘中心时,白方追捕黑王的例子。白先着法如下:

1. 王 a1-b2　王 e4-d4　2. 王 b2-c2　王 d4-e4
3. 王 c2-c3　王 e4-e5　4. 王 c3-c4

白王要和黑王形成马步,迫使黑王对王,这时及时打将,迫使黑王撤离中心。

| 4. ………… | 王 e5–e4 | 5. 车 h1–e1+ | 王 e4–f5 |
| 6. 王 c4–d4 | 王 f5–f4 | 7. 车 e1–f1+ | 王 f4–g5 |
| 8. 王 d4–e4 | 王 g5–g6 | 9. 王 e4–e5 | 王 g6–g5 |
| 10. 车 f1–g1+ | 王 g5–h4 | 11. 王 e5–f5 | 王 h4–h3 |
| 12. 王 f5–f4 | 王 h3–h2 | 13. 车 g1–g3 | 王 h2–h1 |

白方王车配合把黑王逼到盘角，迫使黑王就范。

| 14. 王 f4–f3 | 王 h1–h2 | 15. 王 f3–f2 | 王 h2–h1 |

16. 车 g3–h3#

黑王在盘角无须对王，即可在杀。

这里，需要指出的是白方第一着也可走车：1.车 h3 或 1.车 h5 及 1.车 f1 等着法，都是为了先把黑王活动范围缩小，然后再上王助战催杀。方法相似，不再另叙。

## 练 习 题

习题 1、习题 2 均为白先胜。

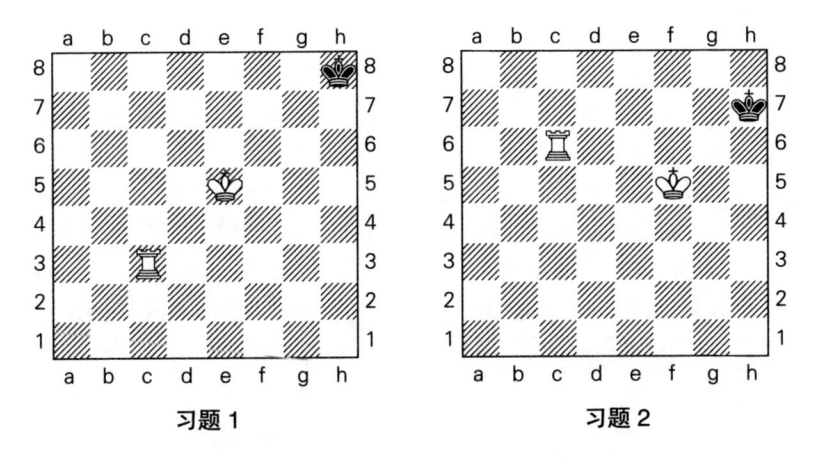

习题 1

习题 2

85

### 练习题解答

习题1  1. 王 e5-f6  王 h8-h7  2. 车 c3-c8  王 h7-h6  3. 车 c8-h8#

习题2  1. 车 c6-c7+  王 h7-g8  2. 王 f5-f6  王 g8-h8  3. 王 f6-g6  王 h8-g8  4. 车 c7-c8# 或 1. 王 f5-f6  王 h7-g8  2. 车 c6-c7  王 g8-h8  3. 王 f6-g6  王 h8-g8  4. 车 c7-c8#  又如 1. 王 f5-f6  王 h7-h6  2. 车 c6-a6  王 h6-h5  3. 车 a6-a4  王 h5-h6  4. 车 a4-h4#

总之，定式是死的，杀法是灵活的，可谓异途同归。

## 四、双象杀单王

互相配合的双象在四条交叉相邻的斜线形成了密集的火力网。威力很大（图9）。

双象杀单王也需要在王的配合下，把对方王赶到棋盘格或紧靠盘角的边线上成杀。

如图10，黑王位于棋盘边上，白方可轻易取胜。白先，着法如下：

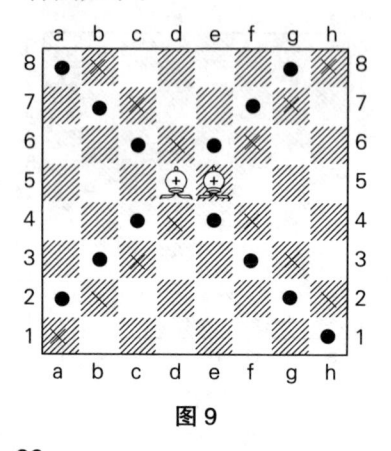

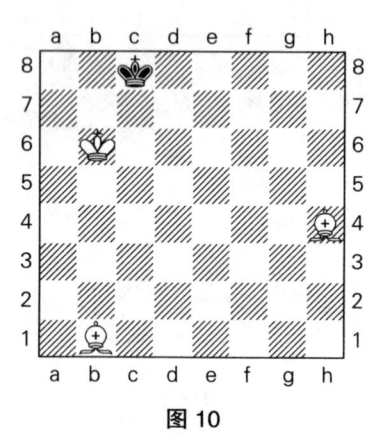

图9                图10

第三章 杀单王

1. 象 b1-f5+　　王 c8-b8　　2. 象 h4-g3+　　王 b8-a8
3. 象 f5-e4#

如图 11，黑王位于次底线，白方双象在王的配合下，先把黑王逼到底线，在盘角的底线将杀单王。白先，着法如下：

1. 象 f3-c6!　　王 c7-b8　　2. 王 c5-b6　　王 b8-c8
3. 象 c6-b5!　　王 c8-b8　　4. 象 b5-a6!　　王 b8-a8
5. 象 a6-a7+　　王 a8-b8　　6. 象 g5-f4#

如图 12，黑王位于大中心区域，白方取胜自然要着法多些，请看实施过程：

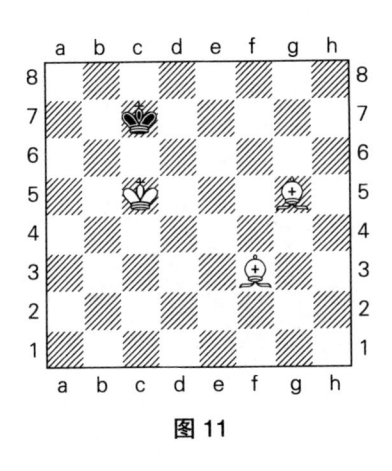

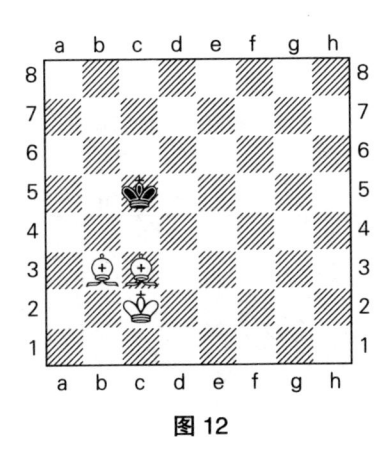

图 11　　　　　　　　图 12

1. 象 c3-e5

控制黑王，不让它逃向王翼。

1. ………　　王 c5-c6　　2. 象 b3-e6

组成新的封锁网，限制黑王活动。

2. ………　　王 c6-c5　　3. 王 c2-c3

白王及时助战，很必要。

87

3. ……………    王 c5-c6    4. 王 c3-c4    王 c6-b6
5. 象 e6-d7    王 b6-a6    6. 王 c4-c5    王 a6-b7
7. 王 c5-b5    王 b7-a7    8. 象 d7-c8    王 a7-a8

第一阶段的任务已完成，黑王被逼到盘角。

9. 象 c8-a6    王 a8-a7    10. 象 e5-d4+    王 a7-a8
11. 王 b5-b6

现在白王已到达预定格位，离取胜不远了。

11. ……………    王 a8-b8    12. 象 d4-e5+    王 b8-a8
13. 象 a6-b7#

## 练习题

完成习题 1 和习题 2，均为白先三步杀。

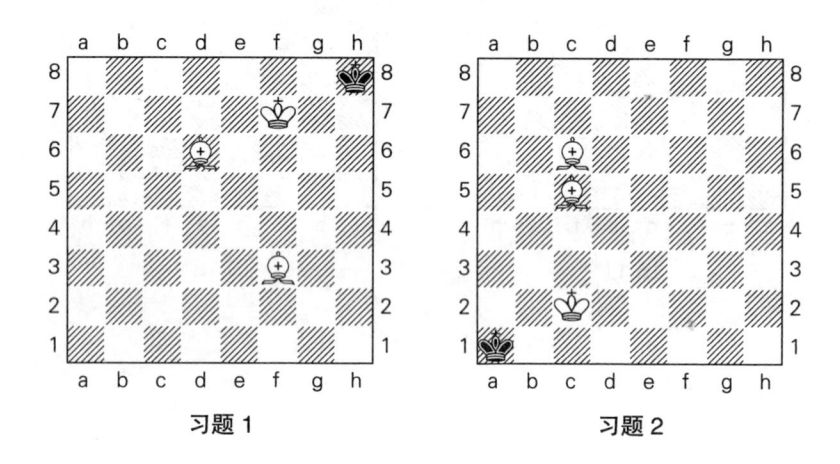

习题 1

习题 2

**练习题解答**

习题 1    1. 王 f6-g6    王 h8-g8    2. 象 f3-d5+    王 g8-h8
3. 象 d6-e5#

习题 2　1. 象 c6-e8!　王 a1-a2　2. 象 e8-f7+　王 a2-a1　3. 象 c5-d4#

## 五、马象杀单王

马象杀王是杀单王中最为复杂的，有较大难度，因此，在实战中，占优势的一方在中残局过渡时尽量避免形成这类残局。优势方力争保留一只兵，这样兵在象或马的支持下，可以冲到底线变后，那么取胜就容易多了。

如果迫不得已，形成马象对单王的局面时，就必须采用以下基本方法：王和马象必须协同配合，先把单王从中心赶到棋盘四边，接着再把它赶到与象同色格的角格，最后利用等着做杀。

我们先从简单的局面入手。

如图 13，黑王已被赶到与象颜色相同的盘角附近。

白先胜。着法如下：

1. 马 b4-a6+　王 b8-a8　2. 象 g4-f3#

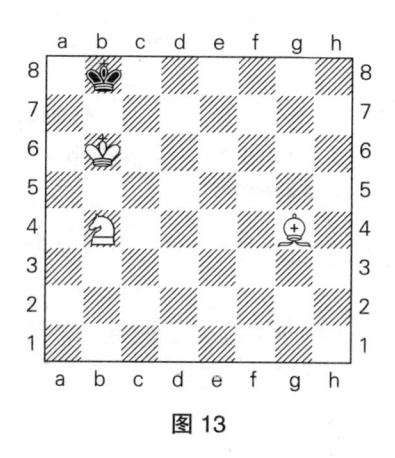

图 13

如黑方先走，则白方需用等着，即可成杀。

1. ………… 王 b8-a8  2. 象 g4-f5！

等着，取胜的要着

2. ………… 王 a8-b8

3. 马 b4-a6+ 王 b8-a8  4. 象 f5-e4#

图 14 取胜方法和图 13 相同，白先胜。着法如下：

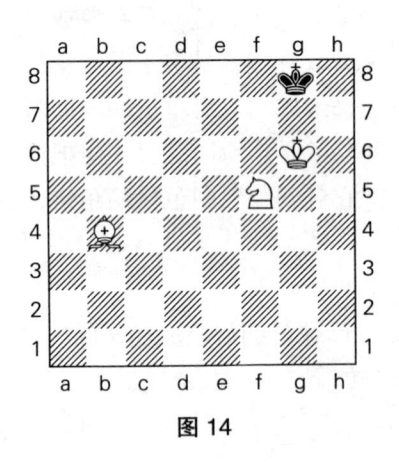

图 14

1. 马 f5-h6+ 王 g8-h8  2. 象 b4-c3#

如黑方先走：1. ………… 王 g8-h8 2. 象 b4-c5！王 h8-g8 3. 马 f5-h6+（不能 3. 马 e7+，否则 3. … 王 f8 黑王逃离盘角）3. ………… 王 g8-h8 4. 象 c5-d4#

为了加深学习运用子力之间协同逼王的方法，下面我们来研究更为复杂的马象杀王全过程。

第三章 杀单王

如图 15 白方子力分散，远离黑王，因此白方要及时调整子力，逼近黑王，根据要把黑王逼到和象同色角格的理论，因此应把黑王逼到 a1 或 h8 盘角做杀。白先，着法如下：

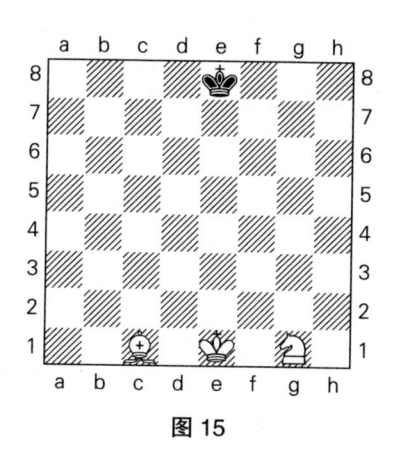

图 15

1. 王 e1-e2    王 e8-d7    2. 王 e2-d3    王 d7-c6
3. 象 c1-f4    王 c6-d5

黑王逃往中心进行顽抗。

4. 马 g1-e2    王 d5-c5    5. 马 e2-c3    王 c5-b4
6. 王 d3-d4    王 b4-a5

黑王向安全盘角逃，白方必须同力协作把它攒向死亡盘角（a1 格）。

7. 王 d4-c5    王 a5-a6    8. 王 c5-c6    王 a6-a7
9. 马 c3-d5    王 a7-a8    10. 马 d5-b6+    王 a8-a7
11. 象 f4-c7    王 a7-a6    12. 象 c7-b8！

白方按计划行动，把黑王向 a1 格逼。

12. …………    王 a6-a5    13. 马 b6-d5    王 a5-a4

91

14. 王 c6-c5　王 a4-b3　15. 马 d5-b4　王 b3-c3
16. 象 b8-f4　王 c3-b3　17. 象 f4-e5　王 b3-a4
18. 王 c5-c4　王 a4-a5　19. 象 e5-c7+　王 a5-a4
20. 马 b4-d3　王 a4-a3　21. 象 c7-b6　王 a3-a4
22. 马 d3-b2+　王 a4-a3　23. 王 c4-c3　王 a3-a2
24. 王 c3-c2　王 a2-a3　25. 象 b6-c5+　王 a3-a2
26. 马 b2-d3　王 a2-a1

白方三子配合默契，各负其责，终于把黑王逼到 a1 格。

27. 象 c5-b4!

必要的等着。

27. ……………　王 a1-a2　28. 马 d3-c1+　王 a2-a1
29. 象 b4-c3#

黑王被逼到死亡盘角被杀。

## 练习题

习题 1 和习题 2 均为白先胜。

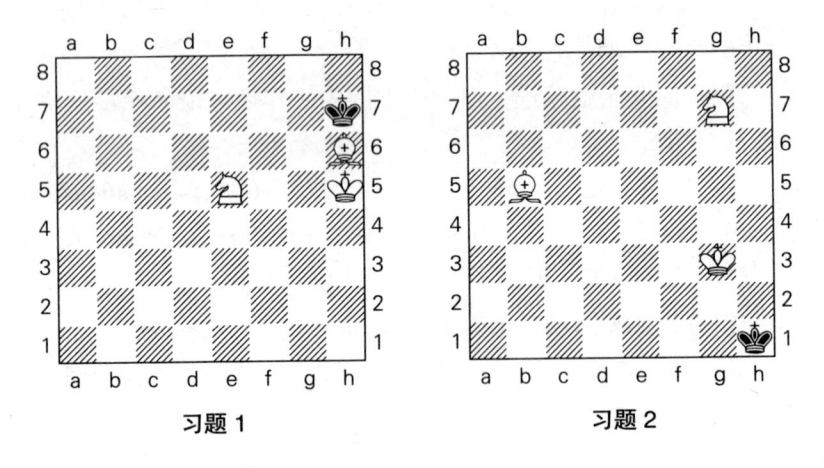

习题 1

习题 2

**练习题解答**

习题 1　1. 马 e5-d7　王 h7-h8　2. 王 h5-g6　王 h8-g8　3. 马 d7-f6+　王 g8-h8　4. 象 h6-g7#

习题 2　1. 马 g7-h5　王 h1-g1　2. 马 h5-f4　王 g1-h1　3. 象 b5-c4　王 h1-g1　4. 马 f4-h3+　王 g1-h1　5. 象 c4-d5#

# 六、双马对单王

双马在王的帮助下可以把单王逼到盘角，但是在单王方防守无误的情况下，双马方不能杀王。因此理论上讲双马对单王是和棋。

图 16，白先。

1. 马 g4-f6+　王 g8-f8！

黑王逃出防守正确，和棋。如 1. …　王 h8，则 2. 马 f7 将杀。

如白方走 1.马 e6 封锁黑王，则在 1.…　王 h8 之后也无法做杀，仍为和棋，请自行验证。

图 17，白先。

这是双马方巧胜王单兵的一个例子，因黑方 a3 兵给黑王带来了灾难。

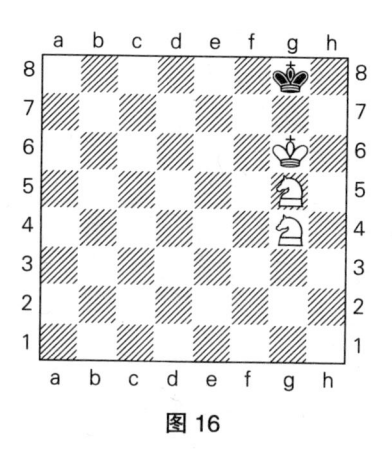

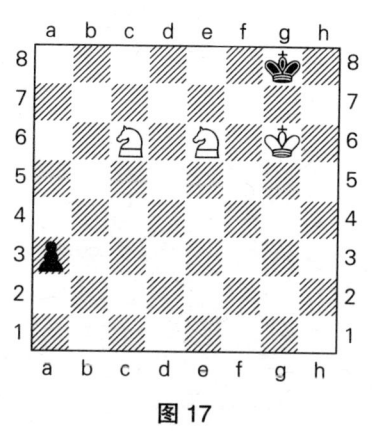

图 16

图 17

1. 马 c6–e7+!
白方不马 b4 吃兵求和，而进马将军，是取胜之道。
1. ………… 王 g8–h8 2. 马 e6–g5! a3–a2
3. 马 g5–f7#

# 第四章 基本战术

在对局中，随着局势的发展，经常会出现某种紧张状态局面，这时一方往往运用各种战术手段，使局面发生急剧改变。所谓战术就是通过强制性手段来达到预期目的的战斗方法。

国际象棋的战术种类很多，分别体现各种不同的战术思想。在对局中广泛出现，尤其在中局的战斗中运用的最多，如战术手段运用凑效，往往能获得优势，甚至能一锤定音，解决战斗。

学习基本战术，熟悉并掌握基本战术对于初学者来说很有必要，它是提高棋艺水平的必修课。先从单个的战术手段入手，由浅入深，了解它的特点和战术思想，再逐步把各种战术融合在一起综合运用，形成战术组合，则更具杀伤力。

下面介绍实战中最为常见的十种基本战术。

## 一、击双

击双是国际象棋中最常见的基本战术，指用一个棋子，同时攻击对方两个目标，使其不能兼顾。六种棋子，包括王都可以完成击双任务。

下面是各种子力击双时的片断：

图 1 分别是王和后击双时的情形。

图 2 分别是车、马、象、兵击双时的情形。

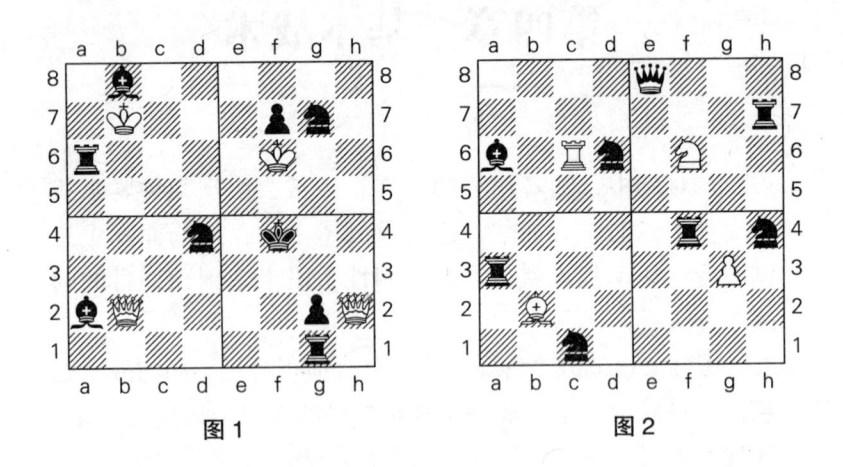

图 1

图 2

下面介绍击双战术的实例。

如图 3，开局不久，轮白方走棋，白方看到黑 a5 马无根，于是：

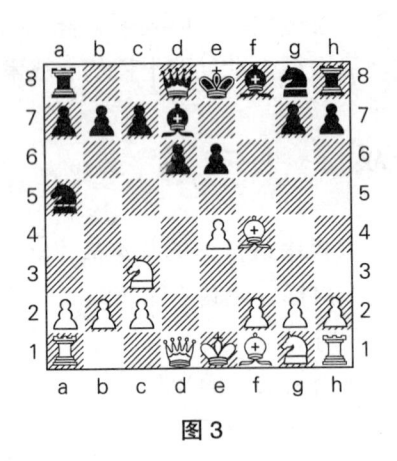

图 3

## 第四章 基本战术

1. 后 d1-h5+!

将军，抽马，用后完成击双。

如图 4，轮白方走棋，白方用车完成击双。

1. 车 d1-a1　　象 a3-b4　　2. 车 a1-a4

击双，白方必得一子。

如图 5，双方子力相当，轮白方走棋。白方象在车的配合下，由象完成击双。

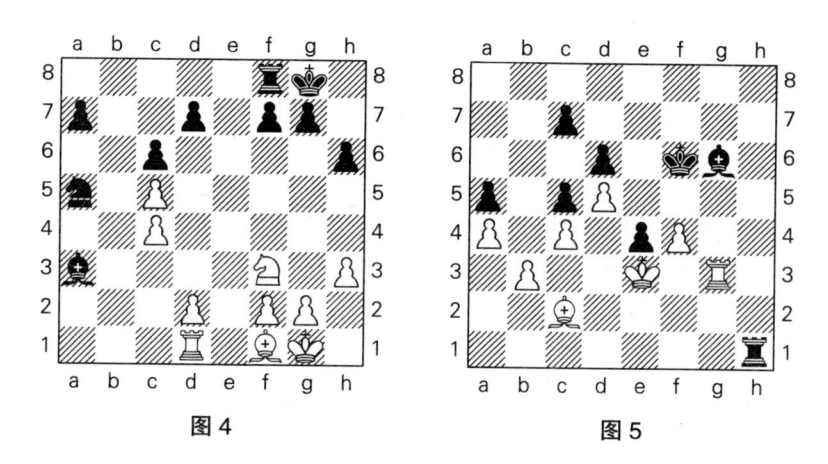

图 4

图 5

1. 车 g3×g6+!

弃车把黑王引入象的射程，次序准确。

1. ……………　王 f6×g6　　2. 象 c2×e4+　　王 g6-f6

3. 象 e4×h1

白方先弃后取，通过象的击双得子，白方胜定。

白方如误走 1.象×e4?? 则 1.…　车 e1+! 2. 王 f3　象×e4+，黑方得子，胜负易手。

由于马的走法独特，它在击双时对方无法反击，因此用马来击双，显示出最强的优越性。

97

图 6，黑先。

是由马完成的击双。

虽然双方子力相等，但黑方子力位置比白方好，又轮黑方走棋于是在车、象的配合下由马完成击双。

1. ………… 车 f8-f1+！

弃车把白后强制引入"马口"。

2. 后 d1×f1　马 h5-g3+！
3. 王 h1-h2　马 g3×f1+

黑方以车换后，取得胜势。

如图 7 是由马象联合击双的例子。现轮黑方走棋：

1. …………　马 c2-d4！　　2. 车 e2-f2　马 d4×f3+
3. 车 f2×f3　象 e6-d5！

白马被擒，黑方胜定。

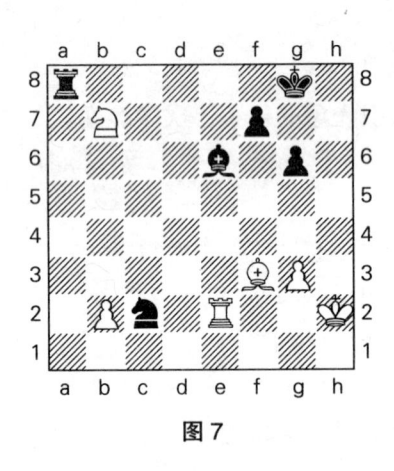

图 6

图 7

如图 8 是小兵来完成击双的实例。白方先走：

1.车 d6-d8！

威胁下着车 b7 杀。

1. ………… 车 h8×d8

被迫接受弃车，然而又遭到新的打击。

2. c6-c7+！ 王 b8-b7

3. c7×d8（后）+

白方把兵的升变和击双结合起来运用，子力由弱变强，形成胜势。

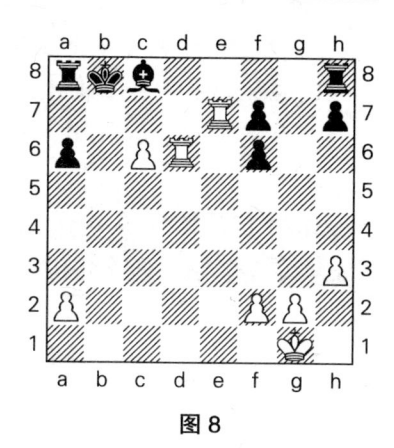

图 8

如图 9，黑方多一车，看似必胜，轮白方走棋，白方突发妙手化险为夷。

1. 车 d8-e8！

如误走 1. 车 c8 则 1.… 车×d7　2. e6　车 d8！

3. 车×d8　车 f6 和棋。

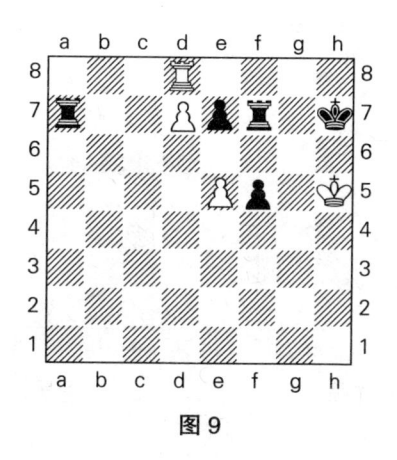

图 9

1. ⋯　车 a7×d7　2. e5-e6!

白胜势，和上例相似把兵的升变和击双结合运用效果明显。

如图 10，黑方多半子，白方 e4 兵被牵制，但轮白方走棋：

1. g2-g4+!　王 h5-g6
2. g4×f5+

小兵两次击双，收获颇丰，白胜定。

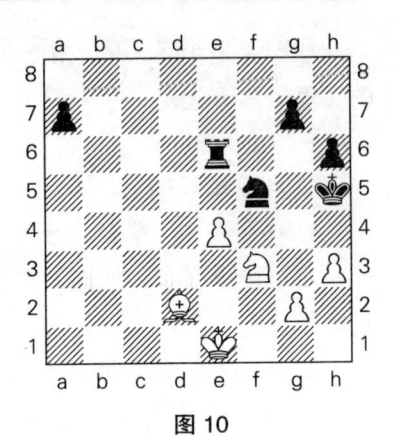

图 10

## 练习题

运用击双战术完成习题 1~习题 8。

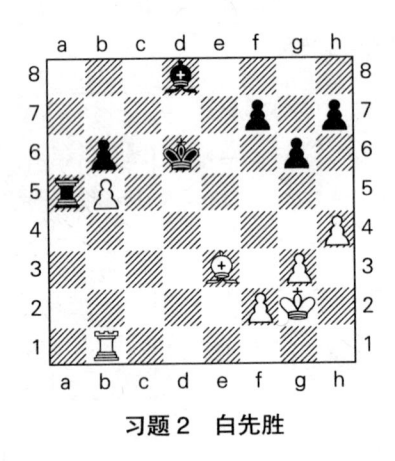

习题 1　白先胜

习题 2　白先胜

第四章 基本战术

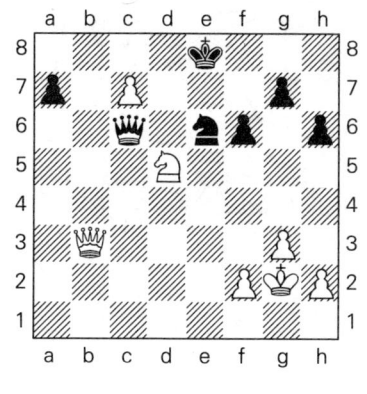

习题 3 白先胜

习题 4 白先胜

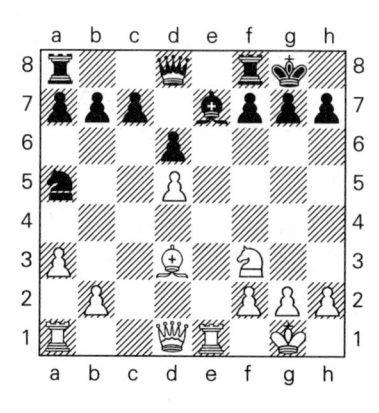

习题 5 白先胜

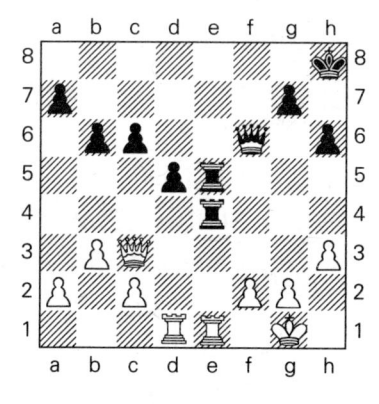

习题 6 黑先胜

习题 7　黑先胜

习题 8　白先胜

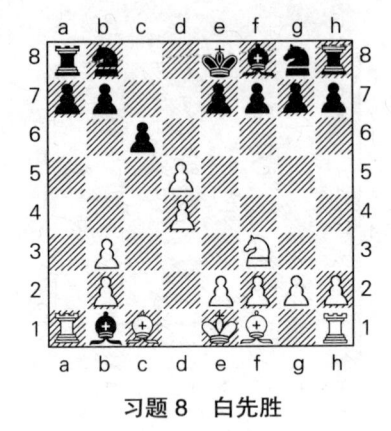

**练习题解答**

习题 1，白先胜。

1. 后 g5-d8+！　王 a8-b7　　2. 后 d8-e7+

白后抽车，胜定。

习题 2，白先胜。

1. 车 b1-d1+　王 d6-c7　　2. 车 d1×d8　　王 c7×d8

3. 象 e3×b6+

白象抽车，净多一象一兵白方胜定。

习题 3，白先胜。

1. 后 b3-b5！！　后 c6×b5　　2. c7-c8（后）+王 e8-f7

3. 后 c8×e6+！　王 f7×e6　　4. 马 d5-c7+

白马抽后，白方胜定。

习题 4，白先胜。

1. 马 e4×f6+！　马 d7×f6　　2. 象 g5×f6！　象 e7×f6

3. 后 e2-e4！

击双，威胁后×h7 将杀及后×a8 得车，白方胜势。

习题 5，白先胜。

1. 后 d1-a4!　　b7-b6　　2. 后 a4-e4!

威胁后×h7 将杀及后×e7 得象，白方胜势。

习题 6，黑先胜。

1. …………　车 e4×e1+!　2. 车 d1×e1　车 e5-e2!!

几个子咬得犬牙交错，白方 3 个弱点同时暴露：后、车和 f2 兵，白方局面顿时崩溃。这步棋其实可以说是"击三"了。黑方胜定。

习题 7，黑先胜。

1. …………　车 a2×d2!　2. 王 e1×d2　马 f6×e4+

3. 王 d2-d3　b3-b2!　4. 车 c3-b3　马 e4-c5+

5. 王 d3-c2　马 c5×b3

黑方净多一马两兵胜定。

习题 8，白先胜。

1. d5×c6!　象 b1-e4　2. 车 a1×a7!!　车 a8×a7

3. c6-c7!

白方计算准确，弃车引离，黑方只得看着白方 c7 兵升后，或 c7 兵吃马变后，两点必得其一，由兵完成击双。白方胜定。

# 二、闪击

闪击是指突然闪开某棋子，露出它原来遮挡的火力去攻击对方目标，同时闪开的这个棋子去攻击另外的目标。

如果这两个棋子攻击的目标不同，那么这样的闪击和击双就非常相像：都是同时攻击对方两个目标；如果这两个棋子同时去攻击同一个目标，则往往会使对方难以防守（尤其表现在对于王的攻击，即双将）。因此攻击效果更为明显，杀伤力颇强。

基本原理如图 11 和图 12。

图 11 是白方利用了潜在的斜线火力，闪击黑方。

1. 马 f3-d4    白方得分。

如图 12，白方利用了潜在的直线火力闪击黑方。

1. 象 e3-c5    白方得分。

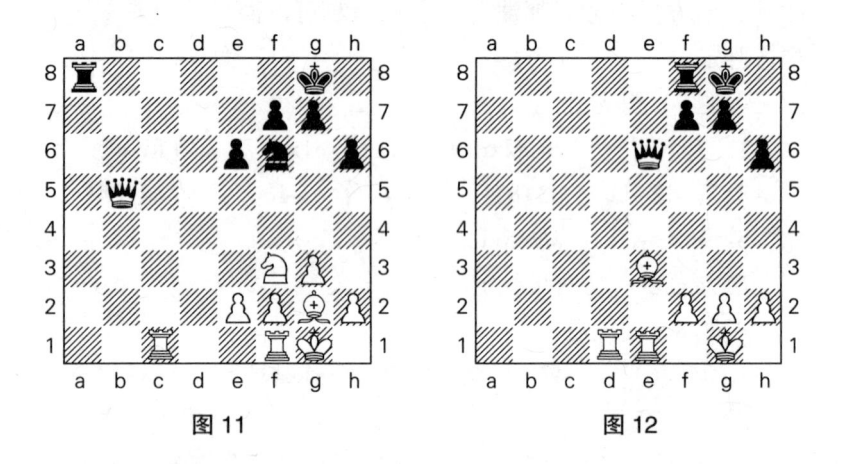

图 11                图 12

如果闪击的目标是对方的王，称为"闪将"。这时必须应将，于是另一个被打击的目标就失守了。

如图 13，轮白方走，白方利用闪将抽后。1. 象 g6-e8+！h6×g5  2. 象 e8×c6 形成象兵对兵的必胜局面。

如图 14，轮白方走，这个例子有点不同，虽然 1.车 e6+可以闪将成功吃死黑后，但交换下来是单象兵对单象兵的和棋局面。于是经过分析，发现如把潜在的直线和斜线火力都聚集在黑王上会形成恐怖的杀王。于是：

1. 车 f6-h6++！闪将，形成双将。

1. ………    王 h8-g8    2. 车 h6-h8#

图 13

图 14

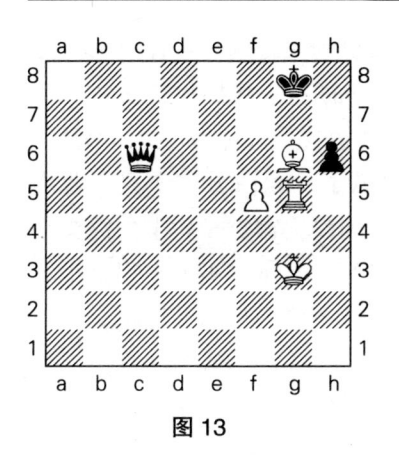

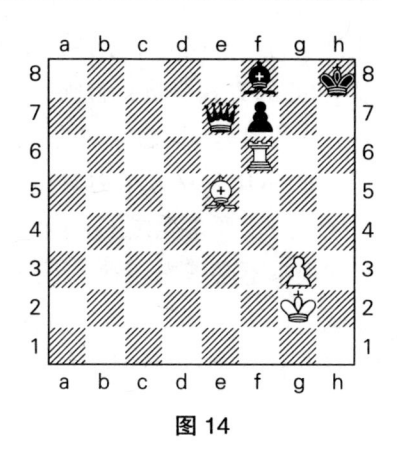

由车象配合完成干净利索地杀王。

由上面的几个例子，我们体会到闪击（尤其是闪将）的强制性了。图 14 例子中的双将就更严厉了，由于被双将时，解将的三种方法中的两种已经失效了。因为不可能同时消灭两个攻击棋子，也不可能同时堵住两条火力线。这时虽然白方车和象都悬在对方口中，但在这一瞬间却都是安然无恙的。

如图 15，白方少一象一兵，轮白方先走，黑方面临闪将是不容置疑的。但如走 1.马 e5 闪将，抽象，则 1.… 马 g6，得到的结果是白方仍少一兵，只能求和。于是白方走 1. 马 g6-e7+!! 王 g8-h8 2. 车 g3-g8#。

白方 1.马 e7 双将是十

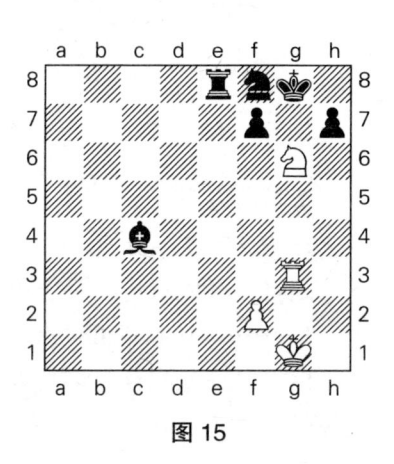

图 15

分关键的，不仅为车创造了支点，更为关键的是：让黑王只能以王 h8 的方式应将，否则黑方走马 g6 把 g 线挡住就安全了。

这种由车马配合完成的杀王，十分典型。称为阿拉伯杀法。

如图 16，双方子力对比太悬殊了，轮白方先走只有背水一战，一定要杀死黑王。因此，靠闪将去赚点子力上的蝇头小利就根本不必考虑。看一下黑王的处境，刚好被卡在很狭小的区域内，正是充分发挥白方仅有的两个子力作为的好机会。现在白方有两个双将的选择：1.马×g6 和马 f7。稍微推算一下就可以发现前一种方法是没有前景的，因为再下一步将军时（在 e7 点），尽管可以抽吃黑后，但黑王将要从 f7 逃之夭夭。

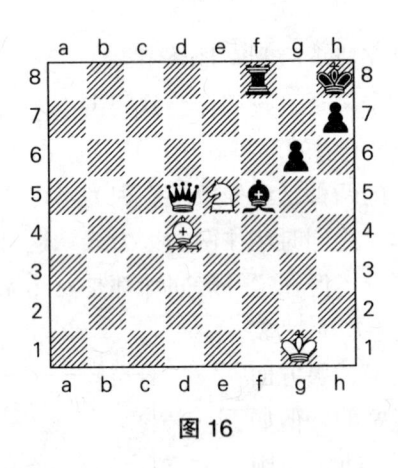

图 16

于是白方走：

1. 马 e5-f7++！！

闪将，形成双将，着法严厉。

1. ………… 王 h8-g8  2. 马 f7-h6#

白方以马象配合双将起步，以马象双将成杀结束，着法令人惊叹！

如图 17，黑王被困，王城空虚，而白方在 h 线聚集了后、车，然而白王也不太安稳，很容易被骚扰。白方利用围魏救赵之计，以攻为守干净利索地将杀黑王。

轮白方走棋，要杀死如此局促的黑王并不需要太多的子力。于是为了抢时间，白方果断弃后把黑王引到被闪击双将的绝境，然后一气呵成形成车象配合的典型杀式。着法如下：

1. 后 h6-h8+!! 王 g8×h8
2. 象 h4-f6++! 王 h8-g8
3. 车 h1-h8#

当对方王的出路不畅时，我们总会有想法。如图 18，g8 格被白方白格象封锁，h4 马离主战场很近，那么我们的奢望是攻子力王后能迅速调遣过去，于是探索目标：h6 格，

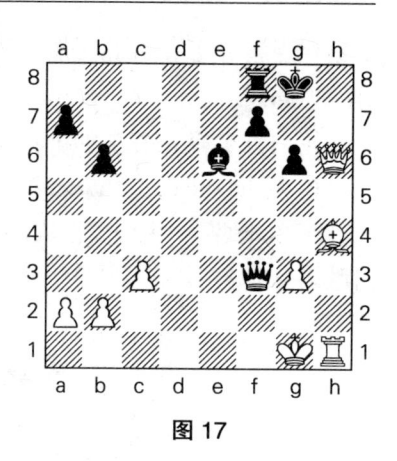

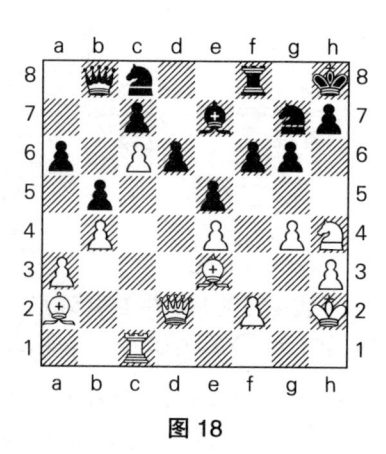

图 17

图 18

并且如果 h7 格被清空那就更好了，h4 马如何利用？如果后已经到了 h6 格，那么马就可以直接砍 g6 兵将杀了。但白后至少得要两步棋才能赶到。因此我们得先行动了，否则一旦 a2-g8 斜线被封锁，或者出了另外的变故，原来的计划就失效了。于是 h4 马的任务就不是用来最终将杀了，而是用它打开 h 线，然后，调后 h6，但要先清开挡路的黑格象。于是应立即为这

107

个象找受害者了；如此这般，一切就迎刃而解了。这就是下棋时的思路。

轮白方走棋，着法如下：

1. 马 h4×g6+！　h7×g6　　2. 象 e3-a7！

声东击西，用象来完成闪击捉后，下着威胁：3.后 h6#，白胜。

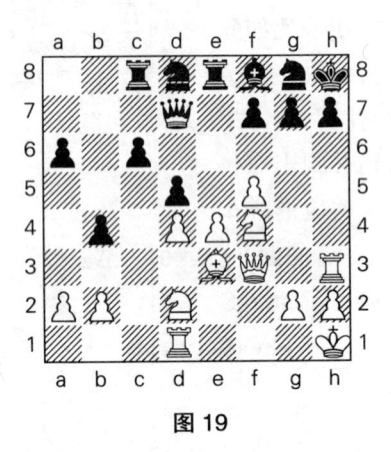

图 19

如图 19，黑方王翼阵形狭窄，防守不严，而白方在王翼空间占优，火力密集，此局面如何将优势转为胜利呢？有一种典型的进攻：1. 车×h7　王×h7　2. 后 h3+，但黑方可以走 2.… 马 h6。顺着这种冲动思考下去：后在 h3 时和无根的黑后遥遥相望，那么如果 f5 兵移开时刚好将军，就可以闪击到黑后了。于是考虑如何让小兵将军：要么把黑王引到 g7，然后冲兵 f6；要么把黑王引到 h7，然后 g6 格有黑方子供小兵食用。扫描一下局面，前者太难实现，而后者虽然条件苛刻，但却更有可能，可能弃车强行把黑王引到 h7，可以弃马强行把某个黑子引到 g6，两个都要实现，自然要先弃马，因为如果先弃车则黑王到了 h7，再弃马就不带将了，不具有强制性。

于是思路归纳出来了。白先着法如下：

1. 马 f4-g6+! f7×g6　　2. 车 h3×h7+! 王 h8×h7
3. 后 f3-h3+! 马 g8-h6　4. f5×g6+!

白方各子力协同攻王，次序紧凑，着着带将，最后由小兵闪将，抽得黑后获得胜利。

最后我们来看一下象在闪击战术中的表演。如图 20，此时轮黑方走棋，黑方如走象xe7 把白后吃掉，但白方仍多兵占优。通过深入计算发现可以运用闪将战术来获取胜势，请看实战：

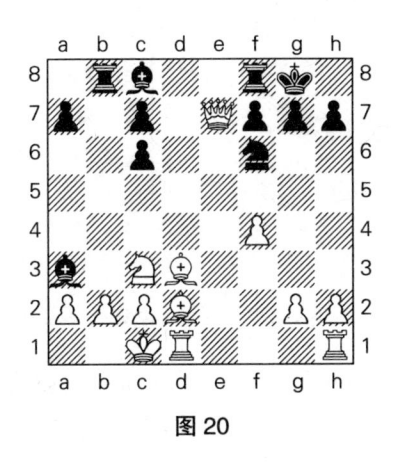

图 20

1. ………… 象 a3×b2+!　2. 王 c1-b1

白王被卡住了，黑方的黑格象在车的支持下开始扫荡了。

2. ………… 象 b2×c3+　3. 王 b1-c1　象 c3-b2+!
4. 王 c1-b1　象 b2-a3+

先掠得一马一兵，再来收拾后，当然白方不会坐以待毙，也会尽力抵抗的。

5. 象 d2-b4　车 b8×b4+!　6. 后 e7×b4　象 a3×b4

黑方通过闪将战术满载而归，局面占优。

如果白方不把后豁出去，走 6. 王 a1 也无法解脱，因为黑方有多种攻击手段，比如 6. … 马×d5！注意，这匹骏马就要到达前沿阵地，配合车象，完成最后的将杀。

## 练习题

运用闪击战术完成习题 1~习题 8。

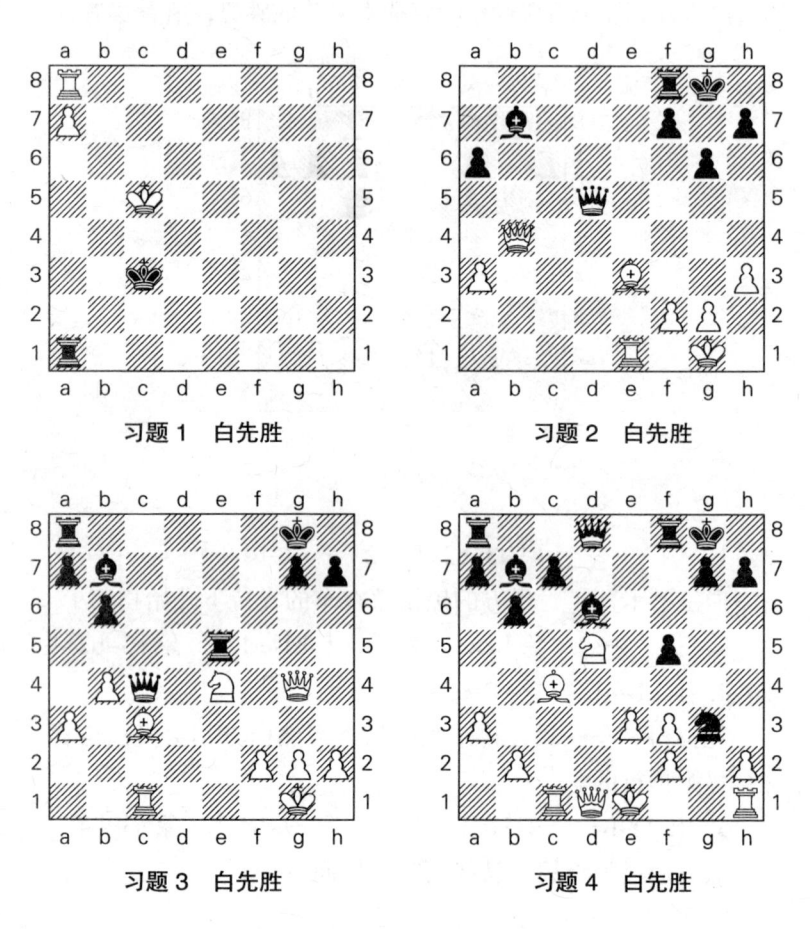

习题 1　白先胜

习题 2　白先胜

习题 3　白先胜

习题 4　白先胜

习题 5　白先胜

习题 6　黑先胜

习题 7　白先胜

习题 8　白先胜

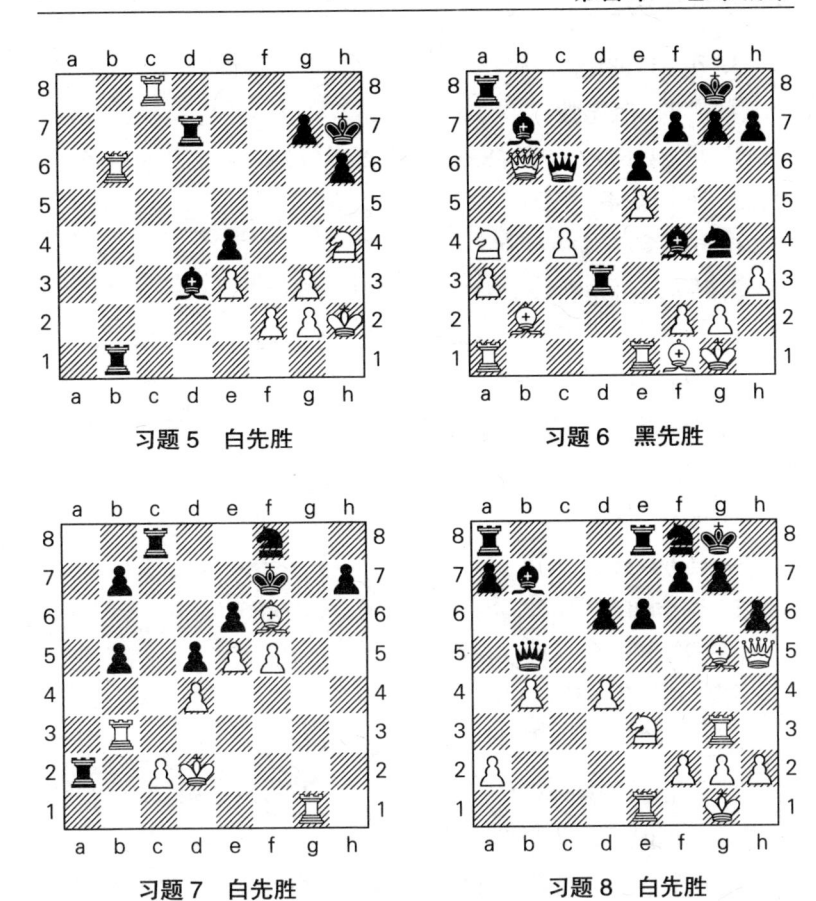

**练习题解答**

习题 1，白先胜。

1. 车 a8-c8　　车 a1×a7　　2. 王 c5-b6+

闪将，白方抽车胜。

习题 2，白先胜。

1. 后 b4×f8+!　王 g8×f8　　2. 象 e3-h6+　王 f8-g8

111

3. 车 e1–e8#

习题 3，白先胜。

1. 后 g4×g7+! 王 g8×g7 2. 象 c3×e5+ 王 g7–g6
3. 车 c1×c4

白方净多一马两兵胜。

习题 4，白先胜。

1. 马 d5–e7++! 王 g8–h8 2. 马 e7–g6+ h7×g6
3. h2×g3+

白方通过连续闪将，取得效果。至此，黑方认输，因为如 3.… 后 h4，则 4. 车×h4 将杀。

习题 5，白先胜。

1. 马 h4–g6! 车 b1×b6 2. 马 g6–f8+ 王 h7–g8
3. 马 f8×d7+ 王 g8–f7 4. 马 d7×b6

白方净多一车一兵，白胜。

习题 6，黑先胜。

1. ………… 车 d3×h3! 2. 象 b2–d4

如 2. g×h3 则 2.… 后 h1；如 2.后×c6 则 2.… 象 h2+ 3. 王 h1 马×f2 将杀。

2. ………… 象 f4–h2+ 3. 王 g1–h1 象 h2×e5+
4. 王 h1–g1 象 e5–h2+ 5. 王 g1–h1 象 h2–c7+
6. 王 h1–g1 象 c7–b6

黑方胜定。

习题 7，白先胜。

1. 车 g1–g7+ 王 f7–e8 2. 车 g7–e7+ 王 e8–d8
3. 车 e7×b7+ 王 d8–e8 4. 车 b7–e7+ 王 e8–d8
5. 车 e7–a7+ 王 d8–e8 6. 车 a7×a2

白方得车胜定。

习题8，白先胜。

1. 象g5-f6!! 　后b5×h5 　　2.车g3×g7+! 　王g8-h8
3. 车g7×f7+ 　　王h8-g8 　　4.车f7-g7+! 　王g8-h8
5. 车g7×b7+ 　　王h8-g8 　　6. 车b7-g7+ 　王g8-h8
7. 车g7-g5+! 　　王h8-h7 　　8. 车g5×h5 　　王h7-g6
9. 车h5-h3 　　　王g6×f6 　　10. 车h3×h6+

白方通过车象配合的闪将（也称钟摆式打击），净多三兵，白方胜势。

## 三、牵制

牵制是指一方用远射程棋子攻击对方起掩护作用的棋子，使它不能行动或难以行动，称为牵制。

牵制战术在对局中广泛运用，形式多种多样。从外观上牵制可分"直线牵制""横线牵制"和"斜线牵制"。从内容上区分牵制又分"全牵制"和"半牵制"。

在对局中，通过攻击一个被牵制的棋子，实施牵制战术，往往可以获得子力优势，甚至完成杀王。

如果被牵制棋子后面是王，这时它就完全不能行动，称全牵制。

如图21，左：黑马被白方车在直线上形成直线牵制。右：黑车被白象在斜线上形成了斜线上的牵制。这时的黑马和黑车完全不能行动。这就是

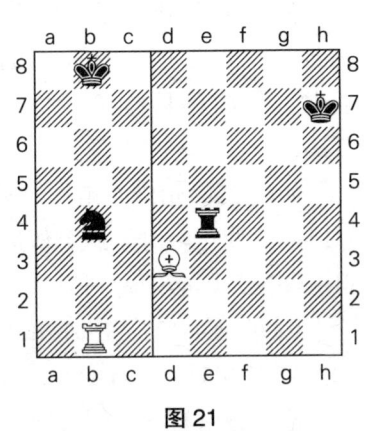

图21

全牵制。

如果被牵制棋子后面掩护的不是王时，称为半牵制。被半牵制时不十分严厉，甚至有时可以反客为主，摆脱牵制，而从中获利。

如图 22，左：黑马被白象在斜线被半牵制，轮黑方走棋，走马 d5 闪将，摆脱牵制，下着后吃白方象，黑方得子。右：黑象被白车在直线被半牵制，看似像要丢子，但轮黑方走可摆脱牵制走象 e6 兑车，则黑方解套。

下面过渡到实战，举例说明牵制战术在对局中的运用。

要运用牵制的手段，首先要注意对方是否有成串的子力，然后再具体检验打击方案。

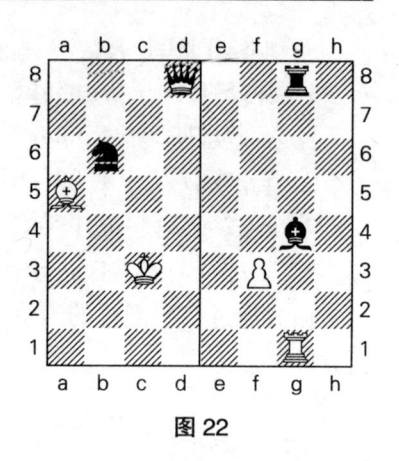

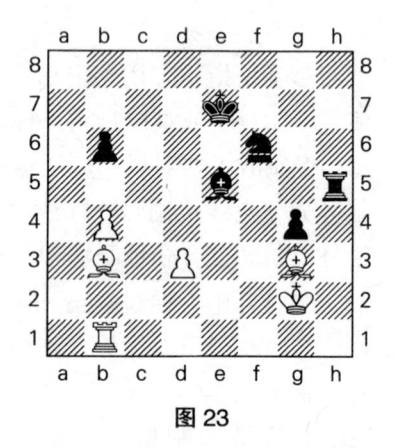

图 22

图 23

如图 23，轮白方走，e 线上明显有利用价值，但还应预测到以后的变化。对于这个例局来说是很简单的，因为如果黑方用王保象，则必须走到另一个被牵制的位置。请看实战着法：

1. 车 a1–e1！　　王 e7–d6　　2. 车 e1×e5！　　车 h5×e5
3. d3–d4　　　　+–

把黑方由直线牵制转换为斜线牵制。白方得子，胜定。

## 第四章 基本战术

如图 24，轮黑方走，黑象在 h1-a8 斜线上有牵制的潜能，配合着已经压到 3 线的兵，于是黑方运用牵制战术，轻易获得胜势。

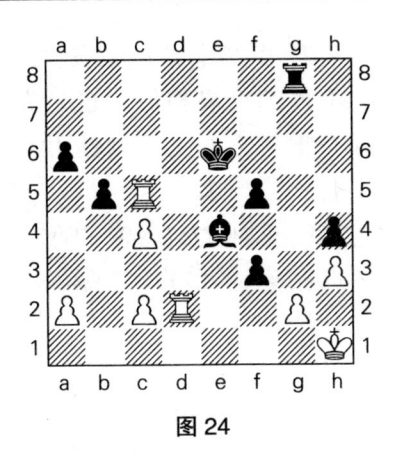

1. ………… 车 g8×g2!

如 1.… f×g2 则 2. 王 g1，黑方冲不动兵了，白方无恙。

2. 车 d2×g2　　f3-f2!

白车被牵制，黑挺兵升后不可阻挡，黑方胜势。

值得注意的是在 1.…车×g2 之后如白方走 2. 车 d4，黑方还按上面那种走法：2.…f2 则 3. 车×e4 将军，胜负就颠倒了。因此黑方要关照一下 g2 车，走 2.… 车 g3，剩下的就好赢了。

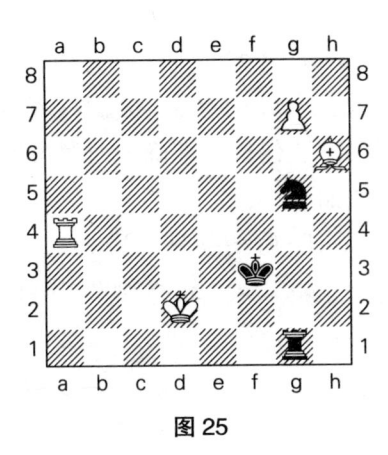

图 24

如图 25，白方的优势在于即将升变的 g7 兵。但如果现在冲下去，会被闪将：1. g8 (后)？马 e4+!，所以要先设法把黑马牵制住。轮白方走棋，白方走 1. 车 a4-f4+! 弃车将黑王引入 f4 格，形成牵制。在 1. ………… 王 f3×f4 之后，白兵就可以安心升后了。即使黑王不吃车，也只能走到 g3 或 g2，白兵照样可以升后，形成胜势。

图 25

如图 26，轮白方先走，和上面的例局相似，也是先弃车把对方的王强制性引入 f7 格形成牵制。

1. 车 f1×f7+！ 王 g7×f7
2. 象 c2-b3！ 王 f7-e6
3. e3-e4       +-

活捉黑车，白方胜势。

需注意，白方如直接走 1. 象 b3 则 1.… 车 g5 闪将，白方丢象，则欲速不达。

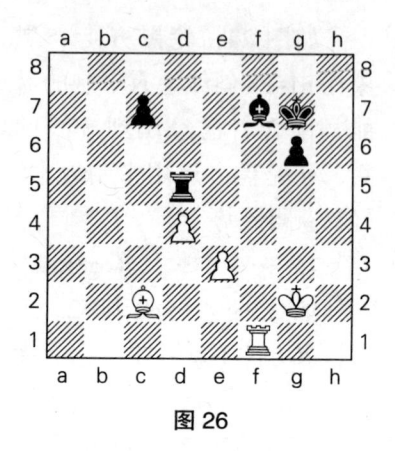

图 26

如图 27，虽然子力相等，但白方的子力位置明显好于黑方，白方伏有 a3-f8 斜线及 e 线上的双重威胁，轮白方走，白方抓住机会准确地对黑方实施了双重牵制，一举获胜。着法如下：

1. 后 a7-a3+！ 后 e6-e7

如 1.… 王 g8 则 2. 象×h7+！

图 27

闪将，抽后。

2. 象 e4-c6！  +-

黑方束手被擒面临绝杀，白胜。

如图 28，和上例相似黑方也没易位，底线有问题，看似黑后守着 d8 格，但白方可以用牵制使其失效，并立即攻王，速战速决。白先杀法如下：

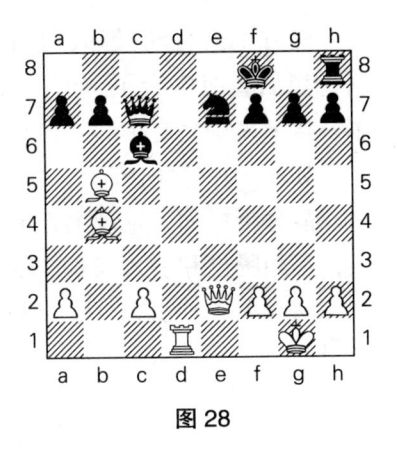

1. 后 e2×e7+！ 后 c7×e7　　2. 车 d1-d8+！　　象 c6-e8
3. 车 d8×e8#

形成典型的车象配合杀王。

图 28

如图 29，粗看，双方局面相当，细心观察，发现黑方的后和王处于一条斜线上，而白方是象和王处于一条斜线上，这点不同很关键，又轮白方走，因此，结果就不难预判了。

1. 象 e3-c5！　　象 a5-b6！

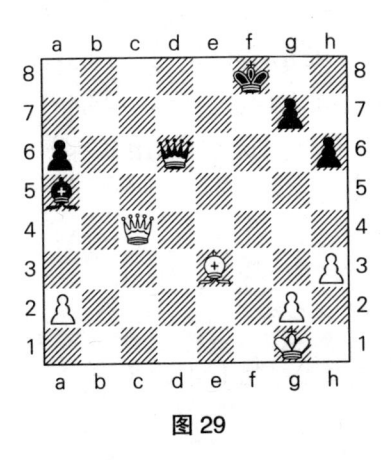

图 29

黑方不会自动投降，它利用反牵制顽强抵抗。白象被牵制，黑后暂时安全了，但白方还有一张底牌：2. 后 c4-f4 将军，接下来用后吃黑后，白胜。

如图 30，轮白方走，乍一看白方少子，形势危急，但通过冷静分析局面，发现黑方王城空虚，防守薄弱，白方妙手连发，运用腾位和引入战术，赢得宝贵的时间，给黑方制造了牵制，从而形成妙杀。杀法如下：

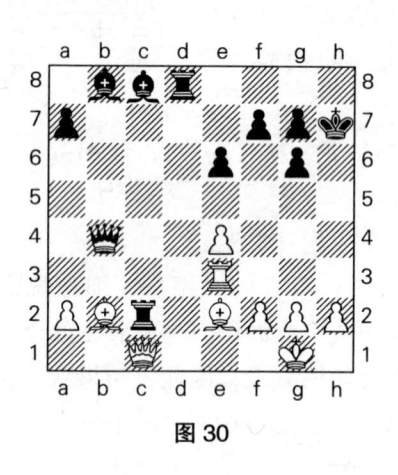

图 30

1. 车 e3-h3+！  王 h7-g8    2. 车 h3-h8+！   王 g8×h8
3. 后 c1-h6+   王 h8-g8    4. 后 h6×g7#

白方通过果断弃车，成功地运用牵制战术，形成后象配合杀王。

## 练习题

运用牵制战术完成习题 1~习题 8。

## 第四章 基本战术

习题 1 白先胜

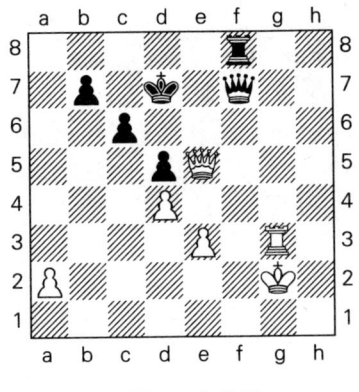

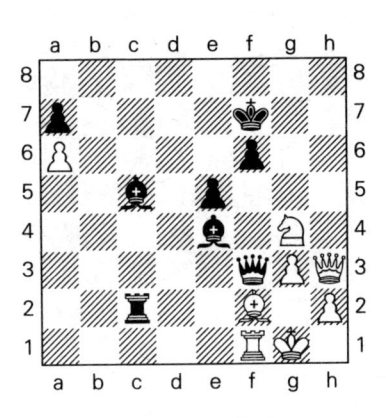

习题 2 白先胜

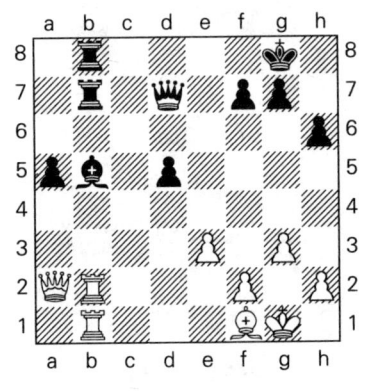

习题 3 白先胜

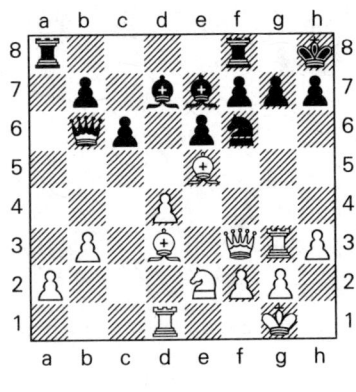

习题 4 白先胜

习题 5　白先胜

习题 6　白先胜

习题 7　白先胜

习题 8　黑先胜

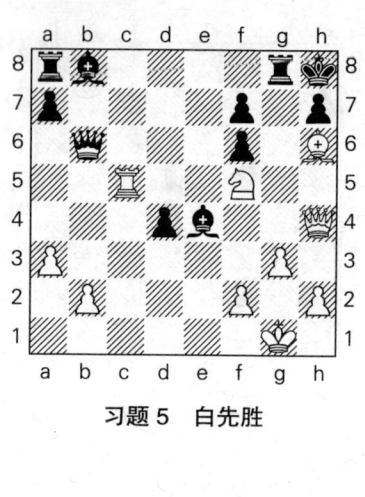

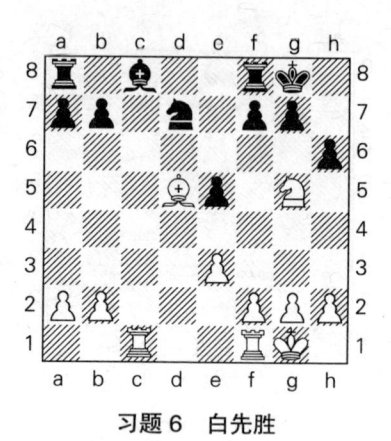

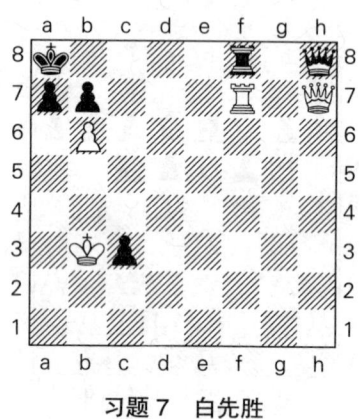

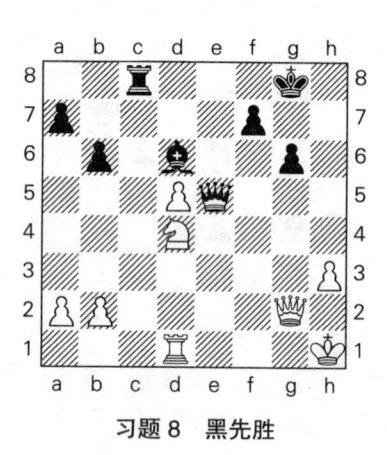

**练习题解答**

习题 1，白先胜。

1. 车 g3-g7！　车 f8-g8　　2. 后 e5-f5+！

白方得后，白胜。

# 第四章　基本战术

习题 2，白先胜。

1. 马 g4×e5+!　f6×e5　　　2. 象 f2×c5!　　　车 c2-c1
3. 后 h3-h5+!　王~　　　4. 后 h5×f3

白方运用牵制战术得子，白胜势。

习题 3，白先胜。

1. 车 b2×b5!　车 b7×b5　　2. 后 a2-a4!　　　车 b5×b1
3. 后 a4×d7　车 b1-a1　　4. 王 g1-g2

完成牵制后，白方得子胜势。

习题 4，白先胜。

1. 车 g3×g7!　王 h8×g7　　2. 后 f3-g4+　　　王 g7-h8
3. 后 g4-h5

下着后×h7，黑方无解。

习题 5，白先胜。

1. 象 h6-g7+!　车 g8×g7　　2. 车 c5-c8+!　　车 g7-g8
3. 后 h4-g4!

下着后 g7，黑方无解。

习题 6，白先胜。

1. 马 g5×f7!　车 f8×f7　　2. 车 c1-c7!　　　王 g8-f8
3. 象 d5×f7　王 f8×f7　　4. 车 f1-c1　　　王 f7-e6
5. 车 c7×c8　车 a8×c8　　6. 车 c1×c8

一系列强制性着法之后，形成白方车六兵对黑方马五兵局面，白方胜势。

习题 7，白先胜。

1. 后 h7-h1!　（威胁后×b7）　1. …………　　　车 f8-b8
2. 后 h1-a1!　a7-a6　　　3. 后 a1×a6+!　　b7×a6
4. 车 f7-a7#

121

利用黑方底线弱点，白后巧妙调动，形成牵制，弃后绝杀。

习题8，黑先胜。

1. ………… 后 e5×d4！ 2. 车 d1×d4 车 c8-c1+
3. 后 g2-g1 车 c1×g1+ 4. 王 h1×g1 象 d6-c5！

黑方先弃后取，利用牵制战术，牵死白车，净多一象，黑方胜势。

## 四、消除防御

消除防御也是对局中经常使用的战术，指一方通过主动兑换或弃子，把对方起保护某一棋子或重要格子的棋子强行摧毁。

图31是直接运用消除防御得子而胜的例子。

图31，白先。

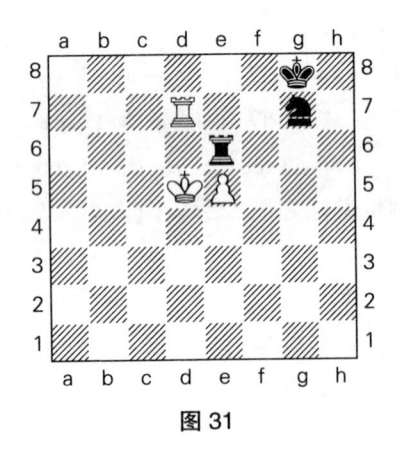

图31

## 第四章  基本战术

黑车受马保护而生存于白王嘴里，那么白方可以釜底抽薪：1. 车 d7×g7+！于是黑车失去保护。在 1.……  王 g8×g7  2. 王 d5×e6 之后，白方净赚一马，以下 e5 兵在王的保护下升后。2.……  王 g7-f8  3. 王 e6-d7 白胜。

图 32 是直接运用消除防御杀王的例子。

图 32，白先。

白方少一象，但威胁后×h7#。而黑马防守着 h7 格。于是白方及时弃车砍马：1. 车 f1×f6！消除 h7 格的防御，黑方认输，因下着后×h7#，黑方无解。

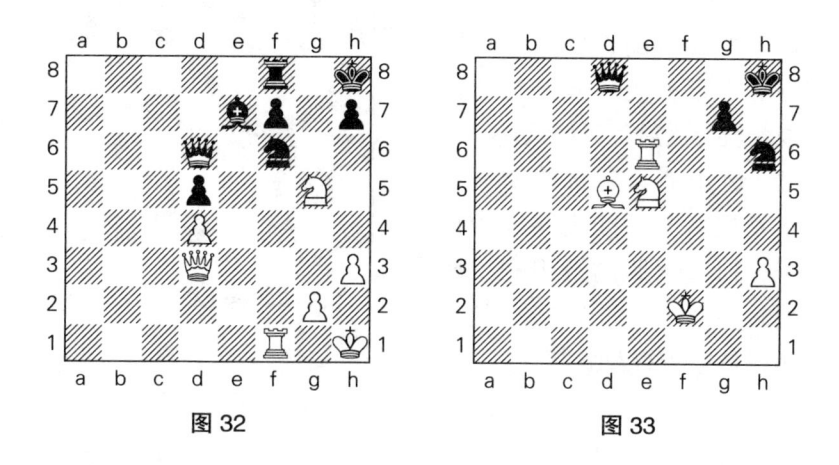

图 32

图 33

图 33，白先。

黑方 f7 格很诱人，如果白马能跳入此格，即可将军抽后。现在黑马防守着 f7 格，于是自然要干掉它，问题就迎刃而解了。

  1. 车 e6×h6+！ g7×h6  2. 马 e5-f7+

形成白方马象兵对黑方单兵的局面，虽然我们已经学习了马象杀王，但取胜仍较复杂。这时可以先把黑兵吃掉，再保护自己的兵升后，就很容易赢了。

图 34，白先。

这个局面比较典型，很容易看到黑王致命的 h7 格。白方后在象的配合下，直指 h7 格，于是消除黑方唯一保护 h7 格的马就成了焦点。现在白方很容易做到：

1. 马 c3-d5！

一箭双雕，同时被白马攻击的还有倒霉的黑后，黑方一下子就乱了套：要防被杀，就要丢后，只好认输。

运用消除防御的要领在于发现对方可能出问题的棋子，以及大胆的设想和釜底抽薪的办法。如图 35 中的白马就是思考的着眼点。

图 35，黑先。

由于黑方 g3 兵卡着白的咽喉，白方底线有问题，于是保卫底线的 f3 马就是打击的目标，攻杀着法如下：

1. ………… 后 f7×f3！

通过局面分析黑方找到了突破口，果断弃后。如果白方接受弃后走 2. g×f3 则

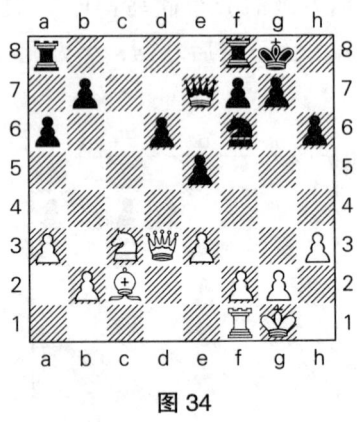

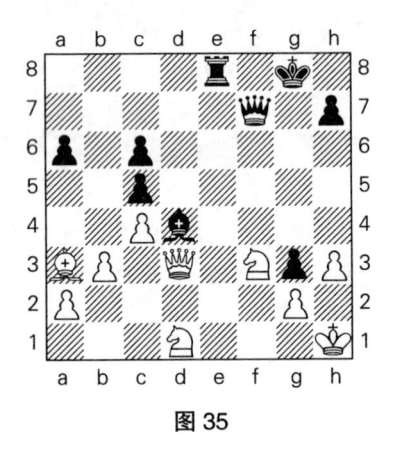

图 34

图 35

第四章 基本战术

2.… 车 e1+ 3. 王 g2 车 g1 精巧的车象兵配合杀王。或 2. 后×f3 则 2.… 车 e1+ 3. 后 f1 车×f1。无奈白方只好硬拼了，但也无济于事。

2. 后 d3×d4　　后 f3-f1+　　3. 后 d4-g1　　后 f1×g1+
4. 王 h1×g1　　车 e8-e1#

黑方成功地运用消除防御，由车兵配合完成底线杀王。

图 36，白先。

图 36

双方各攻一翼，战斗激烈，这次是白 f6 兵卡住黑王咽喉了，而且还有 b3 象封锁着 a2-g8 大斜线（虽然象被牵制着，无法移动，但仍具有威胁力）。我们发现：黑王活动范围已经几乎仅限于 h 线了，于是用车在 h 线杀王的印象浮现在眼前。

下面要做的就是消除保护 h7 兵的车和马，打开 h 线。杀法如下：

1. 后 h6×f8+!

果断弃后，一石三鸟！既摧毁了车马两个子防守的 h7 格，又使 b3 象发挥了作用。

1. ………… 车 f7×f8
2. 车 h1×h7+! 王 h8×h7   3. 车 d1-h1#

和上图的例局几乎一样，也是先弃后，也是车兵配合：兵卡喉咙用车将杀。不同的是 b3 象也发挥了作用，悲哀之王的坟墓，换了个方向。

图 37，黑先。

仍是双方各攻一翼的局面，很容易发现白王的处境不妙：黑 e7 象和 c4 兵共同封锁了白王上面的出口，g8 车占据着开放线，随时可以投入战斗，黑马如果能跳到 c3 去，则白王刚好被限制到最后一个点：a1 格，于是要消除 c3 格的保护就可以了。

1. ………… 车 b5×b2+!
2. 车 d2×b2 马 a4×c3+
3. 王 a2-a1 车 g8-g1+
4. 车 b2-b1 车 g1×b1#

又看到了车马配合的阿拉伯杀法。

图 38，白先。

这个例局看似很难完成杀王，其实很简单，但杀法很奇妙。主旋律是双车杀王。杀法如下：

1. 车 d1-g1+! 王 g6-h6
（如 1.… 王 h5？则 2. 车×

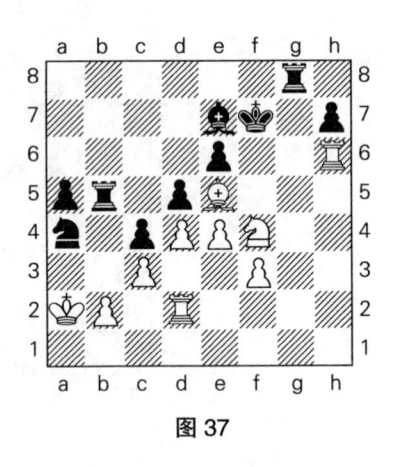

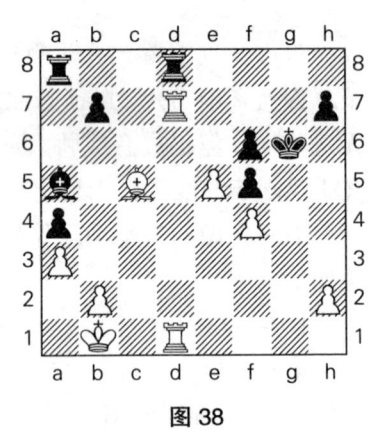

图 37

图 38

h7#）然而接下来如何杀？实在找不到能配合车攻击 h7 点的棋子了。我们不妨换条思路，有啦！象可不可以袖手旁观呀，于是：

2. 象 c5-f8！漂亮的引离，威胁车×h7。

2. ……… 车 d8×f8

被迫之着，否则 2. … 王 h5 还是 3. 车×h7。

3. 车 d7-d3

如此轻灵飘逸的调动，下着车 h3，黑方无解。

回过头来想一下，那步象 f8 很关键，它是调开了黑 d8 车对于 d 线的防御，使得白方 d7 车能漂亮的转身到位，形成双车杀王。

图 39，黑先。

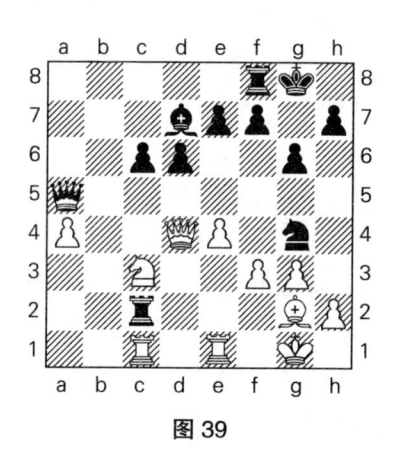

图 39

这个例局包含着："闪击"战术，只要黑后能进入 g1-a7 大斜线，白王可就惨了。于是 1. ……… e7-e5！白后被迫撤离此斜线，接下来的着法是：

2. 后 d4-d3　后 a5-a7+！

3. 王 g1-h1 （如 3. 王 f1 则 3. … 后 f2#）

3. ………… 马 g4-f2+ 　　4. 王 h1-g1 　　马 f2-h3++！

5. 王 g1-h1 　　后 a7-g1+！！ 6. 车 e1×g1 　　马 h3-f2#

结局令白方目瞪口呆，黑方后马配合，一气呵成，形成闷杀。

图 40，黑先。

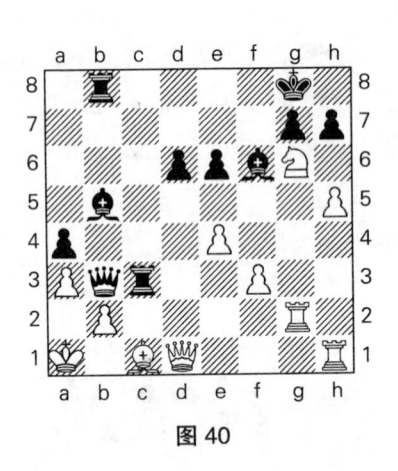

图 40

每当我们的后有机会和对方的王十分接近时，总是会充满机会，况且黑方双车、双象也占据着要路，直指王城，因此取胜是事在必得。通过整理思路和准确计算，黑方找到了最快捷的取胜之路。着法如下：

1. ………… 车 c3×c1+！！

闪击了 a1-h8 大斜线，同时引开了白后，消除了白后对 d3 格的防御。

2. 后 d1×c1 　　后 b3×a3+ 　　3. 王 a1-b1 　　象 b5-d3+！

4. 车 g2-c2 　　车 b8×b2+ 　　5. 后 c1×b2 　　后 a3×b2#

## 第四章 基本战术

此局黑方把闪击、牵制、消除防御等战术组合起来攻王，形成战术组合。就像一组凌厉的组合拳，一举将白王击垮。

## 练习题

利用消除防御战术完成习题1~习题8。

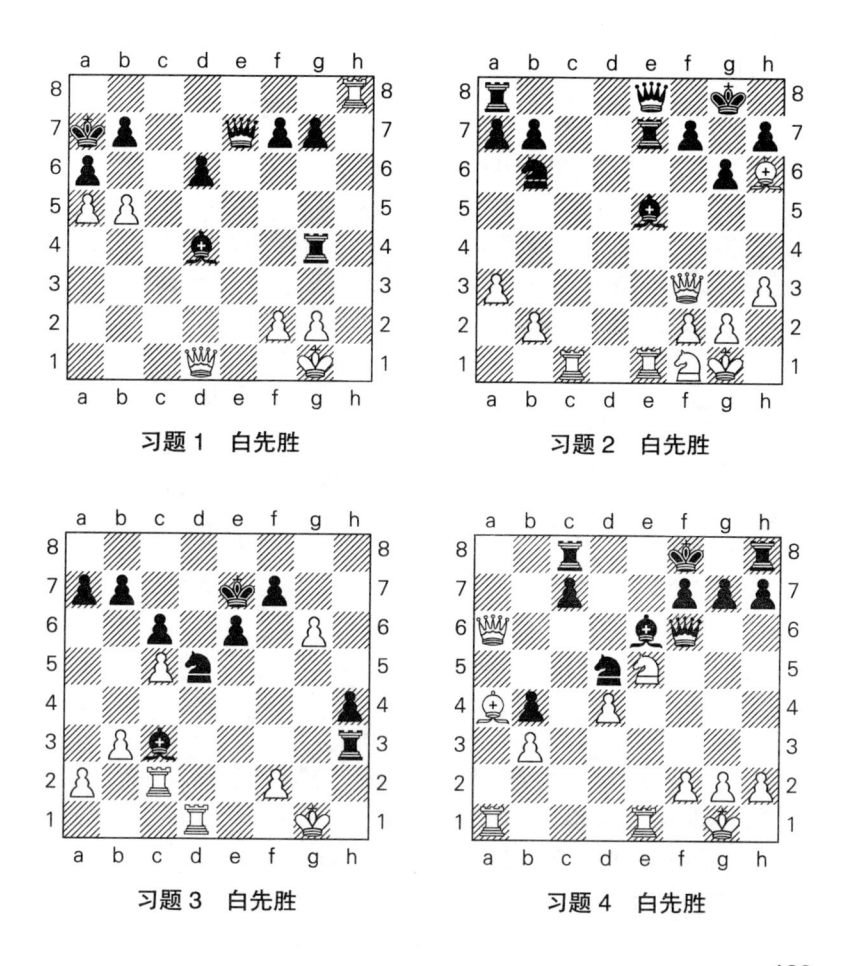

习题1 白先胜

习题2 白先胜

习题3 白先胜

习题4 白先胜

习题5 白先胜

习题6 白先胜

习题7 白先胜

习题8 黑先胜

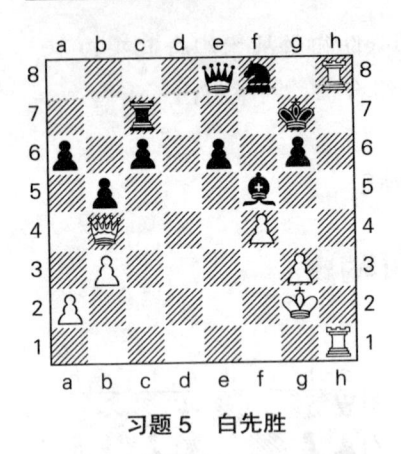

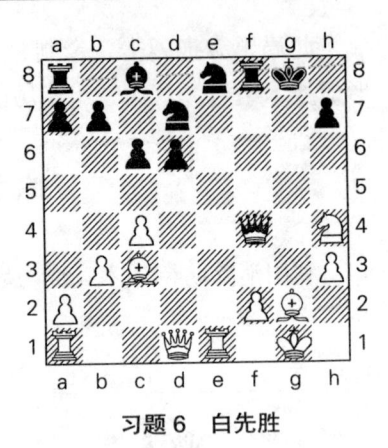

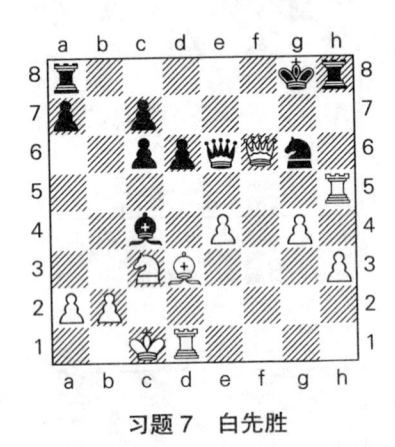

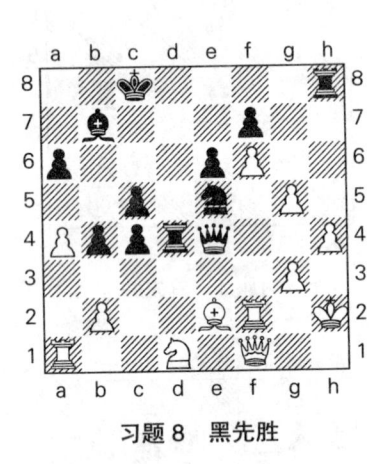

习题1，白先胜。

1. 后 d1×d4+！　车 g4×d4　　2. b5–b6#

习题2，白先胜。

1. 车 e1×e5！　车 e7×e5　　2. 后 f3–f6

下着后 g7，白胜。

习题 3，白先胜。

1. 车 d1×d5！　c6×d5　　　2. 车 c2×c3　　车 h3×c3

3. g6-g7+-

白方主动用双车兑换马象，消除 g6 兵升后的障碍，黑方无法阻止 g7 兵升后，白胜。

习题 4，白先胜。

1. 马 e5-d7+！　象 e6×d7　　2.后 a6×c8+！　象 d7×c8

3. 车 e1-e8#

习题 5，白先胜。

1. 后 b4×f8+！　后 e8×f8　　2. 车 h1-h7+　王 g7-f6

3. 车 h8×f8+　　+-

习题 6，白先胜。

1. 象 g2-d5+！　c6×d5　　　2. 后 d1×d5+　后 f4-f7

3. 后 d5-g5+　马 e8-g7　　4. 马 h4-f5！

下着马 h6 将军抽后及马×g7，如 4. ⋯　后 g6 则 5. 马 e7 将军抽后，白胜。

习题 7，白先胜。

1. 象 d3×c4！　后 e6×c4　　2. 后 f6×g6+　王 g8-f8

3. 车 h5×h8+　王 f8-e7　　4. 车 h8-h7+　王 e7-f8

5. 后 g6-g7+　王 f8-e8　　6. 后 g7-e7#

白方釜底抽薪，把保护黑王的车马干掉，由后车配合完成将杀。

习题 8，黑先胜。

1. ⋯⋯⋯⋯⋯　车 d4×d1　　2. 车 a1×d1　车 h8×h4+！

3. g3×h4　后 e4×h4+　　　4. 后 f1-h3　后 h4×f2+

5. 后 h3-g2　后 f2×g2#

黑方弃双车消除防守的白方兵力，由后象配合完成将杀。

## 五、引离

引离战术是指按一定意图，用弃子或交换手段，把对方某个棋子引离重要防御位置，使其失去对重要格位或其他棋子的保护能力，再对其进行打击。

图41，白先。

白方运用引离战术得子。

1.车 e1-e8+！车 c8×e8　　2. 后 a5×c7

通过引离黑车，白方以车换后，得子。如 1.…　王 h7 则 2. 后 h5 将杀。

图42，白先。

白方运用引离将杀黑王。

1.象 h3-e6+！车 e7×e6　　2. 后 h6-h7+　　王 g8-f8

3.后 h7-f7#

引离成功，形成后兵配合杀王。

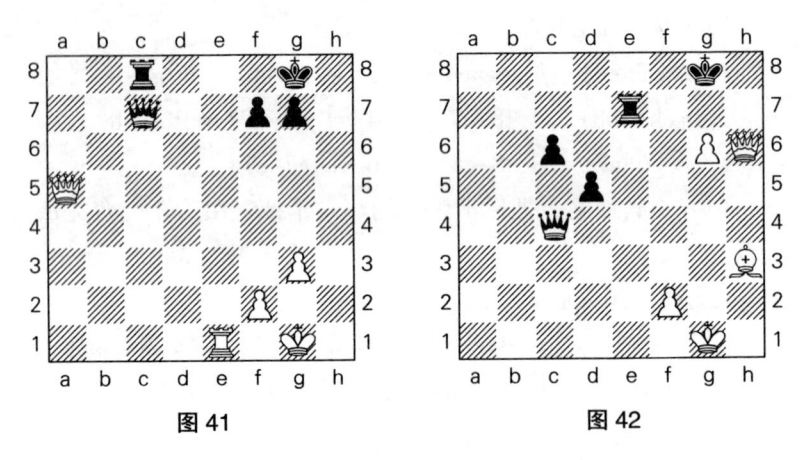

图41　　　　　　　　图42

运用弃兵引离，在实战中很常见，请看下面两个例局。

## 第四章 基本战术

图 43，白先。

1.e4–e5+！d6×e5

2.王 d5×c5

白方及时弃兵引离，黑方丢象，只好认输。

如 1.··· 王 f5 则 2. 车 f7#。

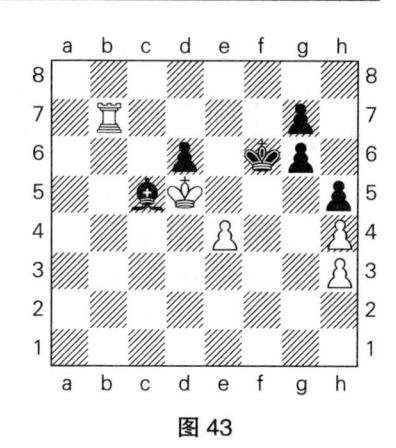

图 44，白先。

通过分析，白方发现黑王的位置不好，有被牵制和被击双的可能，于是连续用弃兵引离的手段，形成将军抽车。着法如下。

1. f4–f5+！　　g6×f5　　　2. g4×f5+！　　王 e6–f7

3. f5–f6！　　王 f7×f6　　4. 马 d2–e4+

引离成功，白方抽车胜。

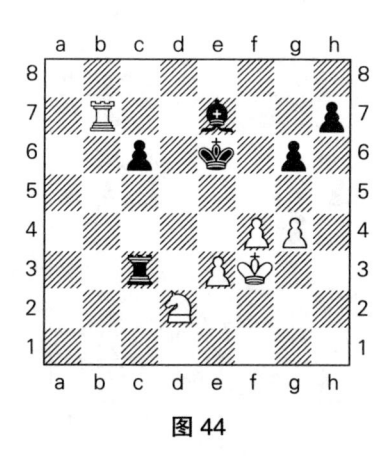

图 43

图 44

图 45，黑先。

双方呈对攻局势，速度决定胜负。于是黑方以先行之利抢先弃后，将白方防守底线的象强行引离，形成三步连杀。

1. ………… 后 g5-g2+!!
2. 象 f1×g2 车 d3-d1+
3. 象 g2-f1 车 d1×f1#

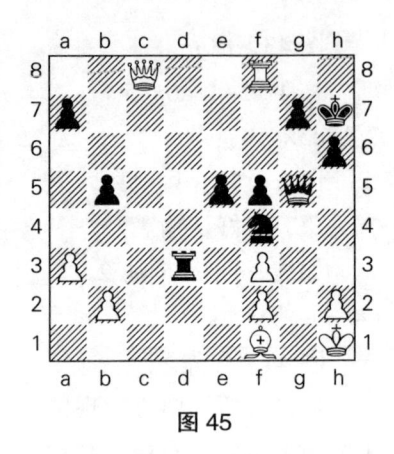

为什么说速度决定胜负呢？因为如果黑方误走：1. … 车 d1?? 准备下着杀，就来不及了。因以下变化是：2. 车 h8+ 王 g6  3. 后 e8+  王 f6  4. 车 f8 白胜。一着之差，胜负易手。因此说，在对攻的局面中速度往往会决定胜负的。

图 46

图 46，黑先。

黑方利用白方无根的马和底线潜在弱点，后、车、象协同作战，运用引离战术，完成底线杀王。

1. ………… 后 c8-c4!   2. 后 e2×c4

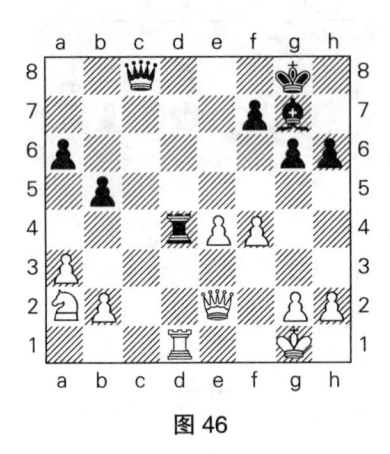

图 46

被迫之着，否则丢马。

2. ………… 车 d4×d1+!

重要的过门。

3. 后 c4-f1　　象 g7-d4+!

漂亮的引离，白后被脱根。以下 4. 王 h1 车×f1 闷杀，黑胜。

图 47，白先。

白方车马配合威胁车×h6#，于是引离保护 h6 点的黑后是容易想到的。

1. 后 e5-d4!　后 d2-c1 别无选择，如 1. … 后 g5 则 2. f4 捉死后。

2. 后 d4-c5!! 灵活的转身，致命的一击，并伏有后×f8 将杀，黑方无法兼顾两点杀着，只好认输。

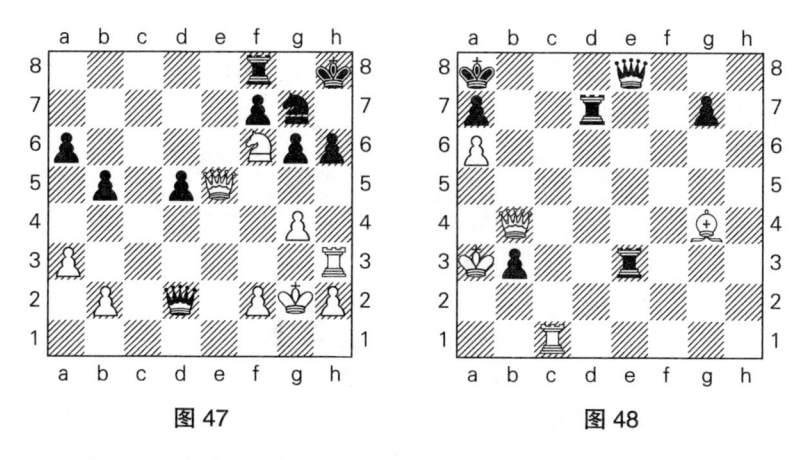

图 47

图 48

图 48，白先。

黑王位于通畅的 h1-a8 大斜线上，且被白兵锁喉处境不妙，白方利用其致命弱点猛攻：弃象、弃后强行引离黑方车、后。使其顾此失彼，底线失守，造成闷杀。

1. 象 g4-f3+！ 车 e3×f3
2. 后 b4-e4+！ 后 e8×e4
3. 车 c1-c8#

图 49，黑先。

白方虽多一子，但少兵而王被暴露，黑方双车和后均在通路线上，只要把防守 f2 格的 e3 象引离就可成功。着法如下：

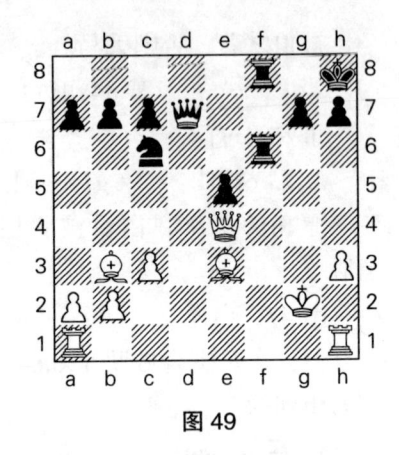

1. ………… 车 f6-g6+！

必要的次序。

2. 王 g2-h2　后 d7-d2+！　3. 象 e3×d2　车 f8-f2+

白方认输。如 4. 后 g2，则 4. … 车×g2 将杀。

图 50，黑先。

黑方利用 c3 通路兵大做文章，两次引离白后，着法巧妙细腻，请看实战：

1. ………… c3-c2！

引离白后，使其被迫失去对 g1-a7 大斜线的防守。

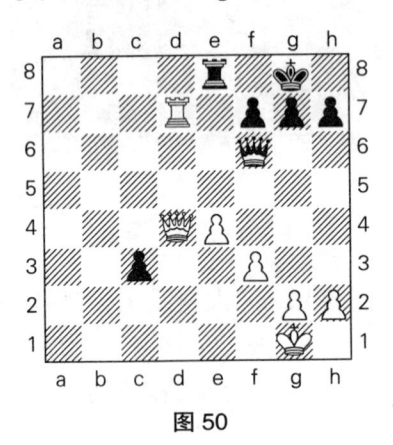

2. 后 d4-c4

如 2. 后 c5 则 2.…后 a1+　3. 王 f2　c1（后）黑多后胜。

2. ………… 　后 f6-b6+!　3. 王 g1-f1

被迫之着（如 3. 王 h1，则 3. … 　后 b1+连杀），给了黑方再次引离的机会。

3. ………… 　c2-c1（后）+!

着法细腻有力，迫使白后放弃对 f1-a6 大斜线的防守。如冲动地走 3. … 　后 b1+？4. 王 f2　c1（后）则 5. 后×f7 将军，白方反败为胜。

4. 后 c4×c1　后 b6-b5+!

黑方运用引离成功，抽车多子胜定。

## 练习题

运用引离战术完成习题 1~习题 8。

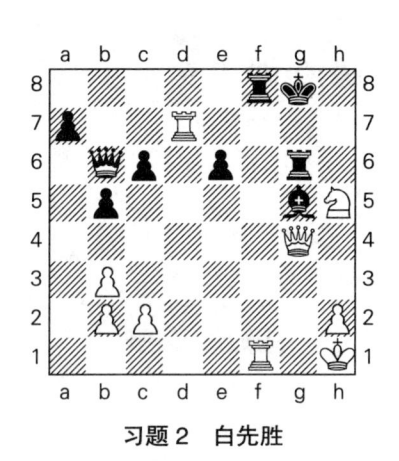

习题 1　白先胜

习题 2　白先胜

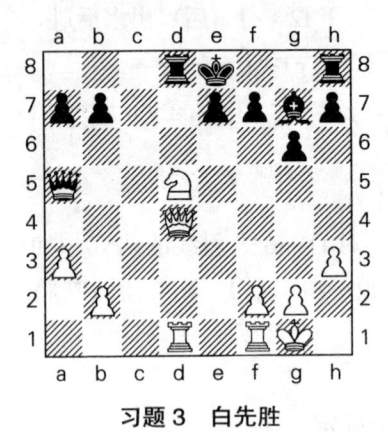

习题 3　白先胜

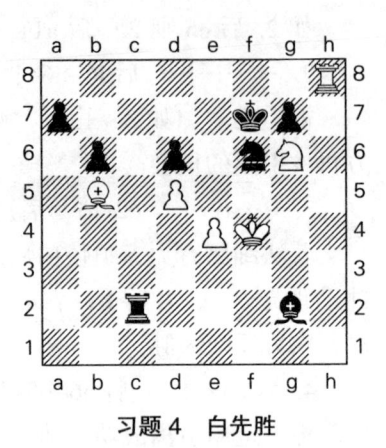

习题 4　白先胜

习题 5　白先胜

习题 6　黑先胜

习题 7　黑先胜

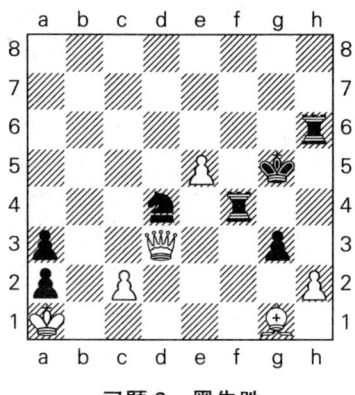

习题 8　黑先胜

习题 1，白先胜。

1. 车 d7×h7+!　后 f5×h7　　2. 王 g1-g2!

下着车 h1，黑方无解，白胜。

习题 2，白先胜。

1. 后 g4×e6+　车 g6×e6　　2. 车 d7-g7+　王 g8-h8
3. 车 f1×f8#

习题 3，白先胜。

1. 后 d4-a4+　后 a5×a4　　2. 马 d5-c7+　王 e8-f8
3. 车 d1×d8+　后 a4-e8　　4. 车 d8×e8#

习题 4，白先胜。

1. 象 b5-e8+!　马 f6×e8　　2. 王 f4-g5

黑方认输，因下着白车 f8 杀。

习题 5，白先胜。

1. 车 d1-d7+!　象 e6×d7　　2. 后 c6-f6+　王 e7-e8
3. 后 f6×h8+　王 e8-e7　　4. 后 h8×a8

形成白方后六兵对黑方双象三兵，白方胜定。

习题6，黑先胜。

1. ………… 车a8×a3！ 2. b2×a3 后e5×a1+
3. 车b4–b1 车e8–e1+！

以下黑方连杀胜。

习题7，黑先胜。

1. ………… 后c7–h2+！ 2. 王h3–g4 f7–f5+！
3. 王g4–g5 后h2×g2+！ 4. 后f3×g2 象g1–e3#

习题8，黑先胜。

1. ………… 马d4×c2+！ 2. 后d3×c2

如2. 王×a2则2. … 马b4抽后。

2. ………… 车f4–f1+ 3. 王a1×a2 车h6×h2！
4. 象g1×h2 车f1–f2！

白方认输。

引离成功，白后被捉死，如5. 后×f2则5. … g×f2下着升后，如5. 象×g3则5. … 车×c2+ 6. 王b1（如6. 王×a3则6. … 车c3+抽象）车g2 7. 象e1车g1

得象，黑方胜定。

# 六、引入

引入战术是采用弃子或兑子等手段，把对方棋子强行引入不利位置，从而达到某种预期目的。

引入的目的是多样的，如将杀、得子、争得先手等。也经常和其他战术配合，为其他战术手段创造条件，形成颇具威力的战术组合。

图51和图52是运用引入战术得子的简单例子。

图 51，白先。

1. 象 g4-e6+！  王 f7×e6

2. 后 c1-c4+

白方弃象引入黑王，用后将军抽后白胜。

图 52，白先。

1. 车 e1-e8！  后 f8×e8

2. 马 d5×f6+  车 f7×f6

3. 后 g6×e8+

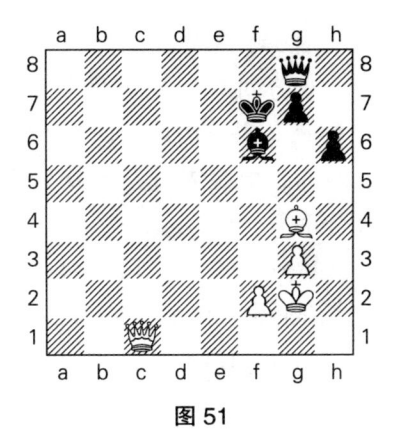

引入与牵制战术相结合，白方用车引入黑后，着着追杀，使黑就范，白方得子胜。

下面是运用引入战术将杀的两个例子。

图 53，黑先。

1. ············  车 d8-d1+！  2. 后 c2×d1  后 g1-f2#

如 2. 王×d1 则 2. ···  后×f1 将杀。如 2. 王 e2，则 2. ···  后 f2+  3. 王×d1  后×f1 将杀。

黑方引入成功，形成后兵配合杀王。

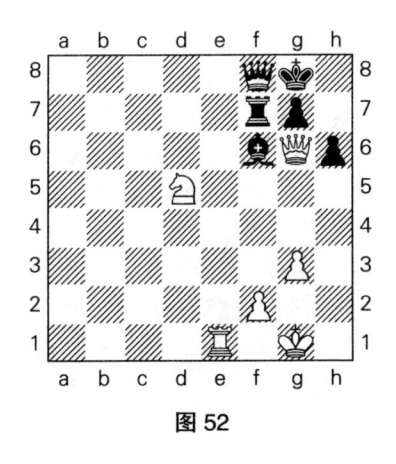

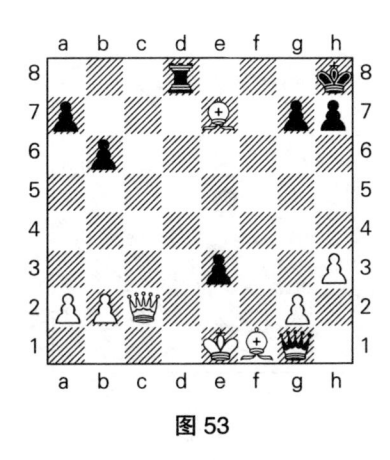

图 51

图 52

图 53

图 54，黑先。

双方对攻。黑方面临后×g7被杀。黑方运用引入战术争得时间，捷足先蹬，形成车象配合杀王。

1. ………… 后 c6–h1+!

弃后引入白王，关键之着。

2. 王 g1×h1　象 d1–f3+!

3. 王 h1–g1　车 d8–d1#

图 54

图 55，白先。

白方运用弃车引入，形成牵制，使黑马失去了对后的保护作用，从而得后而胜。

1. 车 g2–g8+!　王 f8×g8　2. 后 e4×b4

白方得子胜。

图 56，白先。

黑方虽多一象，但子力不协调，白方双车占据要道，于是抓紧时间走：

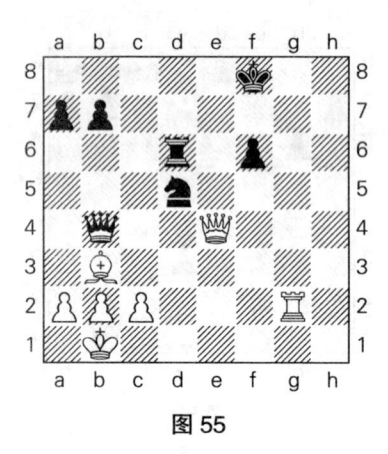

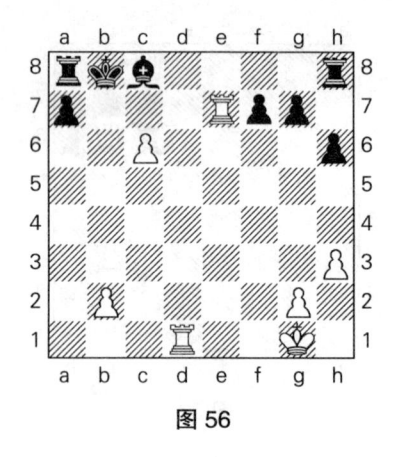

图 55

图 56

第四章　基本战术

1. 车 d1-d8！

威胁车 b7 将杀，引入黑车入兵口。

1. ………… 　车 h8×d8

被迫吃车解杀。但又将遭新的打击。

2. c6-c7+！

冲兵击双，下着升后，白胜。

图 57，白先。

黑王位于中路线，防守不严，白方子力协同作战，果断弃后引入黑王于绝境，干净利索地完成杀王。杀法如下：

1. 后 f6-d8+！　王 e8×d8

2. 马 d4-c6++！ 王 d8-e8　　3. 车 d1-d8#

图 58，黑先。

黑方子力密集中心地带，位置蛮好，于是运用引入，与击双和牵制等相结合，使优势兑现。

1. ………… 　车 c5×d5！

弃车引入象，次序准确。

2. 象 g2×d5　　d3-d2！

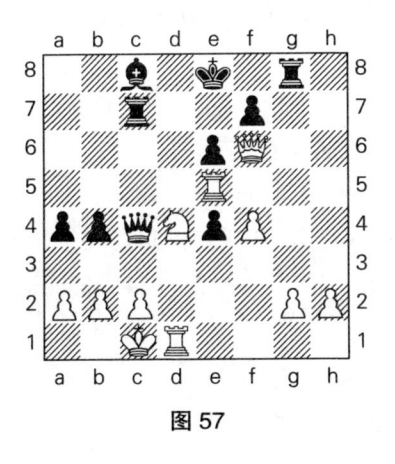

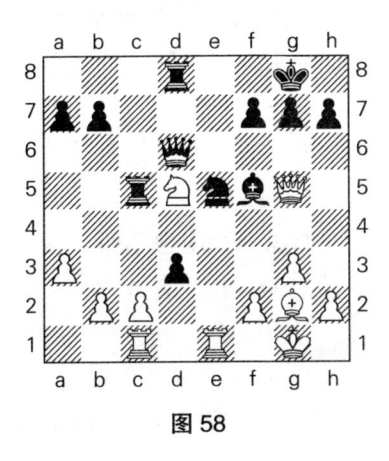

图 57

图 58

143

及时冲兵捉双车威胁升后，意在强行把白后引入不利位置。

3. 后 g5×d2　　马 e5-f3+

由于白象被牵制 f3 格失守，黑方将军抽后，白方认输。

图 59，黑先。

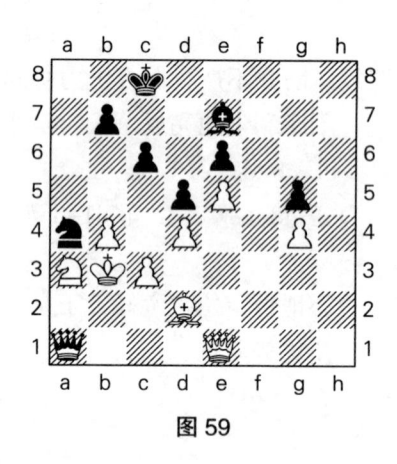

图 59

虽然双方子力相等，但白王位置不好，黑方运用引入战术，两头围追黑王，成功杀王。

1. ……………　后 a1-b2+!　2. 王 b3×a4　　后 b2-a2!

重要的一着，使白马被牵制，失去了反击能力。

3. 后 e1-c1

如 3. 后 b1 也不行，因 3. …b5+! 4. 王 a5 象 d8+! 5. 王 a6 后×a3#，但不能走 3. …　后×d2? 因 4. 后 c2! b5+　5. 王 b3，白王脱险尚可抗衡。

3. …………b7-b5+!

及时冲兵助战，把白王引入绝境。

4. 王 a4–a5    王 c8–b7!

冷静的一着,白方认输。因威胁 5. ⋯ 象 d8 将杀,如 5. 象×g5,则 5. ⋯ 象×g5 6. 后×g5 后×a3 将杀。

下面的例局是典型的引入战术与闪击战术配合运用形成绝杀的实例。

图 60,黑先。

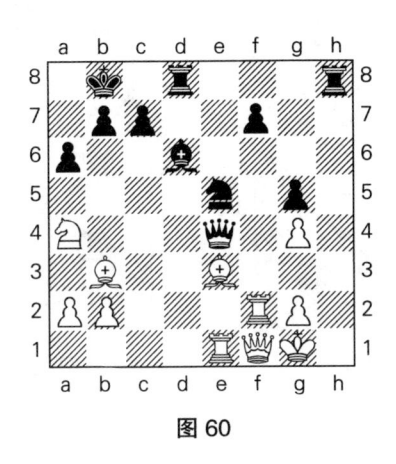

图 60

双方反向易位,意在对攻,白方虽多一象,但子力缺少活力,王城有弱点,而黑方子力位置好,相互各尽其责,于是完成了漂亮的战术组合。

1. ⋯⋯⋯⋯⋯   车 h8–h1+!   2. 王 g1×h1   后 e4–h7+!
3. 王 h1–g1   后 h7–h2+!!

弃后"引蛇出洞",有胆有谋。

4. 王 g1×h2   马 e5–f3+!

严厉的一击,形成双将。

5. 王 h2–h1   车 d8–h8#

形成车马象配合杀王,黑胜。

# 练习题

运用引入战术完成习题 1~习题 8。

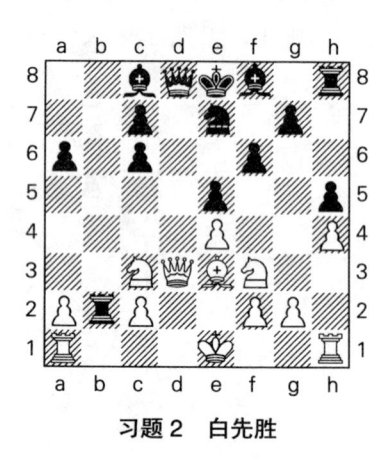

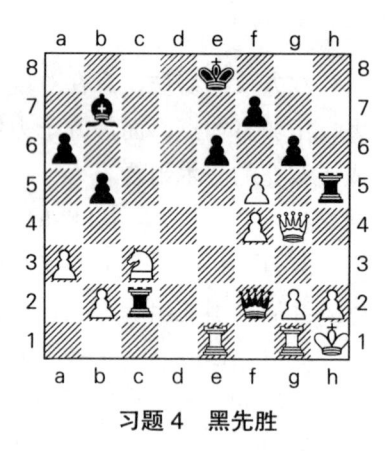

习题 1　黑先胜

习题 2　白先胜

习题 3　白先胜

习题 4　黑先胜

习题5　白先胜

习题6　黑先胜

习题7　白先胜

习题8　白先胜

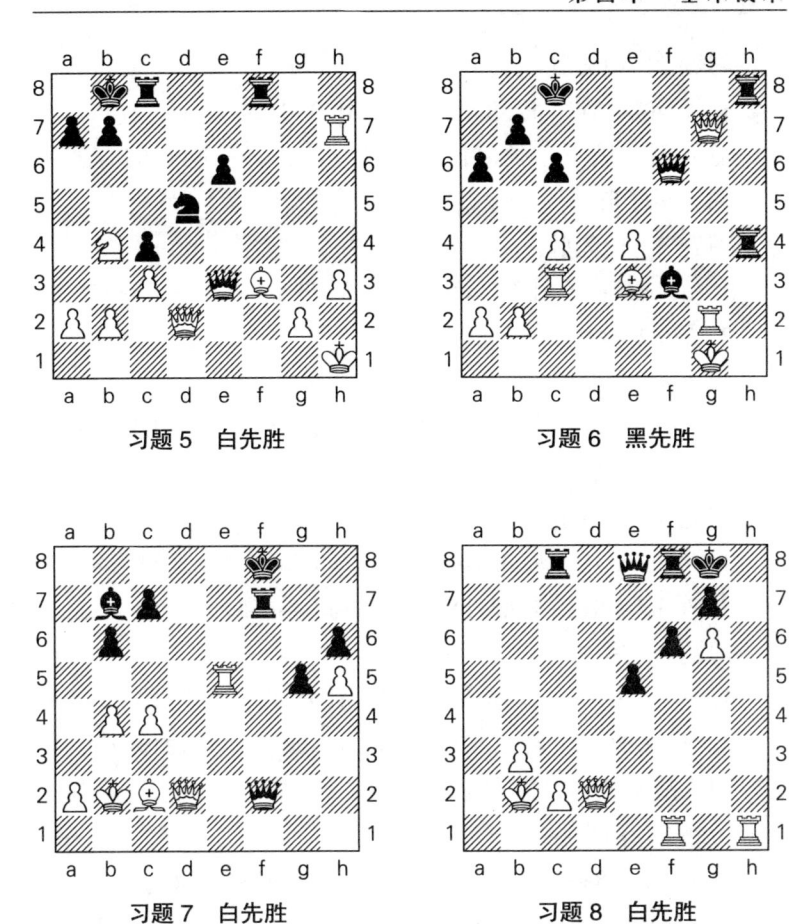

**练习题解答**

习题1，黑先胜。

1. ………… 车 c1-h1+!
2. 王 h2×h1 马 f5×g3+ -+

弃车引入白王，马将军抽后，黑方得子胜。

习题2，白先胜。

1. 后 d3×d8+! 王 e8×d8    2. 0-0-0+    +-

兑后引入黑王，长易位后形成车将军，王吃车的有趣局面，白方得子胜。

习题3，白先胜。

1. 车 b6×c6+! 王 c7×c6    2. 后 f3×d5+! 王 c6×d5

3. 象 c2-e4#

习题4，黑先胜。

1. ……    象 b7×g2+! 2. 后 g4×g2    车 h5×h2+

3. 王 h1×h2    后 f2-h4#

习题5，白先胜。

1. 后 d2×e3!    马 d5×e3    2. 车 h7×b7+!    王 b8-a8

3. 车 b7-b8+!    王 a8×b8    4. 马 b4-a6#

习题6，黑先胜。

1. ……    车 h4-h1+! 2. 王 g1-f2    车 h1-f1+!

3. 王 f2×f1    象 f3×g2++! 4. 王 f1×g2    后 f6×g7+

引入战术成功，黑方得子胜。

习题7，白先胜。

1. 后 d2-d8+! 王 f8-g7    2. 车 e5×g5+!    h6×g5

3. h5-h6+!    王 g7×h6    4. 后 d8-h8+    车 f7-h7

5. 后 h8×h7#

习题8，白先胜。

1. 车 h1-h8+! 王 g8×h8    2. 后 d2-h2+    王 h8-g8

3. 后 h2-h7#

白方运用引入和腾挪战术，弃双车引王入虎（后）口，形成典型的后兵配合杀王，这种杀式称为"达米阿诺杀法"。

148

## 七、堵塞

堵塞战术是用弃子或弃兵手段，迫使对方子力自相堵塞，它是引入战术的一种特殊形式，这里要攻击的目标不是被引入的子力，而是出路被堵塞的棋子。

运用堵塞战术往往能赢得宝贵的时间，从而获益，有时甚至形成将杀。

图 61，黑先。

黑方后、车控制着白王，黑后如能吃掉 d5 白兵将军，白王将面临被杀，而白方后、车保护着 d5 兵，于是运用堵塞战术，使其失去对 d5 兵的守护，是当务之急。

1. ………… 象 e5-d4！

弃象强行堵塞，威胁下着车 g1#，和后×d5+，白方看到为了解杀，难免失分，结果也是输棋，只好放弃抵抗，黑胜。

图 62，黑先。

双方子力相当，白方看似防守严密，而黑象又在白兵嘴里，但经过分析发现黑方后在 a6 至 f1 斜线上大有作为，切断白方后和白王的联

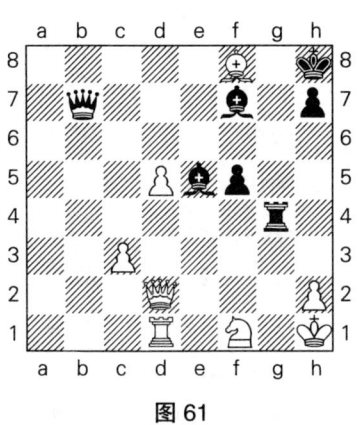

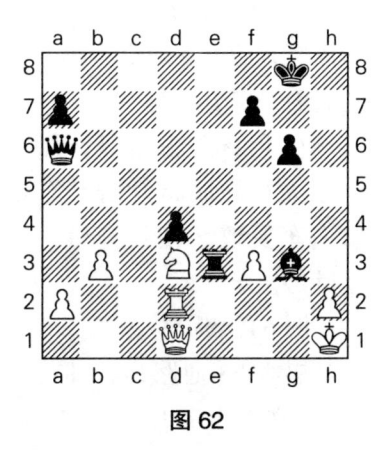

图 61

图 62

系便可成功。于是,

1. ………… 车 c3-e1+!

用车完成堵塞战术,白方认输。因如 2. 马×e1 则 2. … 后 f1 将杀,或 2. 后×e1 则 2. … 象×e1,黑方以车换后,得子胜。

在残局中,一方通过巧妙地运用堵塞战术,使小兵升变的例局也很有效益。

图 63,黑先。

黑方多一兵,而白方的通路联兵也很有威力,在一般情况下,要想取胜还要费些周折,而黑方巧妙地运用堵塞战术,则快速取得胜势。

1. ………… 车 b3-b1!

弃车堵塞,构思精妙。

2. 王 c2×b1  g3-g2!

白王把白车回 a1 防守的线路堵塞,白车只能隔岸观火,眼睁睁看着 g2 兵升后,形成黑方后两兵对白方车两兵的局面,黑方胜势。

和上例方法相似,黑方利用先行之利,及时弃车堵塞白车要道,使兵升后,确立胜势。

图 64,黑先。

黑方 h3 通路兵,即将升后,但如马上走 1. … h2? 则

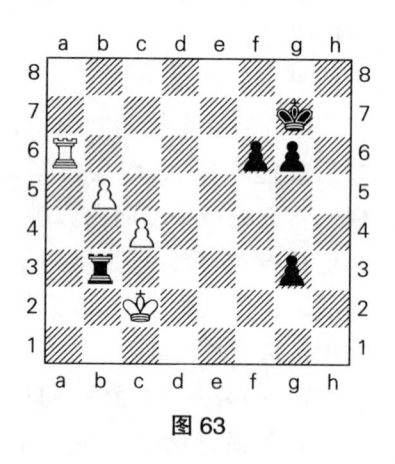

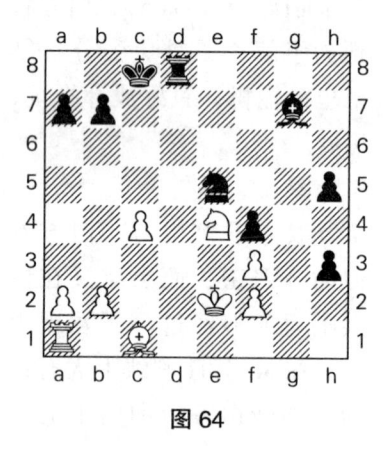

图 63

图 64

## 第四章 基本战术

2.象 d2 亮出 a1 车，黑方则欲速不达，于是先走 1. …………车 d8-d1！次序准确，关键的一着。以下 h3 兵必能升后，堵塞战术成功，黑方胜定。

下面两例是及时运用堵塞战术，迫使对方王的路线被堵塞，然后由马来完成闷杀。

图 65，白先。

白方后马配合利用双将，调整了马的位置，运用堵塞战术形成典型的闷杀。

1. 马 e5-f7+！　王 h8-g8　2. 马 f7-h6+！　王 g8-h8
3. 后 c4-g8+！！　车 f8×g8　4. 马 h6-f7#

这样由后马配合完成的杀式称为"菲利道尔闷杀"。

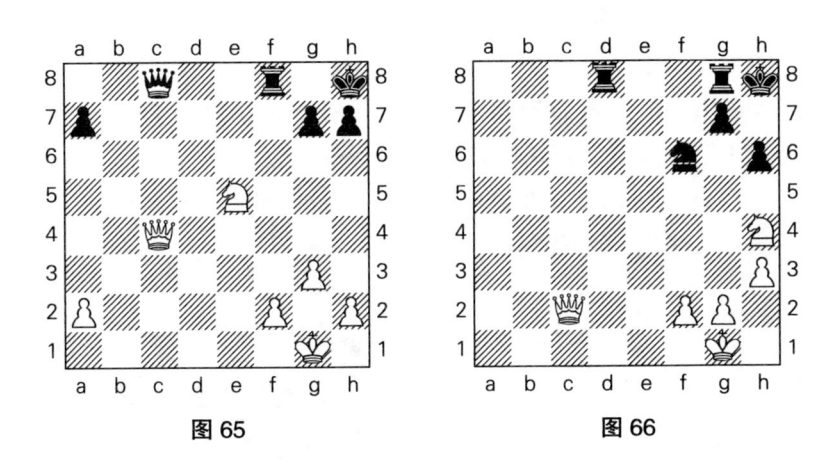

图 65

图 66

图 66，白先。

黑王位于角格，出路受困，白方运用堵塞战术，完成闷杀。

1. 马 h4-g6+　王 h8-h7　2. 马 g6-f8+！　王 h7-h8
3. 后 c2-h7+！　马 f6×h7　4. 马 f8-g6#

我们知道单马是不能杀王的，但图 67 的例局由于黑方多了一只碍事的兵，白方通过精确的计算，运用等着，迫使黑方作茧自缚，形成闷杀。

图 67，白先。

1. 王 d3-c3!　　王 a2-a1　　2. 王 c3-c2!　　王 a1-a2
3. 马 d2-e4!　　王 a2-a1　　4. 马 e4-c5　　王 a1-a2
5. 马 c5-d3　　王 a2-a1　　6. 马 d3-c1!　　a3-a2
7. 马 c1-b3#

马到成功，闷杀。形成王、马巧杀王、兵的独特杀式，白胜。

在中局一旦条件成熟，如及时运用堵塞战术，以争得时间，效果尤为显著。

图 68，白先。

白方后、车配合威胁杀王，黑王唯一的出路是 f7 格，于是运用堵塞战术，堵塞住 f7 格，是当务之急。

1. f6-f7+!　　车 f8×f7　　2. 后 h5-h8#

弃兵堵塞，造成杀王，白胜。

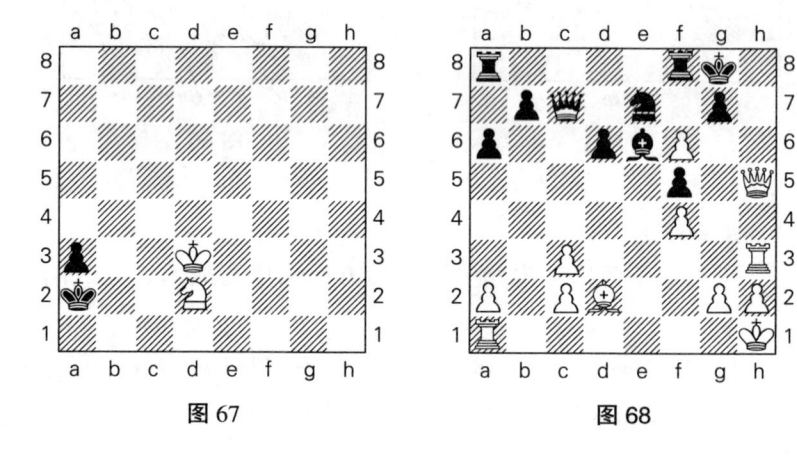

图 67　　图 68

## 第四章　基本战术

图 69，白先。

双方对攻，各攻一翼，白方王城都十分危急。白方利用宝贵的先手，算准变化以攻为守，连续运用堵塞战术，果断弃掉后、车，迫使黑方自堵王路，密不透风，窒息而亡。杀法如下：

1. 象 b3-d5+　　马 a5-b7　　2. 后 d6-b8+!　　车 c8×b8
3. 车 a1×a7+!　　象 b6×a7　　4. 马 b5-c7#

如此滑稽的杀王，白胜。

需要指出的是，白方如被动防守走 1. 车 g1，则以下变化是 1. … 后×h2　2. 王×h2　车 h8　3. 象 h6　车×h6 黑胜。

图 70，白先。

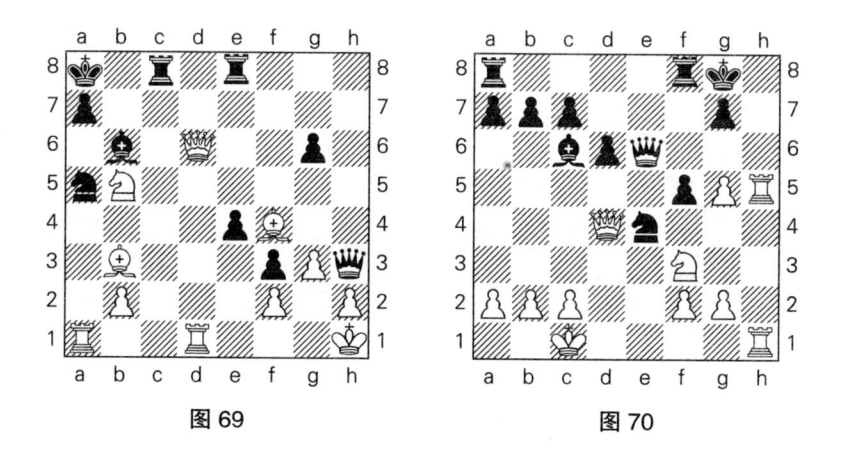

图 69

图 70

双方反向易位，黑方多一象，但子力呆板毫无作为，而白方子力配合协调，双车叠在开放的 h 线上大有可为，于是运用堵塞、引离等手段，轮番攻王，完成将杀。着法如下：

1.马 f3-e5!

进马控制 f7 格，威胁下着车 h8 将杀。

1. ………… d6×e5

被迫之后着，如 1. … 后×e5 则 2. 后×e5 d×e5 3. g6! 仍是下着 4，车 h8 绝杀。

2. g5-g6!

置后在黑兵嘴里不顾，冲兵锁喉，威胁要杀，迫使黑后调离 a2-g8 斜线，有胆有谋。

2. ………… 后 e6×g6    3. 后 d4-c4+!

最后有一击，迫使黑方自我堵塞。

3. ………… 车 f8-f7    4. 车 h5-h8#

已备好的双车在后的配合下完成闷杀，白胜。

## 练习题

运用堵塞战术完成习题 1~习题 8。

习题 1　白先胜

习题 2　白先胜

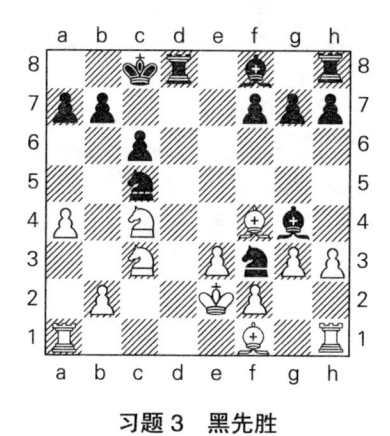

第四章 基本战术

习题 3　黑先胜

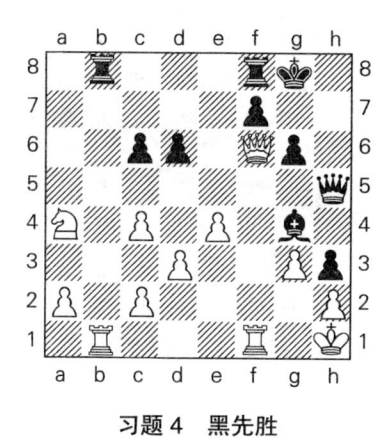

习题 4　黑先胜

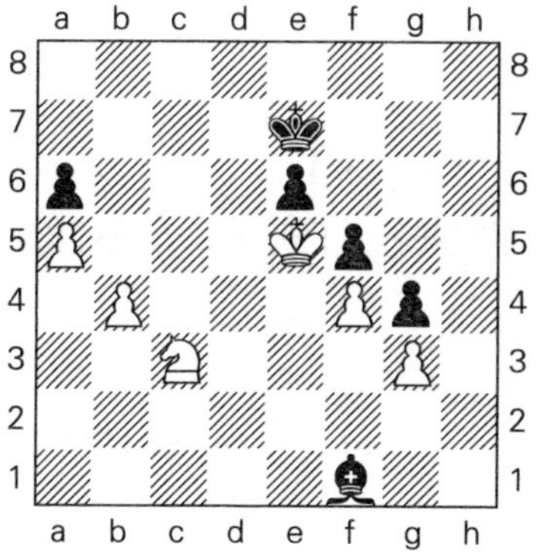

习题 5　白先胜

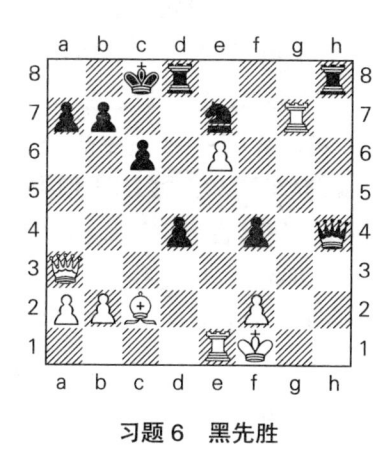

习题 6　黑先胜

155

习题 7　黑先胜　　　　　　习题 8　白先胜

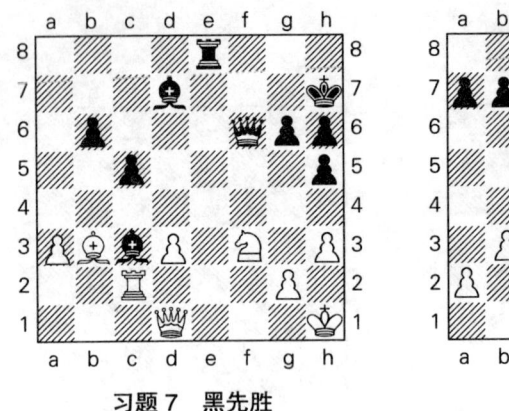

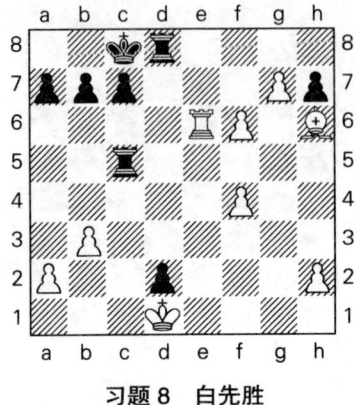

**练习题解答**

习题 1，白先胜。

1. f6-f7+!　　车 f8×f7　　2. 后 h5-h8#

习题 2，白先胜。

1. 象 b5-e8!　后 f3-f5　　2. 车 e1-e6!

弃车堵塞，黑方即使用后换车仍逃脱不了被杀，请你自行演示一下，白胜。

习题 3，黑先胜。

1. ……………　车 d8-d2+!　2. 马 c4×d2　马 f3-d4++

3. 王 e2-e1　马 d4-c2#

习题 4，黑先胜。

1. ……………　车 b8×b1!　2. 车 f1×b1　象 g4-f5!

3. 王 h1-g1　后 h5-e2!

下着后 g2，黑胜。

习题 5，白先胜。

1. b4-b5!　　a6×b5　　2. a5-a6　　b5-b4

3. 马 c3-d5+! e6×d5　　4. a6-a7　　白胜。

习题 6, 黑先胜。

1. ………… d4-d3!　　2. 象 c2×d3　f4-f3!
3. 车 e1-e3　后 h4-h1+　4. 车 g7-g1　后 h1×g1+!
5. 王 f1×g1　车 d8-g8+!　6. 王 g1-f1　车 h8-h1#

黑方运用堵塞战术，步步紧逼，果断弃兵、弃后，白方难以招架，终于被杀。

习题 7, 黑先胜。

1. ………… 车 e8-e1+!　2. 马 f3×e1　后 f6-f1+
3. 王 h1-h2　象 c3-e5+　4. g2-g3　后 f1×h3+
5. 王 h2-g1　象 e5-d4+　6. 车 c2-f2　后 h3×g3+
7. 马 e1-g2　象 d4×f2+　8. 王 g1-f1　象 d7-h3

白方失子失势，难以支撑，只好认输。

习题 8, 白先胜。

1. 车 e6-d6!!　车 d8×d6（如 1. …… c×d6 则 2. f7+-）
2. g7-g8（后）+　王 c8-d7（如 2. …… 车 d8 则 3. 后×d8+　王×d8　4. f7+-）
3. 后 g8-f7+　王 d7-c6　4. 后 f7-e8+　王 c6-b6
5. 后 e8-e3!　王 b6-c6　6. 后 e3×c5+　王 c6×c5
7. f6-f7

白方利用先行之利，和两只强力的通路联兵，采用"围魏救赵"之计，弃车堵塞，使 g 兵升后，然后一鼓作气，将优势转换为胜势。

# 八、拦截

拦截战术是指运用弃子手段，切断对方棋子之间的联络或堵截其通路，来达到预期的目的。

图 71，白先。

白方威胁后或车吃 f8 车杀王，但黑后和黑车之间有联络。于是弃马至 f6 切断其联络，便可成功。

1. 马 e4-f6+！

黑方面临被杀或丢后，只好认输。

图 72，白先。

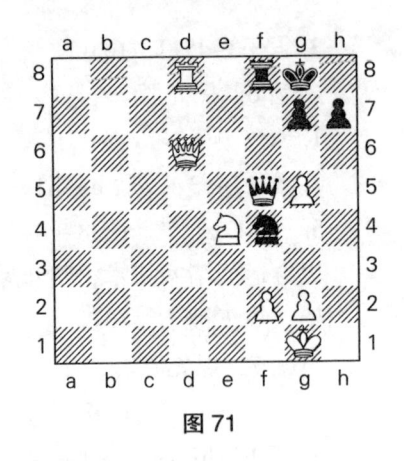

黑方底线防守不严，但如直接进攻走 1. 后 b8 将军则 1. … 车 c8，白方毫无收获。通过分析发现 1. 象 e5-d6！弃象拦截，威胁下着车 f8。黑方如 1. …　马×d6 则 2. 后×e6；如 1. …车×d6 则 2. 后 b8 将军；如 1. …　后×b3 则 2. 车 f8 将杀。拦截成功，黑方只好认输。

图 73，白先。

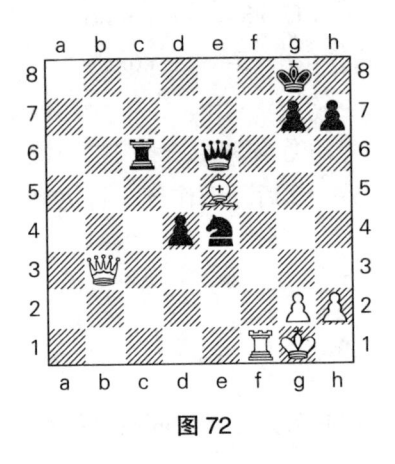

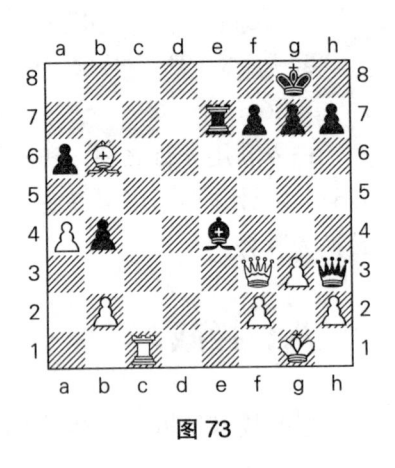

图 72

图 73

## 第四章 基本战术

双方子力均等，白后被捉，一旦逃后，黑方则后 g2 杀王，白方发现黑方底线防守不严，只有 h3 后控制着 c8 格，于是白方置己方后不顾，冷静地运用拦截战术，堵截黑后通路使其失去对底线的防守，走 1. g3-g4！

黑方认输，因如 1. … 后×f3（或 1. … 象×f3）则 2. 车 c8 将军；若 1. … 车 e8 则 2. 后×h3 白方得后胜。

图 74，黑先。

黑方象和 c2 兵被捉，而两兵升变格分别被白车和白象控制着，看似形势不妙，但运用拦截战术，可转危为安，获得胜势。

1. ………… 象 a5-c3！！

弃象拦截，一着两用，切断黑方车直线和象斜线对升变格的控制，形成双向拦截白方无法阻止黑兵升后，如 2. 车×c3 则 2. … a1（后）如 2. 象×c3 则 2. … c1（后），黑方胜势。

图 75，白先。

白方 a7 兵即将升后，但黑方 a2 后正控制着 a8 格，白方用象的过渡技巧，争得一先，巧妙地完成了拦截战术。

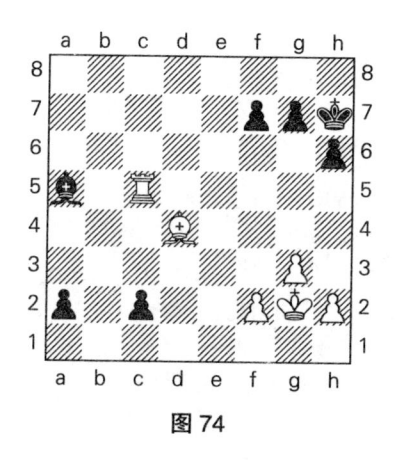

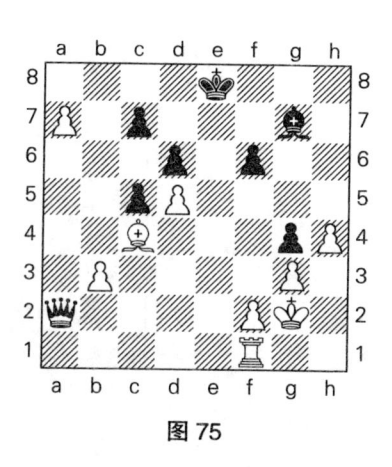

图 74

图 75

1. 象 c4-b5+! 王 e8-e7
2. 象 b5-a4!

用象拦截成功。

a7 兵必升后，白方子力由弱变强，多子胜定。

图 76，白先。

黑方多一通路兵，但通过分析，白方发现黑方底线有弱点，于是运用拦截战术，一取获胜。

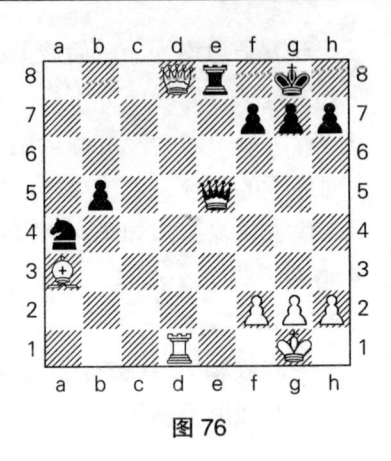

图 76

1. 象 a3-e7!

果断弃象，强行切断黑方后和车之间的联系。使底线出现弱点，无法防守，黑方只好认输。

图 77，黑先。

黑方运用过渡与拦截战术相结合的方法取得胜势。

1. ………… 车 e2-e4+! 2. 王 g4-f3 车 e4-b4!

下着 b1 升后，黑方多子胜。

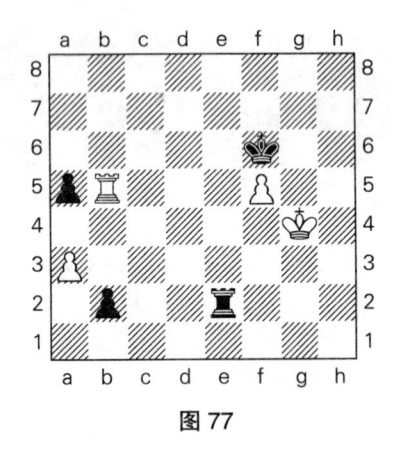

图 77

## 第四章 基本战术

图 78，白先。

乍一看白方 c4 车和 d6 兵同时被捉，难以取胜，但通过分析，白方有运用拦截战术取胜之路。

1. 车 c4-d4！

弃车助兵升后，黑方被迫用王吃车，这样黑王就成为 d 兵的挡箭牌了。

1. ………… 王 e5×d4  2. d6-d7

黑方做茧自缚，无法阻止 d 兵的升后，白方多子胜。

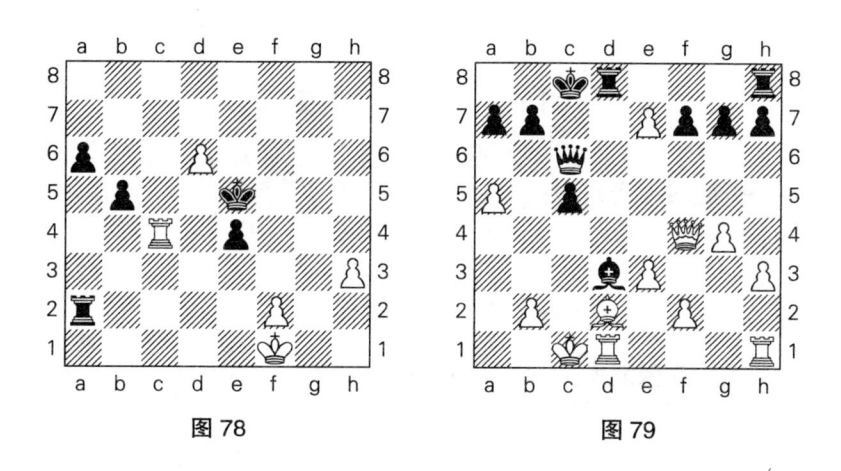

图 78

图 79

图 79，黑先。

虽然白方 e7 兵先手吃 d8 车升后带将，但王城削弱，黑方 d3 象控制着 b1-h7 斜线，黑后如能到 a4 格，即可杀王。而白后正控制着 a4 格，因此切断白后对 a4 格控制是取胜的关键，于是 1. …… 车 d8-d4！

一箭双雕，既可逃车，又拦截白后。

2. e3×d4  后 c6-a4！

下着后 c2 将杀无解，黑胜。

图 80，黑先。

白方王位于中路，双车阻塞王的出路，黑方后 e3 杀着只有白后在防守着，黑方运用拦截战术与引离战术相结合，达到目的。

1. ············     车 g8–g3！

弃车拦截，迫使白后进入 e7 象的视线。

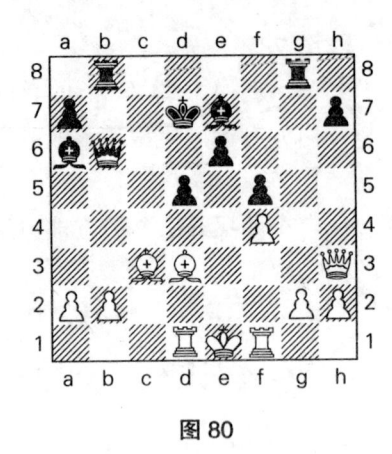

图 80

2. 后 h3×g3

如走 2. h×g3，则 2. ··· 后 e3   3. 象 e2   后×e2 将杀。

2. ············     象 e7–h4！

引离战术奏效，白方面临被杀或丢后，黑胜。

## 练习题

运用拦截战术完成习题 1~习题 8。

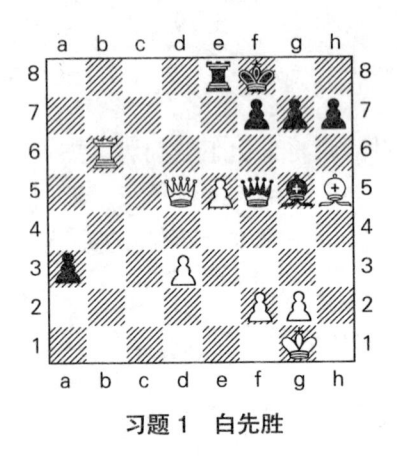

习题 1  白先胜

习题 2  白先胜

第四章　基本战术

习题 3　白先胜

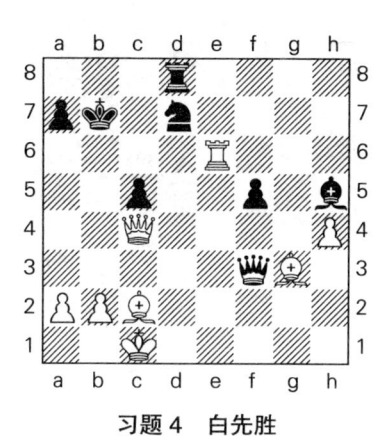

习题 4　白先胜

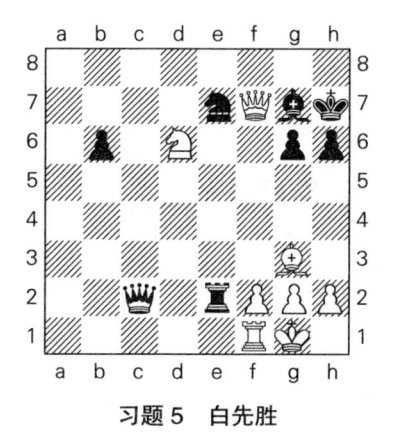

习题 5　白先胜

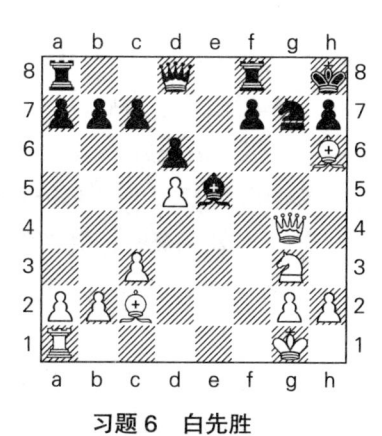

习题 6　白先胜

163

习题 7　白先胜　　　　　　　习题 8　黑先胜

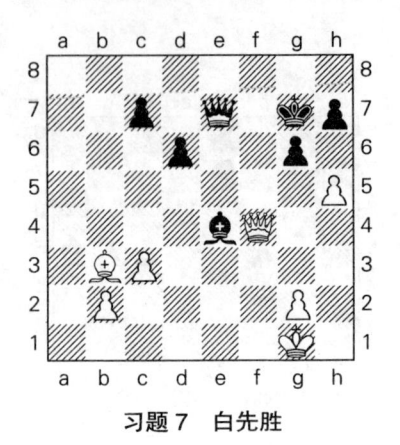

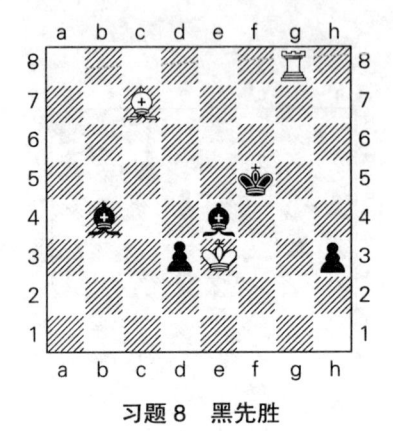

**练习题解答**

习题 1，白先胜。

1. 车 b6-f6！

用车拦截，下着后×f7，白胜。

习题 2，白先胜。

1. 象 h6-g7+！　　王 h8-g8　　2. 象 g7-d4#

黑王无处躲藏，白胜。

习题 3，白先胜。

1. 车 c5-d5！

黑方不论走什么，都会被杀，白胜。

习题 4，白先胜。

1. 象 c2-e4+！　　f5×e4　　2. 后 c4-d5+　　王 b7-c8
3. 后 d5-c6#

习题 5，白先胜。

1. 象 g3-e5！　　车 e2×e5　　2. 马 d6-e8　　马 e7-f5
3. 马 e8-f6+　　王 h7-h8　　4. 后 f7-g8#

习题6，白先胜。

1. 象 h6×g7+!　　象 e5×g7　　2. 后 g4–f5　　后 d8–h4

3. 马 g3–h5!

用马拦截，下着后×h7 将杀，黑为解杀只有用后换马，白胜。

习题7，白先胜。

1. h5–h6+!　　王 g7–h8　　2. 象 b3–e6!　　后 e7×e6

如 2. … d5 则 3. 后 e5 将军。

3. 后 f4–f8+　　后 e6–g8

4. 后 f8–f6+　　后 g8–g7　　5. 后 f6×g7#

拦截战术与过渡着法结合，形成后兵配合杀王，白胜。

习题8，黑先胜。

1. …………　　d3–d2!　　2. 车 g8–d8（如 2. 车 g1 则 2. … 象 c5 抽车；或 2. 王 e2 则 2. … 象 f3，d 兵升后）

2. …………　　象 b4–d6!　　3. 车 d8×d6（如 3. 象×d6 则 3. … d1（后））

3. …………　　h3–h2!　　4. 车 d6×d2　h2–h1（后）

黑方运用双向拦截战术，巧妙地使兵升后，黑胜定。

# 九、腾挪

腾挪是指运用弃子、兑子或其他强制手段腾出要点格位或打开线路。

腾挪战术有腾出要点格位和腾出线路两种形式。

要使腾挪战术奏效，速度是首要的，为了不给对方喘息的机会，实施挪腾战术，通常利用弃子、弃兵或将军给对方构成各种威胁来赢得时间。

图 81，白先。

白方面临黑方车 e1#，白方发现如白后能到 g7 将军，即可成杀局，但 g7 格现有己方车占据，妨碍实现上述计划，于是白方利用弃车将军赢得时间腾出 g7 格，从而先声夺人，完成将杀。

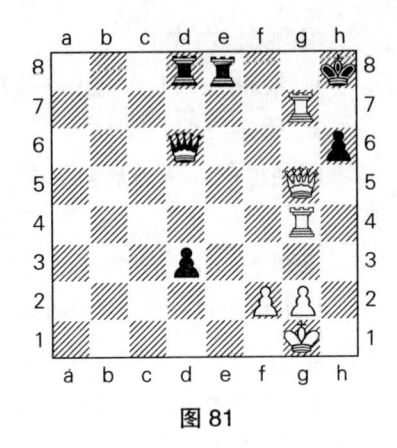

1. 车 g7-h7+！王 h8×h7
2. 后 g5-g7#

图 81

从广义上讲，前面介绍的闪击战术也可纳入腾挪的范畴。

图 82，白先。

白方威胁后×g7，但现有己方 d4 车挡着 b2 象的线路，无法实现上述计划，于是白方利用弃车捉后赢得时间腾出 a1-h8 斜线，取得成功。

1. 车 d4-d7！

把车闪开捉后，威胁下着后×g7，黑方面临被杀或丢后，

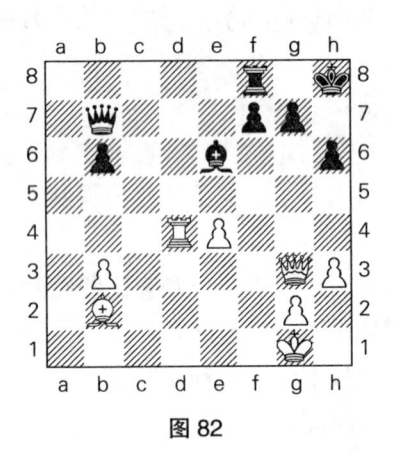

图 82

于是认输。

如果腾出格位和腾出线路同时运用，则效果更为明显，请看下面例局。

图83，白先。

双方已进入中局阶段，通过分析，白方发现黑后位置不佳，道路不畅，有被活捉的可能，从何入手呢？如能腾开c4格让马占领，同时把e5格马腾开亮出h2-b8斜线，岂不一举两得，如何赢得时间不让黑方喘息呢？腾挪战术显示了威力。

1. 象 c4×f7+!

弃象将军，同时腾出c4格。

1. ………… 车 f8×f7

2. 马 e5-c4！

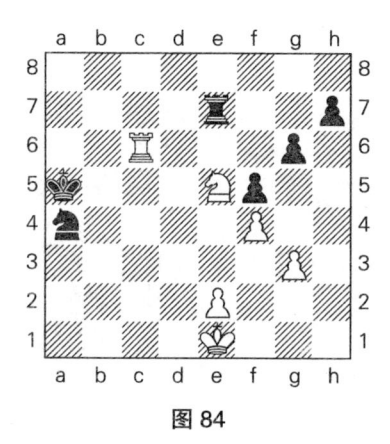

马进入c4捉后，同时又腾开g3象的线路使象控制住c7格，黑后无处可逃，白方得后胜定。

图84，白先。

在看似均势的局面中，白方运用腾挪战术，轻易取得胜势。

1. 车 c6×g6！

弃车给马腾出c6格，为马的击双创造条件，黑方有两种应着：①1. ··· 车xe5；②1. ··· h×g6。分叙如下：①1. ··· 车xe5, 2. f×e5 h×g6 3. e6+–黑方无法阻止白兵升后。②1.··· h×g6 2. 马c6+ 王b5 3. 马×e7 再 4. 马×g6+–白方净多两兵，因此黑方认输。

由于各子力性能不同，我们会发现不同的子力占据某要点格位时，会产生不同的效果，这就是子力动态价值观。如何利用要点格位，充分发挥要点格位的作用，用什么子力去占领，这时运用腾挪战术效果尤为明显。

图85，黑先。

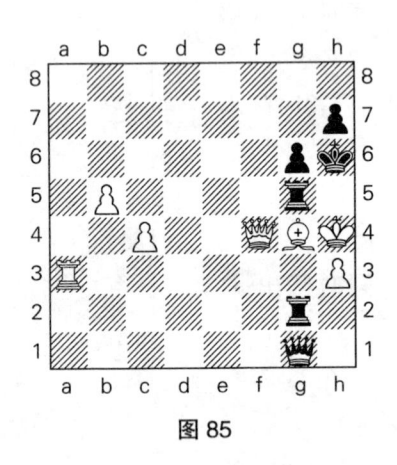

图 85

双方王均处于边线，而且活动受限制，由此，萌发战术组合一举擒王。

1. ············ 后g1-f2+！

引离白后，迫使其失去对95格的防守。

2. 后f4×f2 车g5-h5+！！

此局面，黑兵占领g5格作用强于黑车，因此，弃车给兵腾出要点格位。尤为关键。

第四章 基本战术

3．象 g4×h5　　g6-g5#

黑方运用引离堵塞与腾挪相结合，用兵完成将杀，黑胜。

图 86，黑先。

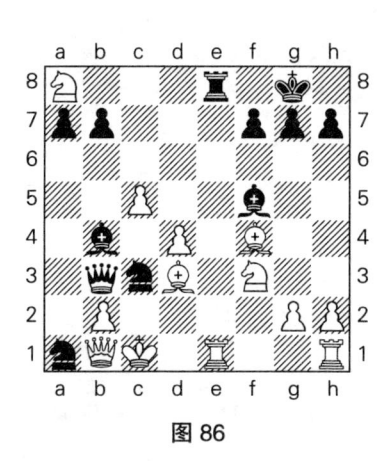

图 86

黑方少一车，而且双马都在白方嘴里，但黑方子力位置好，正在猛烈攻王，占有局面优势，于是黑方抓紧时间，连续利用腾挪战术（腾出格位，腾出线路），向白王发动致命的攻击。

1．…………　　后 b3-d1+!

弃后腾出 b3 格，同时又引离白车对 e2 格的防守。

2．车 e1×d1　　马 c3-e2+!

给 b4 象腾出线路。同时又迫使白方 d3 象让出 b1-h7 斜线，而亮出黑方 f5 象，限制白王逃跑线路。现在的局面 b3 格由马占据，作用明显强于后。

3．象 d3×e2　　马 a1-b3#

黑马在双象的配合下完成将杀，黑胜。

图 87，黑先。

本例局显示了腾挪战术的强大威力，黑方先行，看到白方 h1-a8 斜线空虚，而 g8 黑车又控制着 g 线，把白王锁在盘角，于是产生了把 d7 白格象调到 d5 格的动因，黑方是如何巧妙地完成上述计划呢？请看实战：

1. ………… d5-d4！

弃兵腾出 d5 格，次序准确。

2. 象 e3×d4    马 e6×d4！

及时以马换象，既腾出 e6 格，又使 c5 白马受牵制。

3. 后 f2×d4    象 d7-e6！

下着 4. … 象 d5 或 4. … 象×b3 计划终于实现了，白方面临失子，黑方胜势。

图 88，白先。

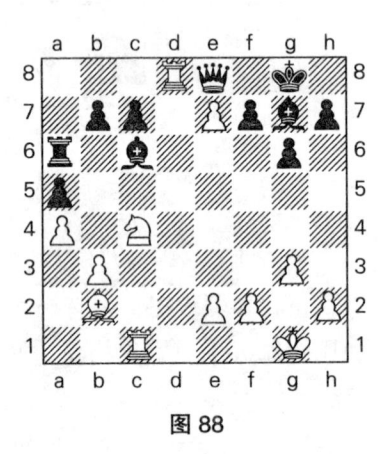

黑方多子，但白方 d8 车在 e7 兵的支持下，牵制着黑后，如果平庸地用车换后，白方不满意。顺此思路，如能先把 c6 象拔掉，则黑后自然就会被白车净吃了，于是用跳马捉后腾出 c1 车的线路来吹响了进攻的号角。

1. 马 c4-d6！ c7×d6 2. 车 c1×c6！ 车 a6-a8
3. 车 d8×a8！ 后 e8×a8 4. 车 c6×d6！

至此，黑方无法防御白车 d8 的威胁，只好认输。

图 89，白先。

双方都没易位，王在中路线但中心封闭，白方子力畅通，e6 兵顶着 e7 黑兵使黑方后翼子力无法调动，于是打开 h 线迫在眉睫。

1. 后 d2-g5！！

果断弃后，为 h1 白车打开 h 线。

1. ………… 车 h5×g5

因有 2. 后×g6+被迫接受弃后，2. h4×g5 马 b6-d7 太迟了，无效的抵抗。

3. 车 h1-h8+！ 马 d7-f8 4. 象 d4-g7

下着车×f8 杀，白胜。

图 90，黑先。

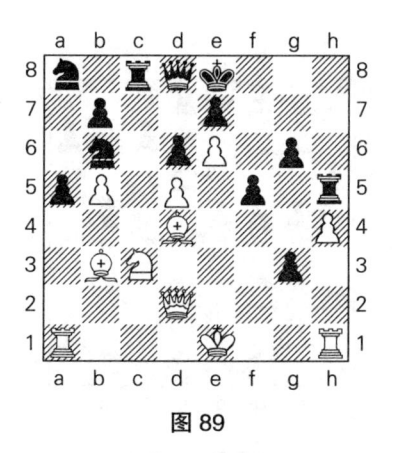

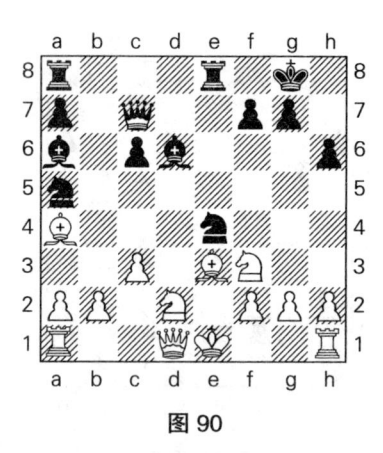

图 89

图 90

白王被困在中路，无法易位（黑 a6 象控制着 f1 格），黑方通过准确计算，连续弃子打开线路干净利索地完成杀王。

1. ……　　马 e4×c3!

弃马为车腾开 e 线。

2. b2×c3　　车 e8×e3+!

弃车打开 e1-h4 斜线。

3. f2×e3　　象 d6-g3+!

前仆后继，为最后的将杀打开了胜利之线。

4. h2×g3　　后 c7×g3#

黑方运用腾挪战术，先后弃掉马、车、象使白方无法喘息，最终由后象配合把白王在中路生擒。

## 练习题

运用腾挪战术完成习题 1~习题 8。

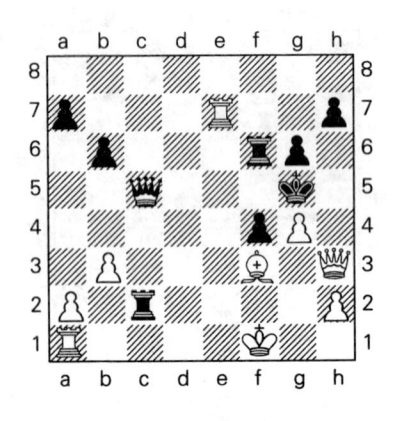

习题 1　白先胜

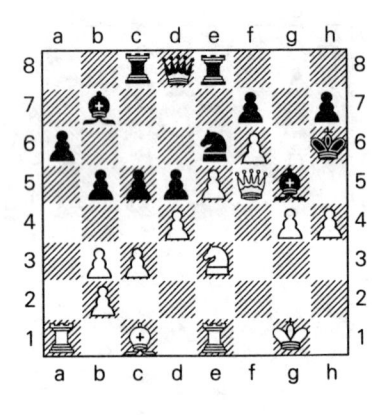

习题 2　白先胜

第四章　基本战术

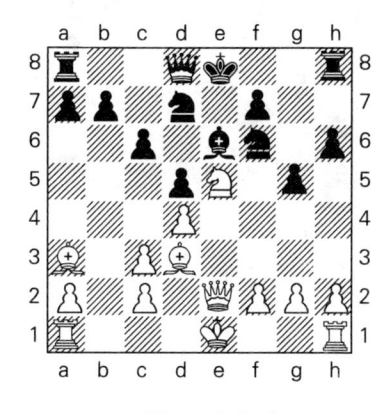

习题 3　白先胜

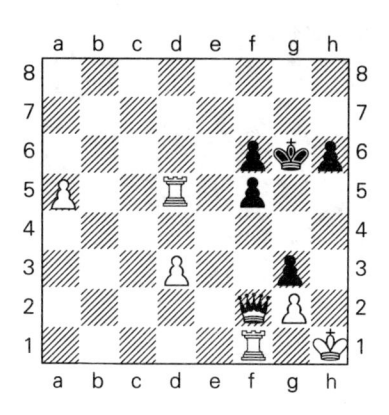

习题 4　白先胜

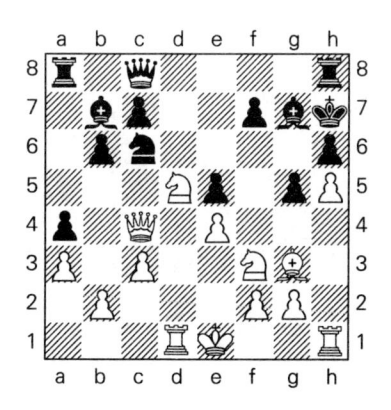

习题 5　白先胜

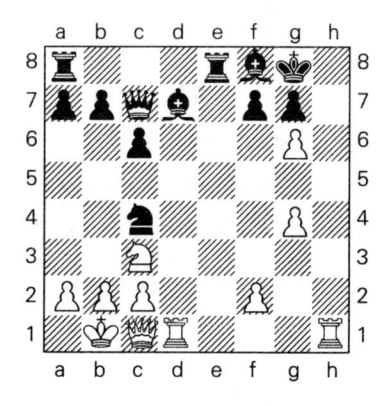

习题 6　白先胜

习题 7　黑先胜

习题 8　黑先胜

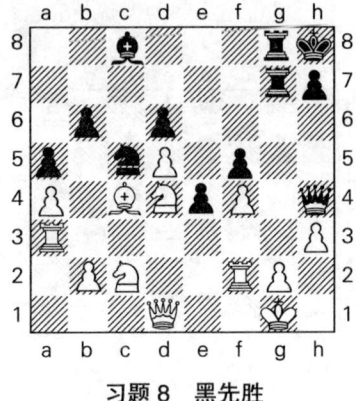

**练习题解答**

习题 1，白先胜。

1. 后 h3-h4+！　王 g5×h4

2. 车 e7×h7+！　王 h4-g5　　3. h2-h4#

习题 2，白先胜。

1. 后 f5×g5+！　马 e6×g5

2. 马 e3-f5+！　王 h6-g6　　3. h4-h5#

习题 3，白先胜。

1. 马 e5×c6！　b7×c6　　2. 后 e2×e6+！　f7×e6

3. 象 d3-g6#

习题 4，白先胜。

1. 车 f1×f2！　g3×f2　　2. 车 d5×f5！　王 g6×f5

3. g2-g4+！　王 f5-e5（3. … 王×g4　4. 王 g2　f5　5. a6 +-）

4. 王 h1-g2　王 e5-d5　　5. d3-d4！　王 d5-c6

6. 王 g2×f2　　王 c6–d5　　7. 王 f2–g3　　王 d5–c6

8. 王 g3–f4　　王 c6–d5　　9. 王 f4–f5+–

习题 5，白先胜。

1. 马 d5–f6+!　象 g7×f6　　2. 后 c4×f7+　象 f6–g7

3. 马 f3×g5+!　h6×g5　　4. h5–h6

下着杀，黑方无解，白胜。

习题 6，白先胜。

1. 车 h1–h8+!　　王 g8×h8

2. 车 d1–h1+　　王 h8–g8

3. 车 h1–h8+!　　王 g8×h8

4. 后 c1–h1+　　王 h8–g8　　5. 后 h1–h7#

习题 7，黑先胜。

1. ………………　车 c2–c3+!　2. 王 g3–g4!　车 c3–c4+

3. 王 g4–g5!　车 c4–h4!　4. 王 g5×h4　g7–g5+!

5. 王 h4×g5　王 f8–g7

黑方腾挪成功，捉死 h7 兵，净多一马，黑胜。

习题 8，黑先胜。

1. ………………　e4–e3!　　2. 车 a3×e3　马 c5–e4!

3. 车 f2–e2　车 g7×g2+　4. 车 e2×g2　后 h4–f2+!

5. 王 g1–h1　后 f2×g2#

# 十、过渡

过渡是指借助强制性的着法，如将军、叫杀、吃子等威胁手段，打乱对方预定的着法，使局势发生突变，从中受益。在对局的进攻和防御中均广泛运用。

图 91，白先。

黑方未易位，王不安全，白方抓住机会运用过渡战术，连打带消，净赚两兵，取得胜势。

1. 马 d4×e6！　　后 d8×d3

如 1. …　fxe6 则 2. 象×c5。

2. 马 e6×g7+！　王 e8-f8

3. 象 e3×c5+！　王 f8×g7　　4. e2×d3　　+-

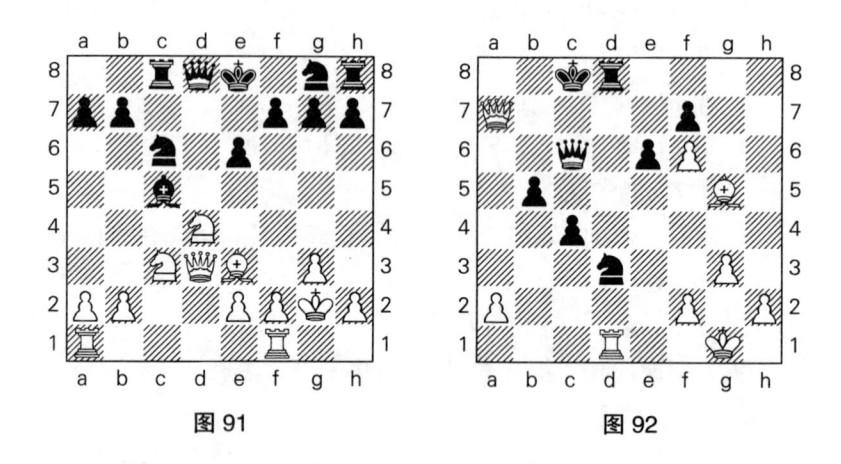

图 91

图 92

图 92，黑先。

黑方少一兵，但白方 h1-a8 斜线空虚，底线防守不严。粗看黑方可利用其弱点走马 f4，威胁后 g2 和车 d1 双重叫杀，但直接走 1. …　马 f4，白方可走车×d8+！再象×f4+-，黑方鸡飞蛋打，白方多子胜。于是，

1. ………　　车 d8-d7！

过渡战术，先手捉后，改变了车的位置，白后无论逃哪儿，这时再走 2. …　马 f4！白方无法解除双重叫杀的威胁，黑胜。

第四章　基本战术

图93，白先。

白方利用黑象位置不佳，连续运用过渡着法，使其从范。

1. h2-h3!　　象 g4-e2　　2. b2-b4!　　后 a5×b4

3. 车 f1-b1!　后 b4×c4

如 3. …　后 a5，则 4. 车 b5 再 5. 马×e2 得象。

4. 马 c3×e2　+-

白方过渡战术奏效，获得利益，形成胜势。

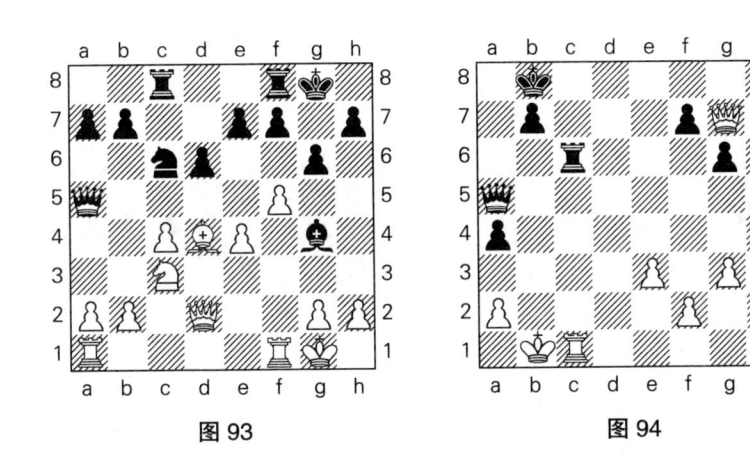

图93

图94

图94，黑先。

虽然双方子力相等，但白方王城洞开，黑方后和车位置均佳，必然有戏可"唱"。例如：1. …　后 b4+　2. 后 b2　车×c1+　3. 王×c1　后 e1+　4. 王 c2　后×f2+黑方胜势。然而，黑方通过比较，发现如运用过渡战术则更为简捷有力，着法如下：

1. …………　后 a5-f5+!

强制性的过渡着法，逼使白方走王 b2，使白后无法回防了。

177

2. 王 b1-b2　后 f5-b5+！

白方认输，因以下是 3. 王 a3　车×c1 黑胜。

在开局中抓准机会运用过渡性着法叫杀，常常能争得先手，改变局面的结构，为战术打击赢得时间，很快便能确立胜势。

图 95，白先。

对局伊始，双方均未易位，白后被黑象捉，但白方不予理睬走：1. 马 f3-e5 过渡战术，威胁 2. 象×f7。

1. ……………　e7-e6

被迫之着，如改走 1. …后 c7，保象，则 2. 象×f7 王 d8 3. 后 d1 之后，黑方已丧失易位权，且出子落后，白方牢牢地掌握着主动权。

2. 马 e5×c6　马 b8×c6
3. 后 a4×c6+　王 e8-e7

过渡战术奏效，净赚一象白方胜势。

图 96，白先。

开局不久，双方已发生激战，白 a1 车在马嘴里，白方如跟着黑方的节奏平庸地走 1. a×b3，则 1. … 象×f5，白方无代价的丢失了 f5 兵。白方通过计算以过渡着法主动弃兵，使兵死得其所。

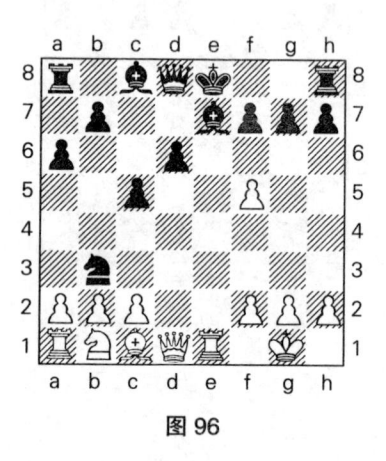

图 95

图 96

## 第四章 基本战术

1. f5-f6！

着法细腻老练。

1. ……　g7×f6

无奈之着，如 1. … 马×a1 则 2. 车×e7+ 王 f8 3. 后 h5 象 e6 4. 象 h6 白方攻势迅猛。

2. a2×b3

白方虽少一兵，但通过过渡战术破坏了黑方王翼兵形的结构，在局面上有足够的补偿。

通过上面的例局，我们体会到该运用过渡着法时必须及时运用，如果急于求成，直接行动，则往往欲速不达。准确运用过渡战术，能起到画龙点睛、事半功倍的效果。

## 练习题

运用过渡战术完成习题 1~习题 6。

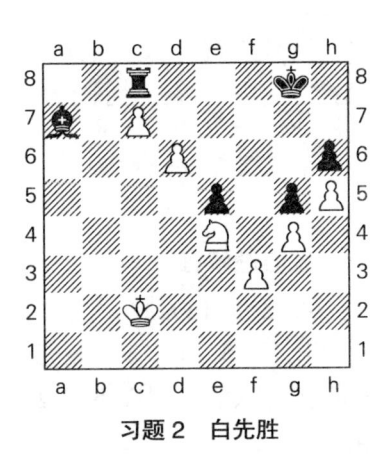

习题 1　白先胜

习题 2　白先胜

习题 3　黑先胜

习题 4　白先胜

习题 5　白先胜

习题 6　白先胜

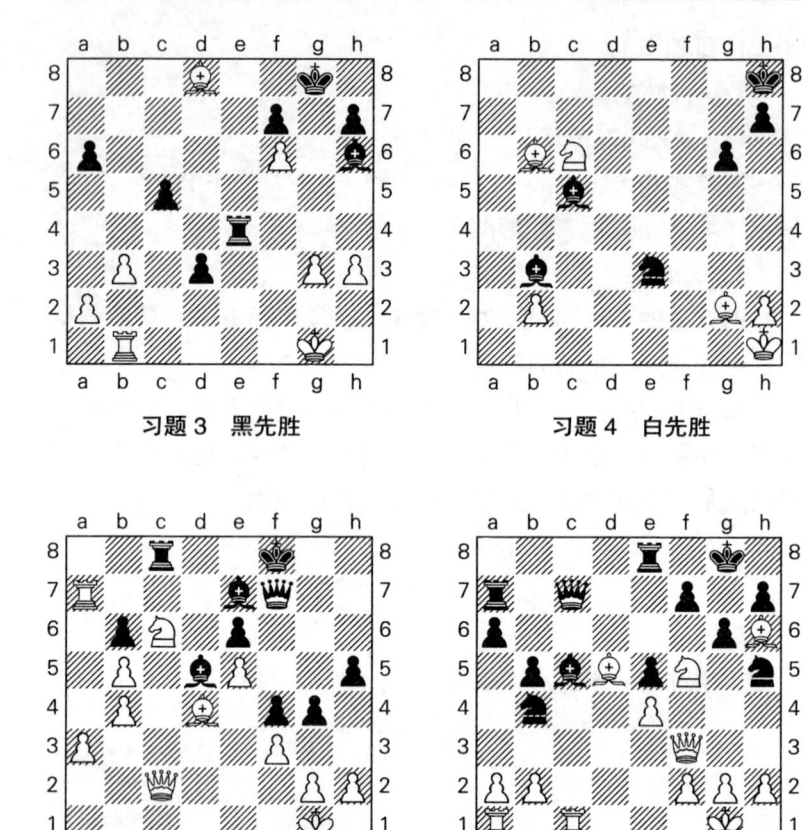

**练习题解答**

习题 1，白先胜。

1. 后 c5-a5！　车 a8-f8　　2. 后 a5-g5

黑方认输。因以下是 2. … g6　3. 后 h6　下着后 g7 将杀。

习题 2，白先胜。

1. 马 e4-c5!

黑方认输。因如 1. ……　象×c5 则 2. d7! +-

习题 3，黑先胜。

1. …………　象 h6-c1!

2. 车 b1×c1　d3-d2! +-

白方认输。因如 3. 车 d1 则 3. ……　车 e1+　-+

习题 4，白先胜。

1. 象 b6×c5　马 e3×g2　2. 马 c6-e7!

典型的过渡战术，改变了马的位置，威胁象 d4 杀，从而使黑方象 d5+抽马的幻想破灭。

2. …………　王 h8-g7　3.王 h1×g2

白方多子胜定。

习题 5，白先胜。

1. 车 a7×e7!　后 f7×e7　2. 象 d4-c5!

白方运用过渡战术捉死黑后，多子胜定。

习题 6，白先胜。

1. 车 c1×c5!　后 c7×c5　2. 象 h6-e3!　后 c5-c7

3. 象 d5×f7+!　后 c7×f7

如 3. …… 王 f7 则 4. 马 d6++　王 e7　5. 后 f7+　王×d6　6. 车 d1+，白优。

4. 马 f5-h6+　王 g8-g7　5. 马 h6×f7　　车 a7×f7

6. 象 e3-h6+! 王 g7-g8　7. 后 f3-c3

白方多子胜定。

# 第五章 残局基础

残局是一盘棋的最后阶段,这时双方棋子已明显减少,然而战斗仍是很激烈的,一着不慎,满盘皆输的例子在残局中也时有发生。据资料统计有50%以上的对局需要在残局分出结果。残局又是学习国际象棋的基础,通过学习残局中的胜、和定式和研究它的战略思想和战术手段,可以为学习比较复杂的中局和开局打下基础。

## 一、王兵残局

王兵残局即双方均只有王和兵的残局,王兵残局是所有残局的基础,因此要认真研习。王兵残局争夺的焦点是一方力求兵的升变,一方阻止兵的升变,胜、和的关键在于兵能否升变。

### (一) 正方形法则

正方形法则是快速而准确判断单兵在没有王帮助的情况下能否升变的法则。

如图1,把兵所在的格子到它的升变格这一段直线作为正方形的一条边,在棋盘上设想一个正方形并用虚线画出:h3-h8-c8-c3-h3。

如果对方的王在此正方形内,或能及时进入此方形内,那么就能追上这只兵。反之，则追不上，只能望兵升变了。这就是正方形法则的基本内容。

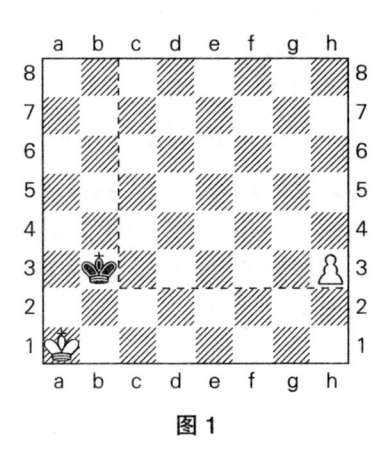

图 1，白先。

黑王在白方 h3 兵正方形之外，因此追不上兵。

1. h3-h4　　王 b3-c4
2. h4-h5　　王 c4-d5
3. h5-h6　　王 d5-e6
4. h6-h7　　王 e6-f7
5. h7-h8（后）白胜。

如黑方先走 1. … 王 c4（或 1. … 王 c3）进入正方形即能追上白兵，和棋。

在运用正方形法则时，必须注意当兵处在原始位置时，它一步可以走两格，如图 1 兵如位于 h2 格，它的正方形仍是 h3-h8-c8-c3-h3。

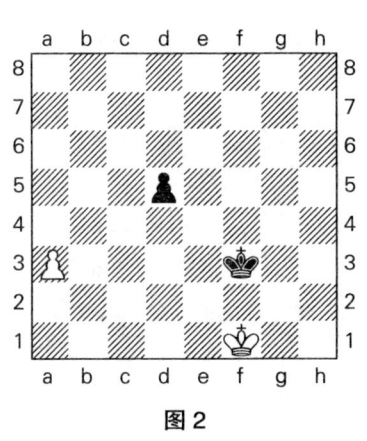

图 1

图 2

另外，正方形内如有其它小兵存在，也必须充分考虑到它对棋局的影响。

图 2，白先。

黑王虽然在白 a3 兵正方形内，但黑方有一只碍事的 d5 兵，成为路障，黑王必须绕行，因此，追不上白兵。着法如下：

1. a3-a4　　王 f3-e4
2. a4-a5　　王 e4-e5（2. … 王 d4 或 2. … d4）
3. a5-a6

白兵必升后，白胜。

图 3，白先。

黑王虽然也在白方 g3 兵的正方形内，但由于黑王在捉兵的道路上有白方 e4 兵的作用（控制着 d5 格），因此黑王也追不上 g3 兵。

1. g3–g4　　王 b3–c4
2. g4–g5　　王 c4–c5
3. g5–g6

白兵必升后，白胜。

图 4，白先。

白方以准确的次序，先弃兵给黑方设置障碍，使黑王无法捉住在正方形内的 a3 兵。

1. d4–d5!　　e6×d5
2. a3–a4

白方 a 兵必将升后，黑王只能望兵兴叹。

**活动正方形法则**

所谓活动正方形法则是指同一横线上的两只孤兵所在格子连线，作为正方形的边长向前设想一个正方形。如正方形的边已到达底线，则孤兵可不需要王的帮助就能升变；否则孤兵需要王的帮助方能升变。

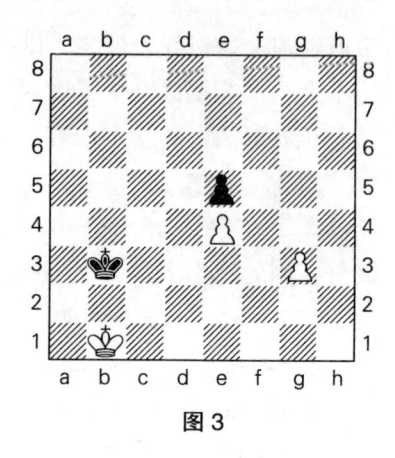

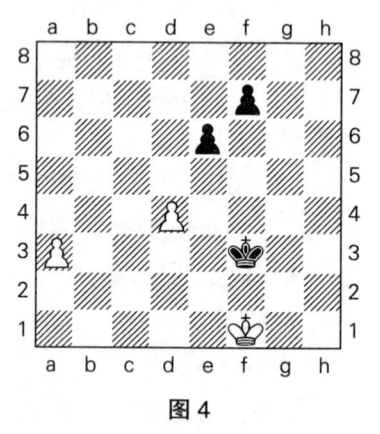

## 第五章　残局基础

如图 5，图中的虚线构成了孤兵的活动正方形，白先，升变过程如下：

1. b5–b6　　王 d7–c6　　2. e5–e6!　　王 c6×b6
3. e6–e7

白胜。

如黑先：1. ……　王 d7–c7　2. e5–e6　王 c7–d6　3. b5–b6　王 d6×e6　4. b6–b7 白胜。

黑王在防守中，总是顾此失彼。白兵无需王的帮助，两只孤兵相互配合总会有一只兵升后。

如果把上图中的 b5 兵移到 c5 格，如图 6，这时兵的活动正方形未到达底线，此时也是白胜，但需要王的帮助才可实现升变。着法如下：

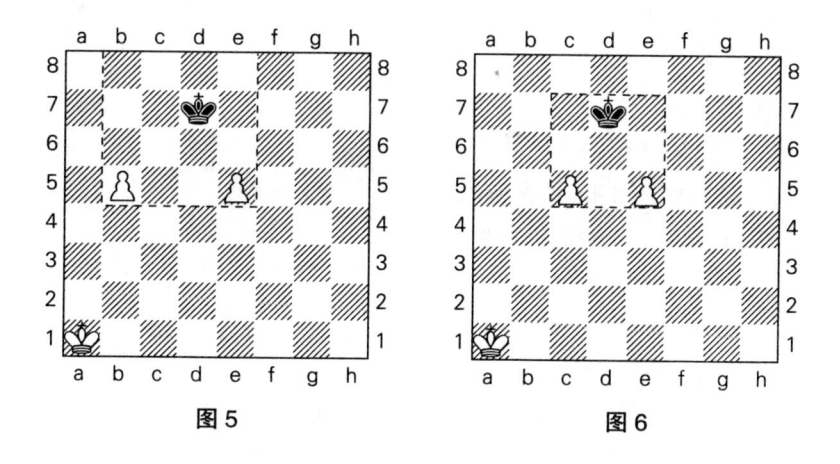

图 5

图 6

1. 王 a1–b2!　王 d7–c6　2. e5–e6!　　王 c6–c7
3. 王 b2–c3　王 c7–c6　4. 王 c3–d4

白王已到位，兵在王的帮助下必能升变，白胜。

图 7，白先。

双方都是王双兵，但白方的有根通路兵，需要有王的帮助才能升后，而黑方的两只孤兵组成的活动正方形，不需王的帮助即可升后。请看实战：

1. 王 f3-f4    h5-h4
2. 王 f4-g4    d5-d4!
3. 王 g4-f3    h4-h3!
4. 王 f3-g3    d4-d3

至此，白方无法兼顾两兵的前冲，黑胜。

图 8，白先，乍一看，白方王困在底线，无法捉住黑兵，而白兵又在黑王的正方形内。白方利用王的双重调动，与黑方周旋，巧妙地进入黑兵的正方形，成功守和。

1. 王 d8-c8!

准备和己兵联系，牵制黑王行动。如 1. a6 则 1. … 王 c6，白兵被捉死，黑胜。

1. ………… 王 d6-c6

被迫，否则白兵将先升后。

2. 王 c8-b8!  王 c6-b5  3. 王 b8-b7!

迫使黑王吃兵，使其让出对 c6 格的控制。

3. ………… 王 b5×a5  4. 王 b7-c6!  h7-h5

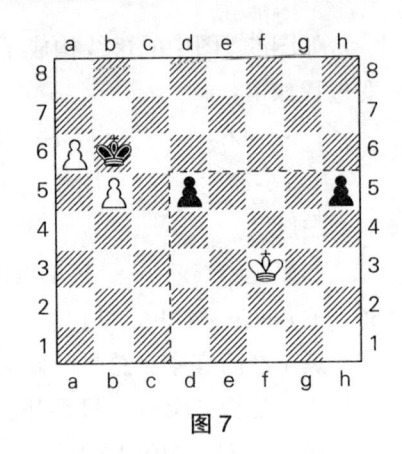

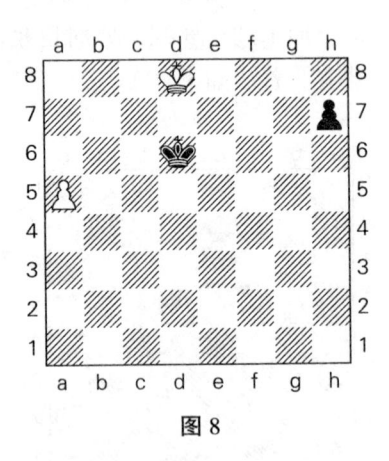

5. 王 c6-d5

至此,白方的计划实现了,白王成功地进入了黑兵的方形区,和棋。

正方形法则形式多样,在实战中广泛出现,它是王兵残局的基础,因此要格外重视,认真研习,以掌握这一重要知识。

## 练习题

运用正方形法则完成习题 1~习题 6

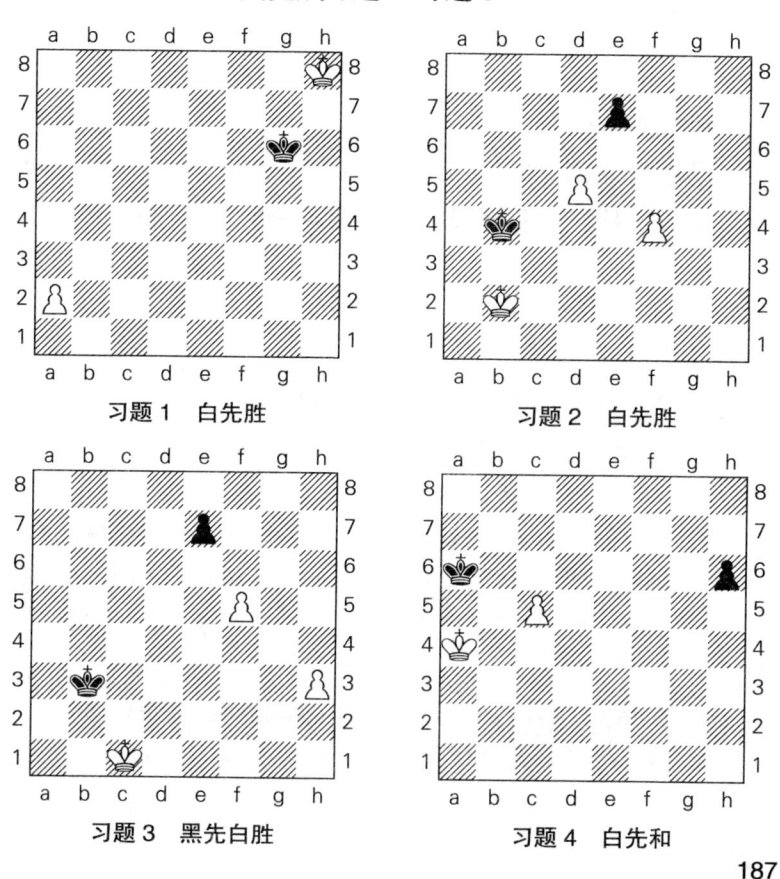

习题 1　白先胜

习题 2　白先胜

习题 3　黑先白胜

习题 4　白先和

习题5　白先和　　　　　　习题6　白先黑胜

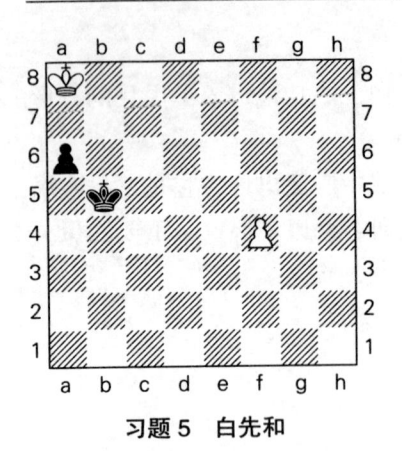

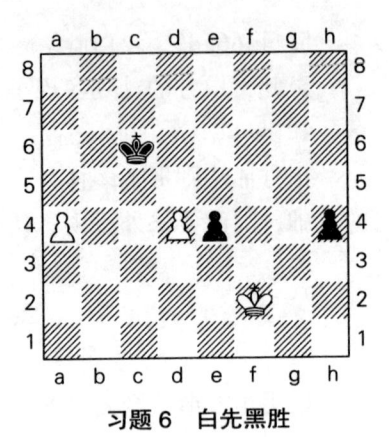

**练习题解答**

习题1，白先胜。

1. a2-a4!　　王 g6-f6　　2. a4-a5　　王 f6-e6

3. a5-a6

白兵必能升变，白胜。

习题2，白先胜。

1. d5-d6!　　e7×d6　　2. f4-f5

白兵必能升变，白胜。

习题3，黑先白胜。

1. …………　王 b3-c4　　2. h3-h4　　王 c4-d4

另一变化黑方也是输棋（2. … 王 d5　3. h5　王 e5
4. h6　王 f6　5. 王 d2　王 f7　3. 王 e3　王 g8　7. 王 f4　王
h8　8. 王 e5　+-）。

3. f5-f6!　　e7×f6　　4. h4-h5　　王 d4-e5

5. h5-h6

白兵必能升变，白胜。

习题 4，白先和。

1. c5–c6　　h6–h5　　2. 王 a4–b4　h5–h4
3. 王 b4–c5　h4–h3　　4. 王 c5–d6　h3–h2
5. c6–c7　　h2–h1（后）6. c7–c8（后）+

形成单后对单后的官和局面。

习题 5，白先和。

1. 王 a8–b7！　a6–a5　　2. 王 b7–c7　王 b5–c5
3. 王 c7–d7　王 c5–d5　　4. 王 d7–e7　王 d5–e4
5. 王 e7–e6　王 e4×f4　　6. 王 e6–d5

黑兵必失，和棋。

习题 6，白先黑胜。

1. a4–a5

另一变化白方也是输棋：1. 王 e3　h3　2. 王 f2　h2（或 2. … e3+　3. 王×e3　h2–+）3. 王 g2　e3！

1. ……　　　王 c6–b5　　2. d4–d5　　王 b5×a5
3. d5–d6　　王 a5–b6

白兵必失，黑胜。

## （二）对王和关键格

在王兵残局中，要使己方兵升变，除了上面讲的正方形法则（没有王帮助时兵的升变），还有一种情况需要有己王的帮助兵才能升变。

这里涉及到一个重要知识"对王"和"关键格"。由于对王和关键格有密切联系，因此我们把这两个知识放在一起来讲。

对王是指双方的王在同一直线、横线或斜线上，相隔单数格相对对峙的形势。

如图 9，王与王在直线上相对，它们之间隔一个格，称为短距离直线对王。

如图 10，王与王在横线上相对，它们之间隔一个格，称为短距离横线对王。

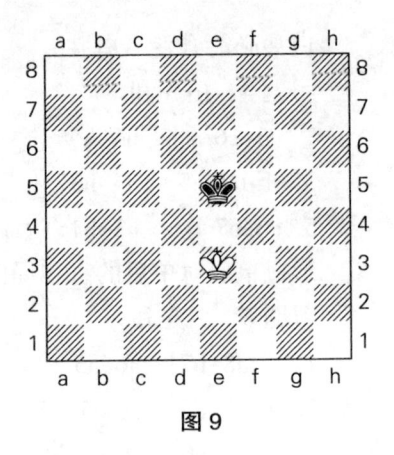

如图 11，王与王在斜线上相对，它们之间隔一个格，称为短距离斜线对王。

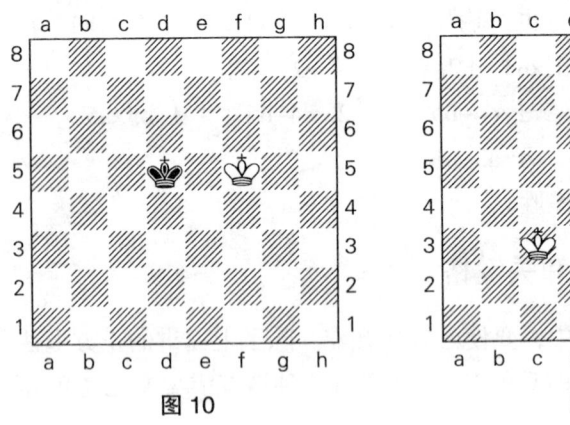

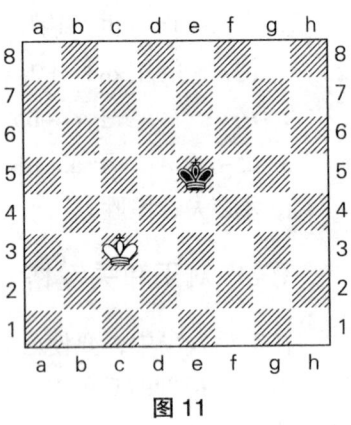

图 9

图 10

图 11

如王与王之间隔三个格称为长距离对王，隔五个格时，称为超长距离对王，它们是过渡性的对王，可转化为短距离对王。

第五章 残局基础

在通常情况下，对王时轮谁走棋，对谁不利，而争得主动对王往往是取胜的关键。

对王的目的是什么呢？这就涉及到另一重要知识："关键格理论"。

有王保护的通路兵，在兵的前面某些重要格子如己方王能占领，则此兵能升变，这些格子称为兵的"关键格"。因此关键格是双方争夺的要点，它是决定对局结果关键所在。

不同位置的兵，关键格是不同的，图12、13中标有"●"的格子代表关键格。

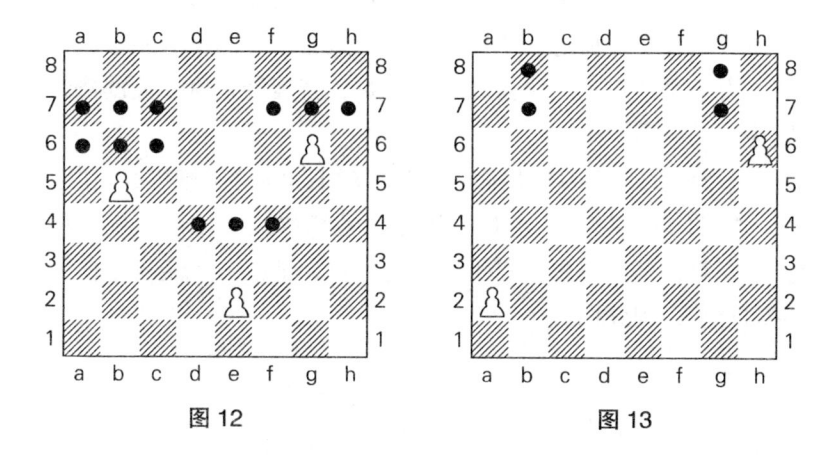

图12

图13

从图12中我们可以知道：白方2线上的兵有三个关键格，是与这个兵隔一横排与兵所在的直线和左右相邻的三个格即d4、e4、f4。3、4线上的兵关键格与2线兵关键格道理相同。如兵位于c3时，关键格是b5、c5、d5三个格；如兵位于g4时，关键格是f6、g6、h6三个格。即从b线至g线4横线以下兵的关键格都是三个。而兵到达第5横线时，由于对方王的活动范围减少。这时兵的关键格有六个，图12中b5兵的关键

191

格是 a6、b6、c6、a7、b7、c7。第 6 横线的兵关键格有六个，g6 兵的关键格是 f7、g7、h7、f8、g8、h8。而边线（a、h）兵的关键格只有两个，而且是固定的，如图 13 中的白方 a 线上的兵关键格是 b7、b8，白方 h 线上的兵关键格是 g7、g8。

　　需要说明的是上面所讲的关键格知识从视觉角度来说都是以白方为例的，黑方兵的关键格道理和白方是相同的，这里不再另叙了。

　　以上我们已经了解到在不同位置上的兵的关键格。在谋求兵升变的局面中，争夺关键格尤为重要，而对王的目的就是为了争夺关键格，通常谁先获得主动对王，就能争得关键格，从而使己兵升变。反之，防御方则尽力阻止对方的王占领这些格子，力争主动对王，取得和局。于是，就展开了争夺关键格的战斗。

　　下面通过一些基本局面，来学习对王和争夺关键格的知识。

　　如图 14，双方处在对王状态，胜和取决于该谁走棋。如白方先走，是黑方主动对王，则为和棋，如黑方先走，是白方主动对王，因此白胜。

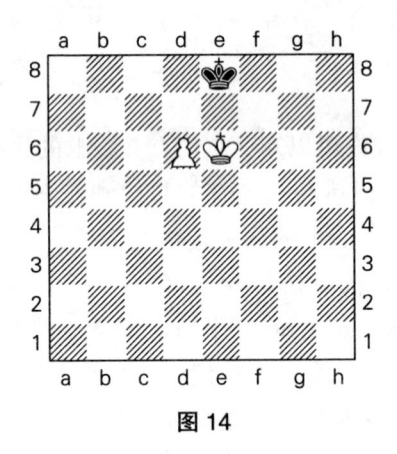

图 14

白先：1. d6-d7　王 e8-d8　2.王 e6-d6

黑方无子可动，形成逼和。

黑先：1. ……　　王 e8-d8

　　　2. d6-d7　王 d8-c7　3. 王 e6-e7

下着白兵进至 d8 升后，白胜。

如图 15，白方兵位于第 4 横线，双方处在对王状态，胜和取决于该谁走棋。通过图 14 的例子，我们可以知道，本例也是该谁走棋，谁不利的局面，因为该谁走棋就放弃了主动对王的局面。

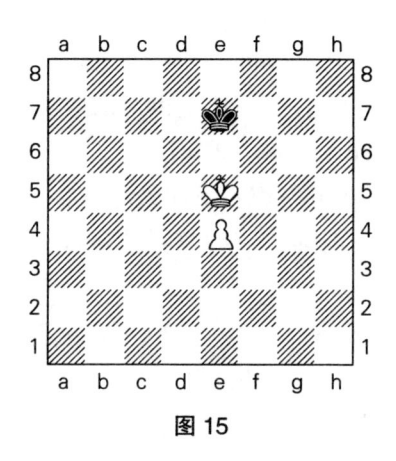

图 15

白先：1. 王 e5-d5　王 e7-d7！

主动对王！如白方 1. 王 f5，则 1. ……王 f7，总之不让白王进驻第 6 横排（即 e4 兵的关键格）。

2. e4-e5

白方只好冲兵，但在黑方的正确防御下还是无法取胜。

2. …………　　王 d7-e7　　3. e5-e6　　王 e7-e8！

等着，为的是下着争得对王。

4. 王d5-d6　王e8-d8!　5. e6-e7+　王d8-e8
6. 王d6-e6

形成无子可动局面，和局。

黑先：

1. ⋯⋯⋯⋯　王e7-d7

被迫放弃对王。

2. 王e5-f6!

及时占领兵的关键格，确保兵必能升变。

2. ⋯⋯⋯⋯　王d7-e8　3. 王f6-e6!

主动对王。

3. ⋯⋯⋯⋯　王e8-d8　4. 王e6-f7

兵将升后，白胜。另一变化也可取胜：4. e5　王e8　5. 王d6　王d8　6. e6　王e8　7. e7　王f7　8. 王d7 白胜。

为了进一步熟悉并掌握对王和关键格这一重要知识，下面看一下白兵在第2横排时，双方争夺关键格的例子。

图16，白先。

1. 王e1-d2!　王e8-d7　2. 王d2-e3　王d7-e7!

3. 王e3-e4　王e7-e6!

黑方顽强应战，取得对王，但是，4. e2-e3!

关键的等着，迫使黑方只好放弃对王，使白王占领兵的关键格。

4. ⋯⋯⋯⋯　王e6-d6

5. 王e4-f5

占领了兵的关键格。

5. ⋯⋯⋯⋯　王d6-e7

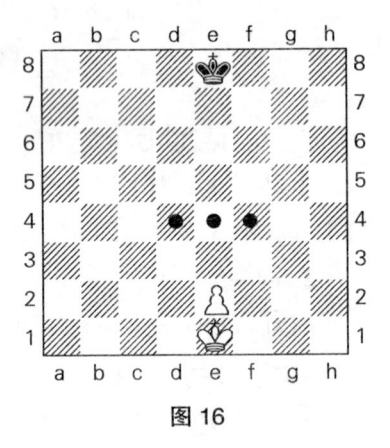

图16

如 5. ⋯ 王 d4 则 6. e4 王 d6  7. 王 f6，横线对王，7. ⋯  王 d7  8. e5，白王已占领了 e5 兵的关键格，白胜。

6. 王 f5-e5！主动对王，占领了兵的关键格，白兵必升变，白胜。

如黑方先走，则可成功守和，着法如下：

1. …………  王 e8-e7   2. 王 e1-d2   王 e7-d6
3. 王 d2-d3   王 d6-d5！

如 3. 王 e3 则 3. ⋯   王 e5。黑方争得主动对王使白王无法占住兵的关键格，形成已熟悉的和棋局面，下略。

由此可见在抢占关键格时一步之差，结果往往是两回事，这时速度往往决定一切。

图 17，白先。

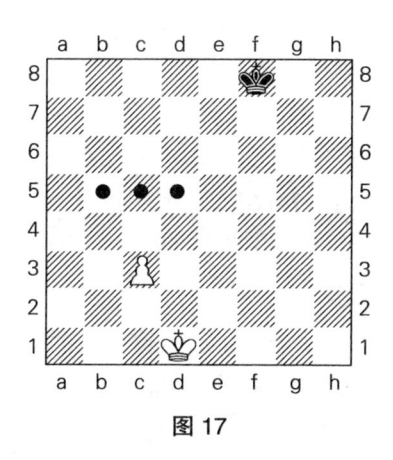

图 17

白方 c3 兵的关键格是 b5、c5 和 d5，通过计算白王到达这三个格的步数是相等的，都是四步。而黑王到达这三个格的步数不等，它离 b5 格最远，于是白方要抢占 b5 格，才是正确的选择。

1. 王 d1-c2! 　王 f8-e7　　2. 王 c2-b3!　王 e7-d6
3. 王 b3-b4!

与黑王斜线对王，如走 3. 王 c4 则 3. … 王 c6，白方无法占领关键格，黑方可守和。

3. …………　王 d6-c6　　4. 王 b4-c4!

白方争得主动对王，必然要占领一个关键格，从而确保兵能升变，白方胜定。

如黑方先走，黑方可以阻止白王占领关键格，成功守和。

1. …………　王 f8-e7　　2. 王 d1-c2　王 e7-d7
3. 王 c2-b3

如走 3. 王 d3 则 3. … 王 c7! 4. 王 d4　王 d6! 和局。

3. …………　王 d7-c7!

好棋，必要的等着，不能走 3. … 王 c6，因白方 4. 王 c4，黑方将让出关键格导致输棋。

4. 王 b3-c4

如走 4. 王 b4 则 4. … 王 b6，主动对王，和棋。

4. …………　王 c7-c6!

至此，白王无法抢占住关键格，黑方成功守和。

图 18，白先。

白兵在 g5，已进至第 5 横排，这时兵的关键格有六个即：f7、g7、h7、f6、g6、h6。这个结论对于中心兵、象前兵、马前兵都适用，但用于马前兵时，由于接近边线，强方需谨慎，否则有逼和的可能。

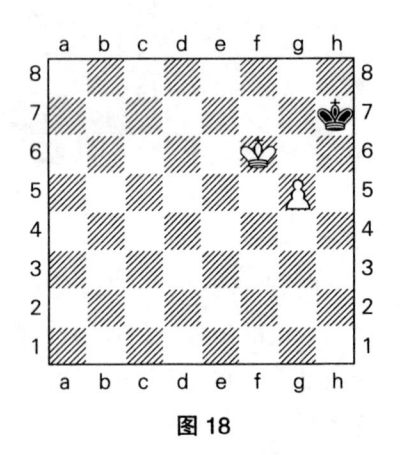

图 18

着法如下：

1. 王 f6–f7!

好棋！横线对王。不能走 1.g6 因为 1.…… 王 h8 2. g7+ 王 g8，或 2. 王 f7 都将形成和棋。

1. ………… 王 h7–h8 2. 王 f7–g6!

仍不能走 2. g6? 也将形成和棋。

2. ………… 王 h8–g8 3. 王 g6–h6 王 g8–h8

4. g5–g6! 王 h8–g8 5. g6–g7 白胜。

图 19，黑先。

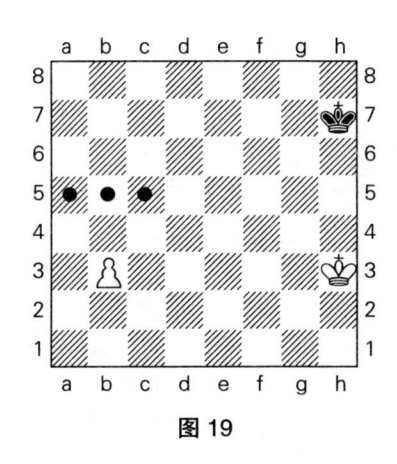

**图 19**

双方是远距离对王状态，黑方为了抑制白方王占领 b3 兵的关键格与白王巧妙周旋，终于成功守和。

1. ………… 王 h7–g7!

好棋！如 1.… 王 g6 则 2. 王 g4，如 1.… 王 h6 则 2. 王 h4，形成白方对王，必将抢占住兵的关键格，白胜。

2. 王 h3–g3 王 g7–f7! 3. 王 g3–f3 王 f7–e7

4. 王 f3–e3 王 e7–d7 5. 王 e3–d3 王 d7–c7!

6. 王d3-c3　　王c7-b7！　　7. 王c3-b4　　王b7-b6！

如 7. 王c4 则 7. …　王c6。黑王争得主动对王，白王无法占领兵的关键格，和棋。

本局如轮白方先走则可利用正方形法则走：1.b3-b4! 冲兵，轻松获胜。

最后我们看两个边兵的例子。

如图20，本局是该谁走棋对谁有利的局面，黑先：1.……王c6-c7！横线对王，逼使白王只能在a8、a7重复，黑方则在c8、c7始终保持横线对王，白王无法占住边兵的关键格b8和b7格，和棋。白先：1.王a7-b8占住兵的关键格，确保a6兵升后，白胜。

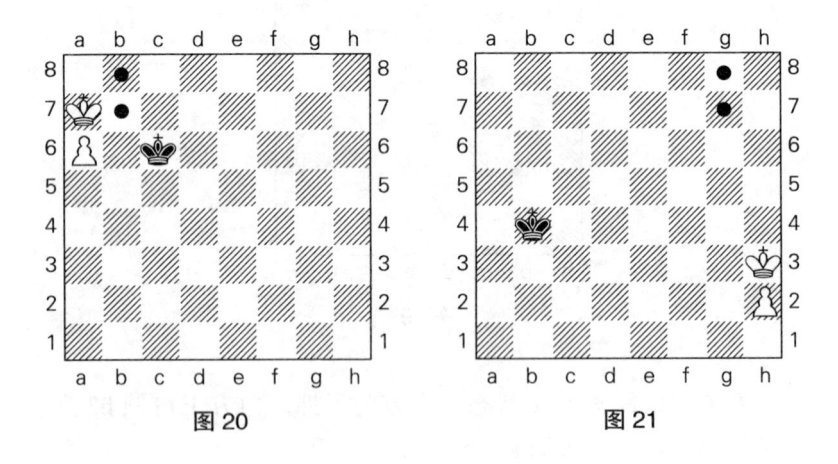

图20

图21

如图21，双方为争夺关键格而战斗，胜和取决于该谁走棋。白先：

1. 王h3-g4！　王b4-c5　　2. 王g4-g5！　王c5-d6
3. 王g5-g6！　王d6-e7　　4. 王g6-g7！

白方抢先一步占领了边兵的关键格，白胜。

如黑先：1. …… 王 b4-c5

2. 王 h3-g4　　王 c5-d6　　3. 王 g4-f5　　王 d6-e7

4. 王 f5-g6　　王 e7-f8！　5. 王 g6-h7　　王 f8-f7

黑王横线对王，控制住 g7 和 g8 格，和棋。

## 练习题

运用对王和关键格理论完成习题 1~习题 6。

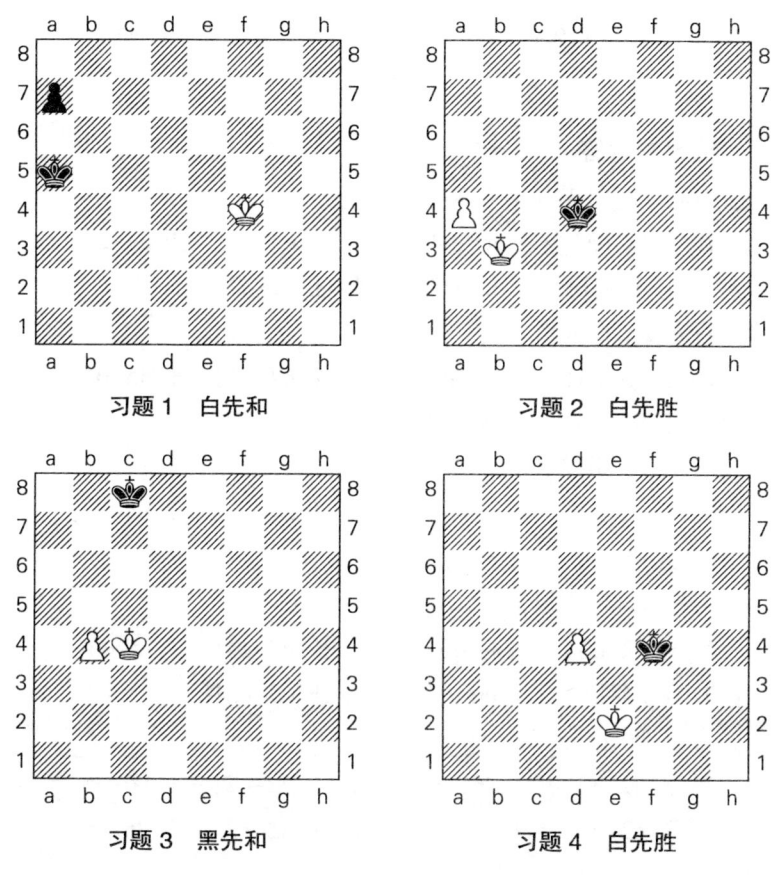

习题 1　白先和

习题 2　白先胜

习题 3　黑先和

习题 4　白先胜

习题 5　白先和　　　　　　　　　习题 6　白先胜

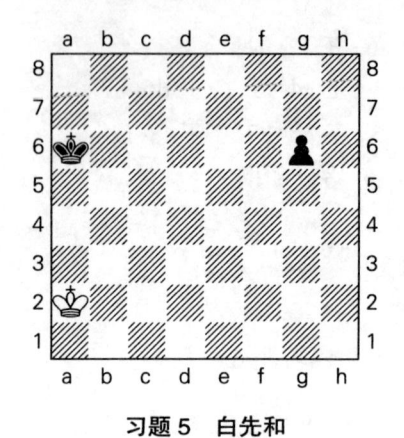

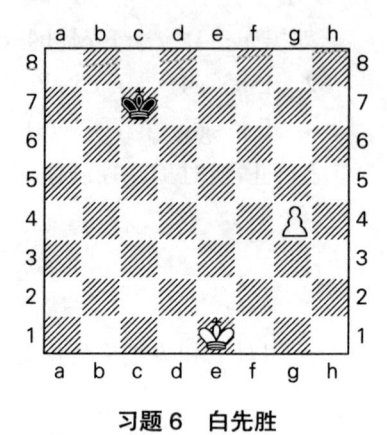

**练习题解答**

习题 1，白先和。

1. 王 f4-e3！　王 a5-b4　　2. 王 e3-d2！　王 b4-b3
3. 王 d2-c1！　王 b3-a2　　4. 王 c1-c2

习题 2，白先胜。

1. 王 b3-b4！　王 d4-d5　　2. 王 b4-b5！　王 d5-d6
3. 王 b5-b6！　王 d6-d7　　4. 王 b6-b7！

习题 3，黑先和。

1. ⋯⋯⋯⋯　王 c8-b8！　　2. 王 c4-c5　王 b8-c7！
3. 王 c5-b5　王 c7-b7！

习题 4，白先胜。

1. 王 e2-d3！　王 f4-f5　　2. 王 d3-c4！　王 f5-e6
3. 王 c4-c5！　王 e6-d7　　4. 王 c5-d5！

习题 5，白先和。

1. 王 a2-b2！　王 a6-b6　　2. 王 b2-c2！　王 b6-c6
3. 王 c2-d2！　王 c6-d6　　4. 王 d2-e2　王 d6-e6

5. 王 e2-f2　　王 e6-f6　　6. 王 f2-g2!　王 f6-f5

7. 王 g2-f3!

习题6，白先胜。

1. 王 e1-f2!　　王 c7-d6　　2. 王 f2-g3!　王 d6-e6

3. 王 g3-h4!　　王 e6-f6　　4. 王 h4-h5　王 f6-g7

5. 王 h5-g5!　　王 g7-h7　　6. 王 g5-f6

## （三）王单兵对王单兵

双方各有一个兵，子力相等，一般来说是和棋。但往往由于双方王和兵所处的位置不同，如王的位置高，兵离升变格近，有主动对王及有等着等等，这时常常会分出胜负的。

根据兵的不同位置，王单兵对王单兵可分三种情况：(1) 对头兵；(2) 相邻兵；(3) 通路兵。下面分别举例说明。

### (1) 对头兵

双方的兵在一条直线，要想获胜必须完成两个任务：①吃掉对方的兵。②确保己方兵升变。

如图22，双方兵在同一直线上相互对顶，要想获胜，必须先吃掉对方的兵，再保护己兵升变。如何吃掉对方的兵呢？这里同样要运用关键格理论。对头兵中己方兵的关键格是小兵所在位置左右各三个格（共六个格），即白方 d4 兵的关键格是：a4、b4、c4 和 e4、f4、g4。同理黑方 d5 兵的关键格是：a5、b5、c5 和 e5、f5、g5。这里所说的关键格

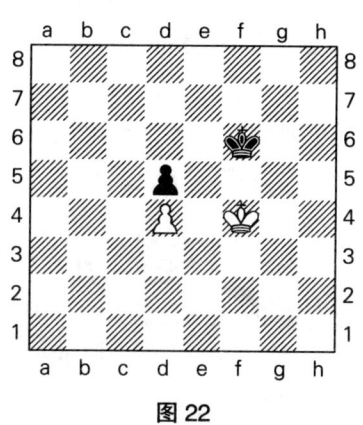

图22

指一方王能占领对方兵的六个关键格中的任一格，即可实现把对方兵吃掉的目的。

请看下面的例子。

图22，黑先。

显然，黑方兵是保不住了，因为白王将占领黑d5兵的关键格。

1. ………… 王 f6-e6　　2. 王 f4-g5!　王 e6-e7
3. 王 g5-f5　王 e7-d6　　4. 王 f5-f6　王 d6-c6
5. 王 f6-e5

白王步步紧逼，将实现吃兵的任务，但黑方冷静防守，守住第二条防线，使白兵无法升后。

5. ………… 王 c6-c7!

准确的等着！黑方运用三角形等王技巧来进行防守，如 5. … 王 d7 则 6. 王×d5 之后，白胜。

6. 王 e5×d5　王 c7-d7!

黑方争得主动对王，占据了防守的关键格，和棋。

当一方得兵后，又能占领己方兵的关键格时，则能够取胜。

如图23，白王已占领了黑兵的关键格，而且白方的兵高于黑兵，这两点优势是重要的，因此，无论该谁走，白方都能获胜。着法如下：

白先：1. 王 f6-e7!

不能走 1. 王 e6？因 1. … 王 c5! -+，黑方得兵，胜负易手。

图23

## 第五章　残局基础

1. ……　　王 b6-c7

如 1. … 　王 c5 则 2. 王 e6 下着吃兵，白胜。

2. 王 e7-e6　　王 c7-c8　　3. 王 e6×d6

白方运用三角形等王得兵，同时也占领了 d5 兵的关键格。

3. ……　　王 c8-d8　　4. 王 d6-e6　　王 d8-e8

虽然主动对王但由于黑王在底线了，因此，也无法守和。

5. d5-d6　　王 e8-d8　　6. d6-d7　　王 d8-c7

7. 王 e6-e7　白胜。

黑先：1. ……　王 b6-c5（c7）2. 王 f6-e6+-

形成已熟悉的局面，白胜。

由于知道了兵高的重要意义，图 24 的例局便可运用此原理，轻松转化为胜利。

图 24，白先。

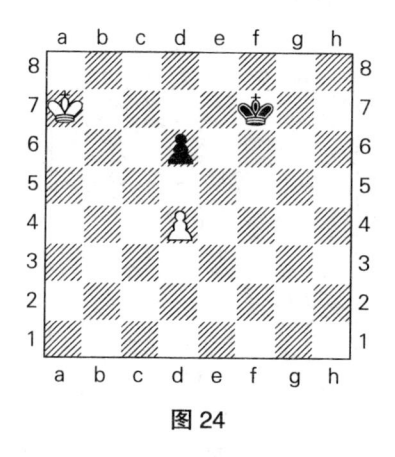

图 24

1. d4-d5！

及时冲兵，取胜的关键。如 1. 王 b6，则 1. … 　d5！

2. 王 c6　王 e7　3. 王×d5　王 d7。黑方虽失兵，但黑王占领了防守的关键格，和棋。

1. ………… 王 f7-e7   2. 王 a7-b6   王 e7-e8
3. 王 b6-c6   王 e8-e7   4. 王 c6-c7   王 e7-e8
5. 王 c7×d6   +-

白方得兵，同时又占领了 d5 兵的关键格，d5 兵必能升后，白胜。

### (2) 相邻兵

这里的相邻兵指的是双方兵在相邻直线上，相互影响对方兵的前进情况。这时局面较差的一方能否求和往往取决于能否使对方兵的关键格起变化的可能性，因而使对方得兵而不得胜。

如图 25，双方为相邻兵，白方王的位置好，如白方先走，则 1.王 e4 下着吃兵即可获胜。现轮黑方先走，黑方通过主动弃兵，迫使白方兵的关键格产生了变化，因而成功守和。

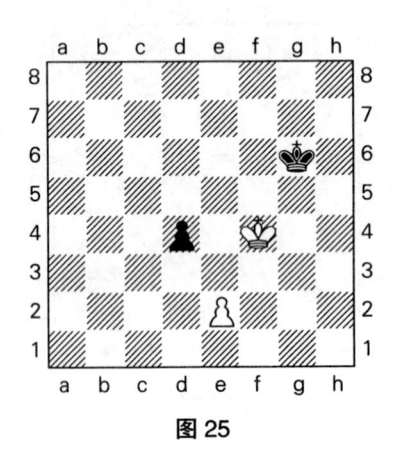

图 25

1. ………… d4-d3!

及时弃兵，好棋！白方吃兵后，兵的关键格产生了变化，

## 第五章　残局基础

黑方主动对王，使白王无法占领 d3 兵的关键格。黑方如不主动弃兵而走 1. ⋯ 　王 f6，以下的变化是：2. 王 e4　王 e6 3. 王×d4，白胜。

2. e2×d3　　　王 g6-f6　　3. 王 f4-e4　　王 f6-e6
4. 王 e4-d4　　王 e6-d6！

白方虽得兵但不能得胜，和棋。

图 26，白先。白王离兵近，显然是白方优势局面，但白方要将优势转化为胜利，必须要小心谨慎，正确判断局面和准确的计算是十分必要的，否则稍有不慎，将错失取胜机会。

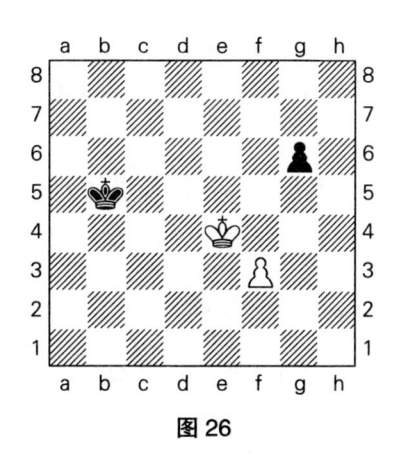

图 26

请看以下变化：

白方如 1.王 f4 直接去吃兵，则 1. ⋯ 　王 c4　2. 王 g5 王 d4　3. 王×g6　王 e3 和棋。

又如 1. 王 d5 则 1. ⋯ 　王 b4　2. 王 e5　王 c4　3. 王 f6 王 d4　4. 王×g6　王 e3，仍是和棋。

排除以上两路变化，白方通过准确地计算找到了获胜之路。着法如下：

1. 王 e4-d4！

有力的调动，白王在走向黑兵同时，又要阻碍黑王的行动，这种着法，称为"肩冲"肩冲手段在王兵残局中经常使用。

1. ………… 王 b5-c6

被迫之着，如 1.……王 b4 则 2.f4 白方胜势。

2. 王 d4-e5！

再次运用"肩冲"手法挤迫黑王。

2. ………… 王 c6-c5

如 2.… 王 d7 则 3. 王 f6。

3. f3-f4！   王 c5-c4   4. 王 e5-f6   王 c4-d4

5. 王 f6×g6+-

白方终于吃掉黑方相邻兵，白兵可顺利前进了，白胜。

图 27，白先。

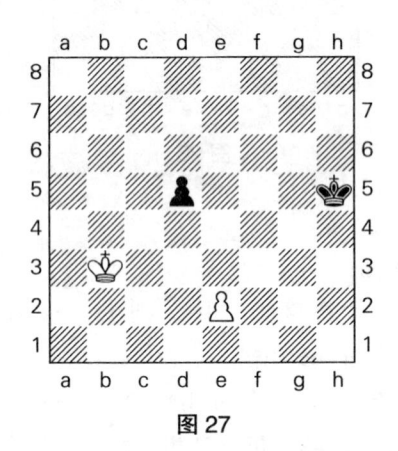

图 27

双方相邻兵相距两横排，白王位置占优，白王通过准确地调动，形成王吃掉黑兵的同时，也占领了己方兵的关键格局面。

1. 王 b3-b4！

如 1. 王 c3，则 1. … 王 g5  2. 王 d4  王 f4 和棋。

1. …………  王 h5-g5    2. 王 b4-c5    王 g5-f4
3. 王 c5-d4！ 王 f4-f5    4. 王 d4×d5+-

白王吃掉相邻兵，又占领了己方兵的关键格，白胜。

如图 28，白王被困在边线，形势不妙，又轮黑方走棋，但白方冷静防守，运用关键格理论找到了准确的弃兵时机，成功守和。着法如下：

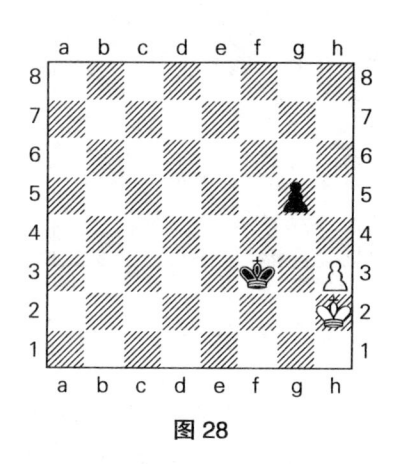

图 28

1. …………  王 f3-f2    2. 王 h2-h1！

冷静之着，如冲动地走 2. h4 则 2. … g4  3. h5  g3+ 4. 王 h3  h2  5. h6  g1（后）黑胜。

2. ………… 王 f2–g3  3. h3–h4!

恰到好处的弃兵，守和的关键。

3. ………… 王 g3×h4

黑方被迫用王吃兵，如 3. … g×h4 显然是和棋，因为黑王无法占领 h 兵的关键格；如 3. … g4，则 4. 王 g1！王×h4 5. 王 h2 和棋。

4. 王 h1–h2!

白方准确弃兵，争得主动对王，和棋。

图 29，白先。

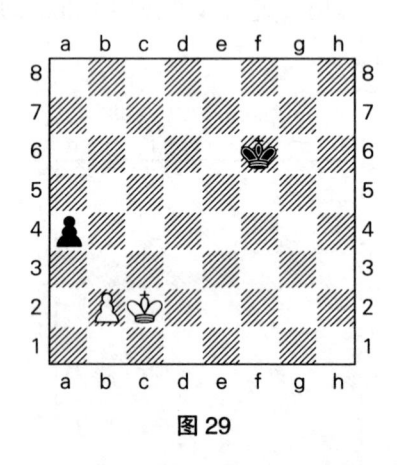

图 29

白方形势占优，但是，要想取胜，还需冷静。黑方 a4 兵像一枝带刺的玫瑰，如不小心会扎破手的，通过分析局面与精确计算，白方采用迂回作战的方法，巧妙地摘到这枝带刺的玫瑰。

如白方急于求成走 1. 王 c3 则黑方 1. … a3! 金蝉脱壳! 以下有三种变化，白方均无法取胜。这里的道理就像数学中的四则计算：如果你第一步就计算错了，尽管以下几步计算正确，但结果肯定是错误的。

请看以下三种变化：

①2. ba 王 e6 3. 王 c4 王 d6 4. 王 b5 王 c7 5. 王 a6 王 b8 和棋。

②2. b3 王 e5 3. 王 c2 王 d4 4. 王 b1 王 c3 5. 王 a2 王 b4 6. 王 a1 王×b3 和棋。

③2. b4 王 e5 3. 王 b3 王 d5 4. 王×a3 王 c6 5. 王 a4 王 b6 6. b5 王 b7 7. 王 a5 王 a7 和棋。

白方以关键格理论为指南，仔细分析了上述可能出现的变化，找到了取胜之路，着法如下：

1. 王 c2–b1！ a4–a3！ 2. b2–b3！ 王 f6–e5
3. 王 b1–a2 王 e5–d5 4. 王 a2×a3 王 d5–c5
5. 王 a3–a4 王 c5–b6 6. 王 a4–b4！

白方采用迂回战术，以退为进，在吃掉相邻兵之后，争得主动对王，白胜。

### (3) 通路兵

通路兵是双方互不阻碍，这时双方都尽力争取使己方兵先升变，并阻止对方兵升变。对局的胜负取决于谁的兵先升变。如双方均不能升变，则为和棋。

如图 30，双方局面均等，对局结果取决于谁先走。如白方先走：

1. h4–h5 b5–b4
2. h5–h6 b4–b3
3. h6–h7 b3–b2

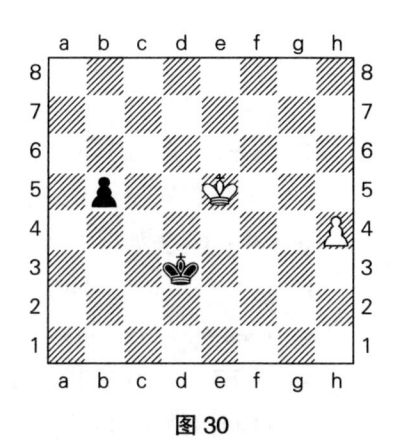

图 30

4. h7-h8（后）　　b2-b1（后）　　5. 后 h8-h7+

白方将军抽后，白胜。

如黑方先走，则黑胜。取胜方法相同，请自行演变。

如图 31，双方兵一样高，但由于黑王的位置不好（在白兵升变格 b8-h2 的大斜线上）。因此结果不同；如白方先走白胜，如黑方先走是和棋。白先，着法如下：

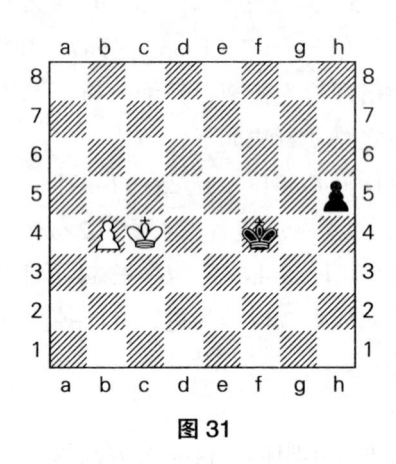

图 31

1. b4-b5　　王 f4-e5　　2. b5-b6　　王 e5-d6
3. 王 c4-b5!　　h5-h4　　4. 王 b5-a6　　h4-h3
5. b6-b7　　h3-h2　　6. b7-b8（后）+

白方升后将军把黑 h2 兵抽吃，白胜。

如黑先，着法如下：

1. …………　　h5-h4　　2. b4-b5　　王 f4-e5
3. 王 c4-c5!　　h4-h3　　4. b5-b6　　h3-h2
5. b6-b7　　h2-h1（后）6. b7-b8（后）+

双方同时升后，和棋。

如图 32，黑方兵高，而白王位于 g6 正在 b1-h7 大斜线上，白方先走，为了求和，在追兵的同时巧妙地避开了黑兵升变之后的将军，成功守和。着法如下：

1. 王 g6-f5！　王 b6-c5
2. 王 f5-e4！　王 c5-c4
3. 王 e5-e3！　王 c4-c3

白王在进入黑兵正方形的同时避开了 b1-h7 大斜线，着法细腻。

以下双方开始冲兵：

4. g2-g4　　 b5-b4
5. g4-g5　　 b4-b3
6. g5-g6　　 b3-b2
7. g6-g7　　 b2-b1（后）
8. g7-g8（后）

同时变后，形成单后对单后的官和局面。

图 32

图 33

图 33，白先。

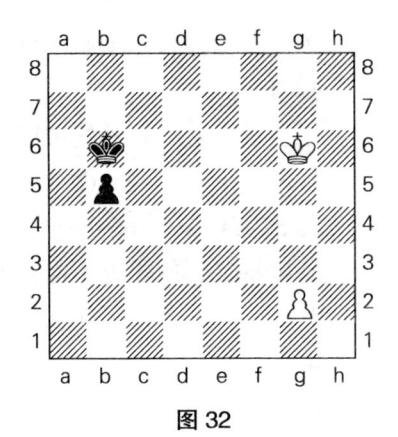

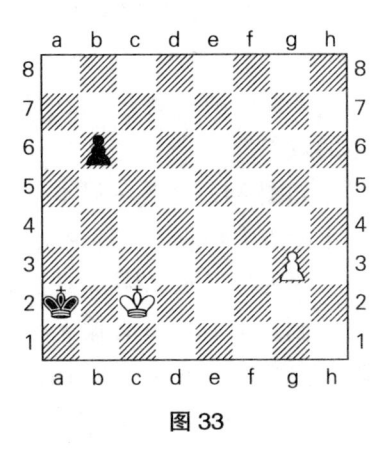

本例局粗算白方若直接冲兵即可获胜，但黑方在此之前可利用冲兵带将赢得一先而成和，变化如下：

1. g3-g4？　 b6-b5　　2. g4-g5　　 b5-b4
3. g5-g6　　 b4-b3+　 4. 王 c2-c3　 b3-b2
5. g6-g7　　 b2-b1(后)  6. g7-g8(后)+　王 a2-a1！

和棋。

因此，白方要用细腻准确的着法取胜：

1. 王 c2-c3！

必要的一着，获胜的关键。

1. ………… 王 a2-a3 2. 王 c3-c4 王 a3-a4

3. g3-g4 b6-b5+ 4. 王 c4-d3！

既避将又迫使黑方不能 4. … b4，因 5.王 c2 白方胜势。

4. ………… 王 a4-a3 5. g4-g5 b5-b4

6. g5-g6 b4-b3 7. g6-g7 b3-b2

8. 王 d3-c2！

着法细腻，迫使黑王到不利的 a2 格。

8. ………… 王 a3-a2 9. g7-g8（后）+白胜。

下面的两个例子，说明王的行动具有双重目的调动时所产生的效果。

如图 34，这是一局十分著名的排局，由著名的斯洛伐克棋手特级大师兼棋艺理论家列奇所创作。

白王位于 h8 角格，在黑 h5 兵正方形之外，而白兵已被黑王控制，乍看白方必输无疑，然而白方运用王的双重目的的调动给白方带来了希望。白先，着法如下：

1. 王 h8-g7！

白王沿斜线行进，静观其变，黑方有以下两种选择：

① 1. …… 王 a6-b6

2. 王 g7-f6 h5-h4

3. 王 f6-e5！

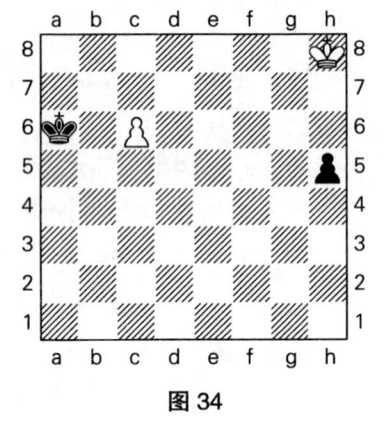

图 34

一着两用威胁 4. 王 f4 吃兵和 4. 王 d6 保兵。

3. ……            h4–h3         4. 王 e5–d6！  h3–h2
5. c6–c7          王 b6–b7      6. 王 d6–d7    和棋。
②1. ……           h5–h4         2. 王 g7–f6    h4–h3
3. 王 f6–e7！     h3–h2         4. c6–c7       王 a6–b7
5. 王 e7–d7       和棋。

白方利用王的双重调动，成功地化险为夷，似这样独出心裁的构思，很有教益。

如图 35，白先。

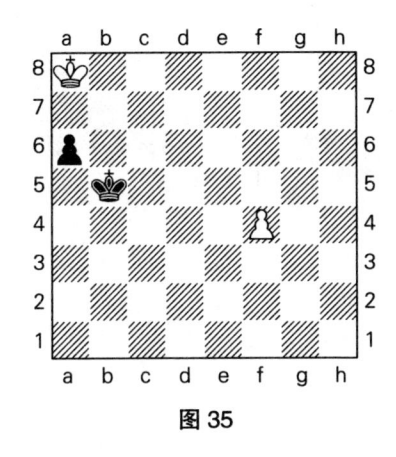

图 35

与上局相似白方看似无望，但仍可利用双重目的的调动，求得和棋。

1. 王 a8–b7！     a6–a5         2. 王 b7–c7    王 b5–c5
如 2. … a4 则 3. f5 以下双方兵对冲，同时变后，和棋。
3. 王 c7–d7       王 c5–d5      4. 王 d7–e7    王 d5–e4

白兵必丢，黑方以为胜利在望，但白方早有成算。

5. 王e7-e6！　王e4×f4　　6. 王e6-d5

白王成功地进入黑兵正方形内，和棋。

## 练习题

完成习题1~习题8。

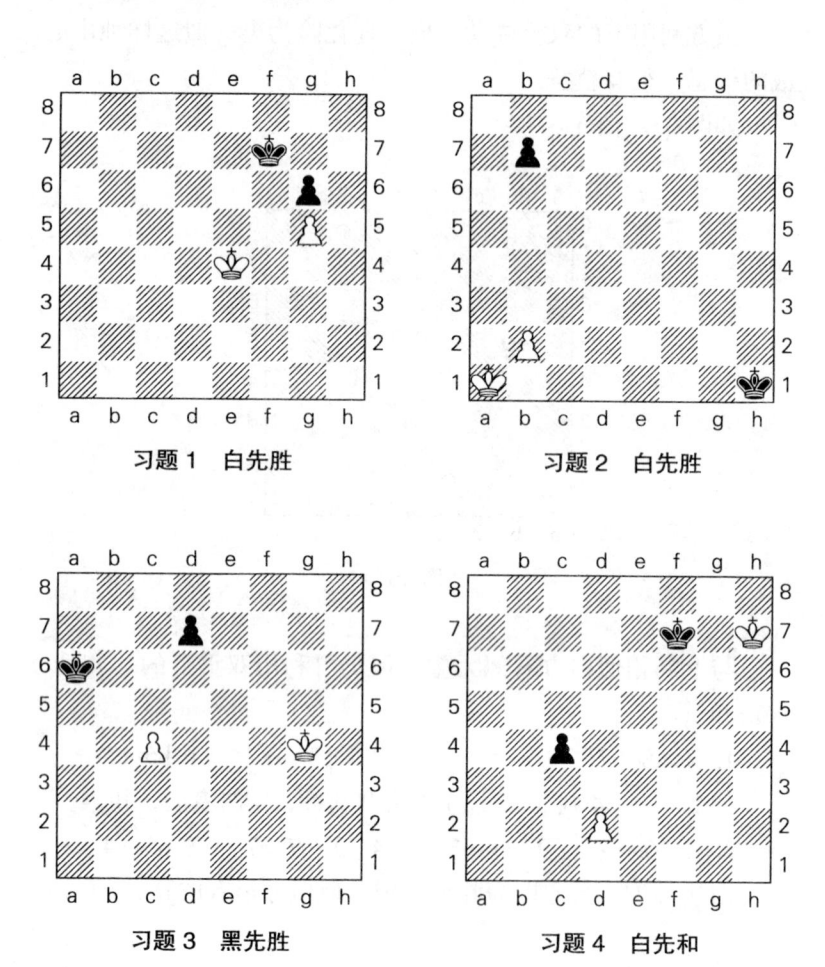

习题1　白先胜

习题2　白先胜

习题3　黑先胜

习题4　白先和

习题 5　白先胜　　　　　　　习题 6　白先胜

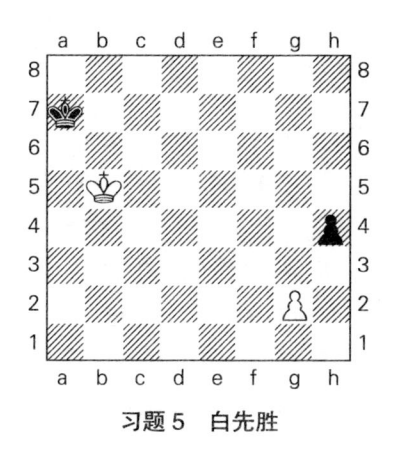

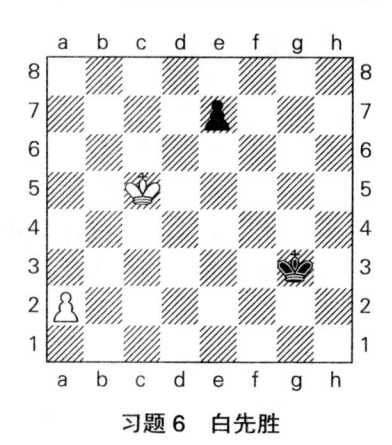

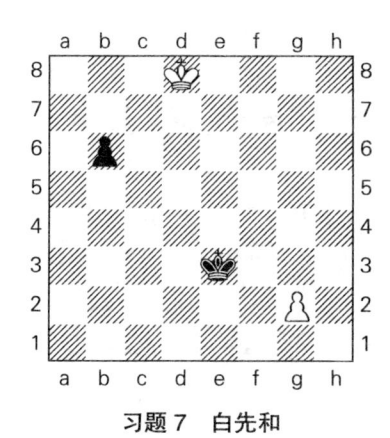

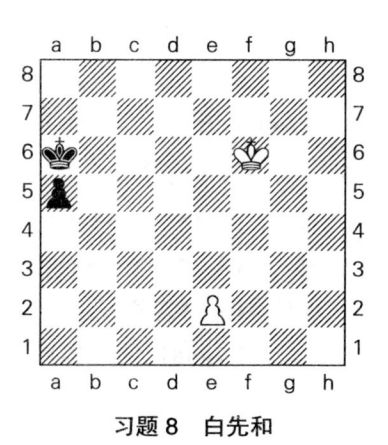

习题 7　白先和　　　　　　　习题 8　白先和

**练习题解答**

习题 1，白先胜。

| 1. 王 e4-d5！ | 王 f7-e7 | 2. 王 d5-e5！ | 王 e7-f7 |
| 3. 王 e5-d6 | 王 f7-f8 | 4. 王 d6-e6 | 王 f8-g7 |
| 5. 王 e6-e7 | 王 g7-g8 | 6. 王 e7-f6 | 王 g8-h7 |
| 7. 王 f6-f7 | 王 h7-h8 | 8. 王 f7×g6 | 白胜。 |

215

习题2，白先胜。

1. 王a1–b1！

取胜的关键要着，如1. 王a2将失去胜机，因以下是1. … 王g2 2. 王b3 王f3 3. 王c4 王e4 4. b4 王e5 5. 王c5 王e6 6. 王b6 王d5 和棋。

1. ………… 王h1–g2 2. 王b1–c2 王g2–f3

3. 王c2–d3 王f3–f4 4. 王d3–d4 王f4–f5

5. 王d4–d5 王f5–f6 6. 王d5–d6 王f6–f7

7. b2–b4 王f7–e8 8. 王d6–c7 b7–b5

9. 王c7–b6 白胜。

习题3，黑先胜。

1. ………… 王a6–a5！

好棋！如1. … 王b6？则2. 王f5 王c5 3. 王e5 d6+ 4. 王e6 均势。

2. 王g4–f5 王a5–b4 3. 王f5–e5 王b4–c5！

4. 王e5–e4 王c5×c4 黑胜。

习题4，白先和。

1. 王h7–h8！ 王f7–f6 2. 王h8–g8 王f6–e5

3. 王g8–f7 王e5–d4 4. 王f7–e6 王d4–d3

5. 王e6–d5 和棋。

习题5，白先胜。

1. 王b5–c6！

好棋！运用"肩冲"战术争到宝贵的一先。

如1. 王c5？则1. … 王b7 2. 王d6 王c8 3. 王e7 王c7 4. 王f6 王d6 5. 王g5 h3！6. g×h3 王e7 7. 王g6 王f8 和棋。

1. ………… 王a7–b8 2. 王c6–d7！ 王b8–b7

3. 王 d7-e6　　王 b7-c8　　4. 王 e6-f5　　h4-h3
5. g2×h3　　　王 c8-d8　　6. 王 f5-f6　　王 d8-e8
7. 王 f6-g7 白王抢占到边兵关键格，白胜。

习题 6，白先胜。

1. a2-a4!　　　e7-e5　　　2. a4-a5　　　e5-e4
3. 王 c5-d4　　王 g3-f4　　4. a5-a6　　　e4-e3
5. 王 d4-d3!　王 f4-f3　　6. a6-a7　　　e3-e2
7. a7-a8(后)+ 王 f3-f2　　8. 后 a8-f8+　王 f1-e1
9. 后 f8-f4　　王 e1-d1　　10. 后 f4-d2#

习题 7，白先和。

1. g2-g4!　　　王 e3-f4　　2. 王 d8-e7!　b6-b5
3. 王 e7-f6!　王 f4×g4　　4. 王 f6-e5

白王进入 b5 兵的方形区内，和棋。

习题 8，白先和。

1. 王 f6-e5!　王 a6-b5　　2. 王 e5-d4　　王 b5-b4
3. 王 d4-d3　　王 b4-b3　　4. 王 d3-d2　　王 b3-b2
5. e2-e4　　　a5-a4　　　6. e4-e5　　　a4-a3
7. e5-e6　　　a3-a2　　　8. e6-e7　　　和棋。

## （四）王双兵对王单兵

在双兵对单兵的情况下，虽然子力优势是微小的，但这一优势大多情况可以取胜，不过也有一些例外。根据兵的不同位置，我们把兵分（多兵）为三种情况：（1）叠兵；（2）孤兵；（3）联兵。下面分别举例说明。

### ⑴ 叠兵

叠兵比联兵和孤兵的力量要小，但它具有等着，侧面的自卫，控制重要格位等作用。

图 36，白先。

白方多一兵，王的位置也好，取胜着法如下：

1. 王 e6–f6　　王 d4–e4
2. g5–g6!　　h7×g6
3. g3–g4!

不能 3. 王×g6，因 3. ……王 f3 均势。

3. …………　王 e4–f4
4. g4–g5

黑兵必失，白兵必升后，白胜。

图 37，白先。

白方运用王的肩冲和兵的适时交换取胜。

1. 王 e5–f5!　　王 f3–g3　　2. h5–h6!　　g7×h6
3. h4–h5　　　王 g3–h4　　4. 王 f5–g6　　王 h4–g4
5. 王 g6×h6　　王 g4–f5　　6. 王 h6–g7　　白胜。

图 38，白先。

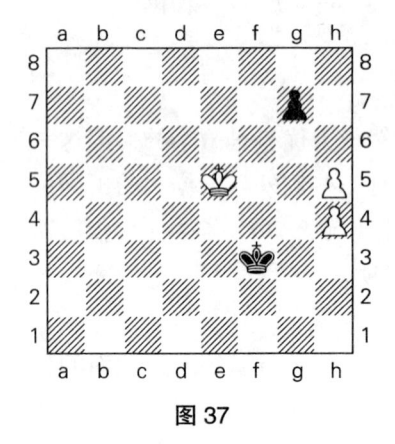

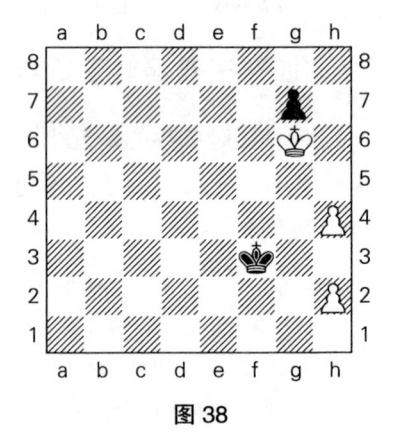

图 37

图 38

1. 王 g6–f5!

好棋！白方不急于吃兵，而先对王限制黑王到 g4。

1. ⋯⋯⋯　王 f3–g2　　2. h4–h5　　王 g2–h3!

如 2. ⋯　王×h2 则 3. 王 g6 白方将速胜。

3. 王 f5–g5!

如 3. 王 g6 则 3. ⋯　王 g4 双方互吃兵，和棋。

3. ⋯⋯⋯　王 h3×h2　　4. 王 g5–g6　　王 h2–h3

5. 王 g6×g7　王 h3–h4　　6. h5–h6　　白胜。

图 39，白先。

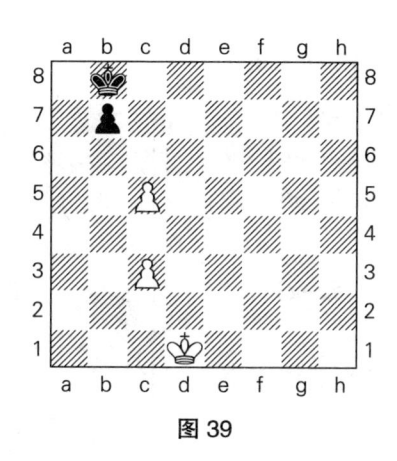

图 39

白方以最快的速度上王，并利用等着，迫使黑方从范。取胜过程如下：

1. 王 d1–c2!　王 b8–c7　　2. 王 c2–b3　　王 c7–d7
3. 王 b3–b4!　王 d7–c6　　4. 王 b4–c4　　王 c6–d7
5. 王 c4–b5　王 d7–c7　　6. c3–c4!

宝贵的等着，胜利在望。

6. ⋯⋯⋯　王 c7–d8　　7. 王 b5–b6　　王 d8–c8

8. c5–c6　　　b7×c6

9. 王 b6×c6

至此，形成已熟悉的必胜局面。

图 40，白先。

乍一看，白王追不上黑兵必输无疑。但白王巧妙地进入自建的"避风港"，成功守和。

1. 王 f7–f6！　　g5–g4
2. 王 f6–g6　　　g4–g3

如 2. …… 王 g8 则 3. h7+ 王 h8　4. 王 g5　g3　5. 王 g6！　g2　6. 王 h6 和棋；或 4. 王 h6　g3　5. 王 g6　g2　6. 王 h6，和棋。

3. h6–h7　　　g3–g2
4. 王 g6–h6

下着黑方无论变后或变车都是逼和局面。

图 41，白先。

本例局说明由于叠兵对于对方王的侧面攻击有防守能力，因此争得时间，抢先变后带将而获胜。

1. a4–a5　　王 d4–c5　　2. a2–a4！　王 c5–d6
3. 王 e8–d8　　c6–c5　　4. a5–a6！　王 d6–c6
5. a4–a5！　　c5–c4　　6. 王 d8–c8　　c4–c3
7. a6–a7　　　c3–c2　　8. a7–a8（后）＋

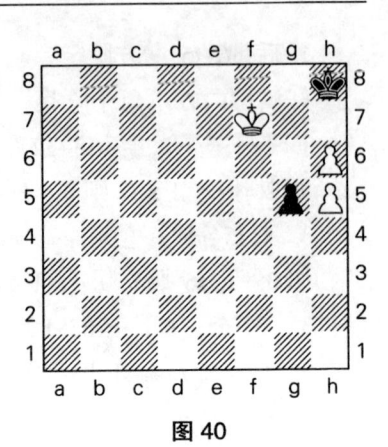

升后带将，白方胜定。

## (2) 孤兵

如果强方的兵都是通路兵，而弱方的兵无升后的可能，一般不难取胜。

如果强方只有一只通路兵，另一只兵和弱方的兵是对头兵或相邻兵时，那么结果就取决于王单兵对王的残局中所具备的条件。

图 42，白先。

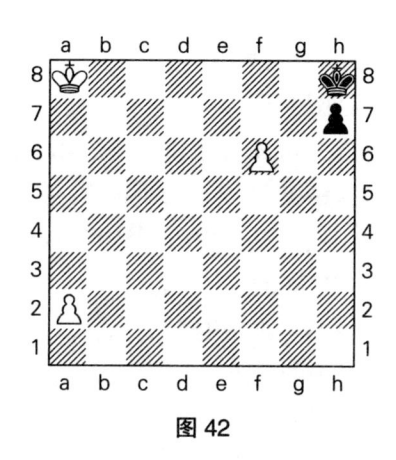

图 42

强方的兵都是通路兵，白方利用王的双重调动，互解了黑方的反击，使多一兵的优势，兑现为胜利。

1. 王 a8-b7！　　h7-h5　　2. 王 b7-c6！　王 h8-g8

被迫之着，否则 3. 王 d7 保护 f6 兵升后。

3. 王 c6-d5

白王进入黑兵方形区，黑兵必失。

3. ………　　王 g8-f7　　4. a2-a4！　　王 f7×f6

5. a4-a5

至此，白方胜定，余着从略。

如图43，强方的兵也都是通路兵，但白王离黑兵较远，而黑王在白兵附近，对局结果取决于该谁走棋。

如白先，由于a6黑兵在白王的方形区内，白方可走1. h2-h4! 形成与f3兵互保状态，以解放己方王消灭黑兵，然后再支持己兵升后取胜。

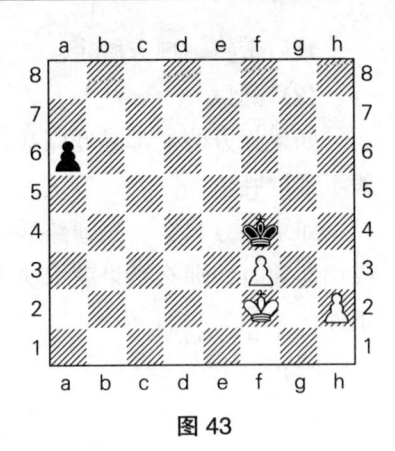

图43

如黑方先走，黑方可成功守和。着法如下：

1. ……………  a6-a5!    2. 王f2-e2    a5-a4

及时冲兵，吸引白王，使白方无法形成两兵互保的局面。

3. 王e2-d2    王f4×f3    4. 王d2-c3    王f3-g4!

以下双方互相吃兵，形成必和局面。

下面的例子较为复杂，黑方多一兵，但王位于边线，且b线兵对顶，而白王位置较好，它弥补了少兵的不利因素。经过分析，白王以准确的调动，成功守和。

图44，白先。

1. 王e5-f5!

白王不能去吃f7兵，因为黑王可用迂回战术吃掉b5兵而取胜。

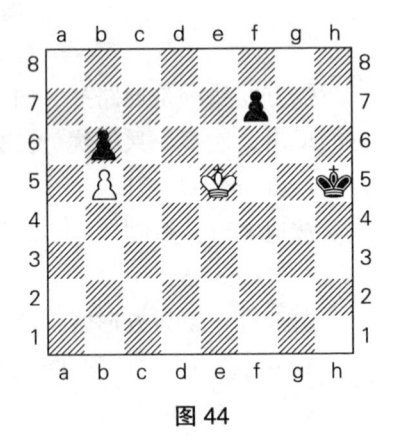

图44

1. …………　王 h5–h4　2. 王 f5–f4　王 h4–h3
3. 王 f4–f3　王 h3–h2　4. 王 f3–f2!　f7–f6
5. 王 f2–f3　王 h2–g1　6. 王 f3–e4!

王的双重调动，求和的关键。

6. …………　王 g1–f2　7. 王 e4–d5!　f6–f5
8. 王 d5–c6　f5–f4　9. 王 c6×b6

以下双方兵对冲，将同时变后，和棋。

### (3) 联兵

如果双方都是通路兵，胜、和取决于强方的王能否阻拦对方的兵。如能阻拦住，取胜不难；若阻拦不住，多兵优势自然失去作用，则结果取决于谁先升后。

如图 45，白王阻拦着黑兵，而黑王负担太重无法兼顾白方兵的挺进和保护已方兵的双重任务。因此不论该谁走，白方均可获胜。着法如下：

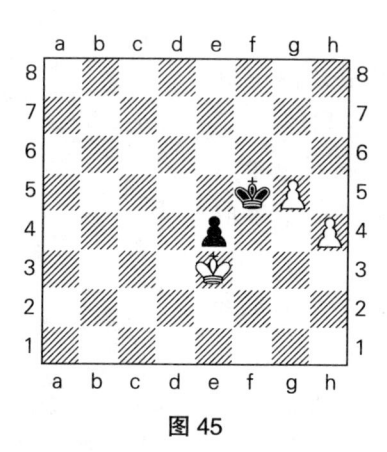

**图 45**

黑先：1. ……　王 f5–e5　2. g5–g6　王 e5–f6　3. h4–h5 白胜。

白先，用我们已知的三角形等着的方法即可获胜。着法如下：

1. 王 e3-f2　　王 f5-g6　　2. 王 f2-e2！　王 g6-f5
3. 王 e2-e3

白方完成了换先，白胜。又如 2. 王 g2　王 f5　3.王 g3 白胜。

图 46，白先。

白方虽多一兵，但王位置不好，形势不妙，于是采用弃兵的妙手引离黑王，转危为安。

1. g2-g4+！　王 h5×g4

黑方如拒吃弃兵走 1. …王 g5，以下是 2. 王 g7　c5 3. h4　王×h4　4. 王 f6 和棋。

2. 王 h7-g6　　c7-c5

3. h2-h4！　　王 g4×h4

4. 王 g6-f5

弃兵引离黑王，白王进入 c5 兵的方形区，和棋。

图 47 是王双兵对王单兵的典型局面，最终的结果取决于该谁走棋。

如白方先走，结果是和棋。

1. 王 f4-e4　王 f6-e6
2. 王 e4-d4　王 e6-d6
3. 王 d4-c4　王 d6-e5

和棋。或 1. h5　王 e6

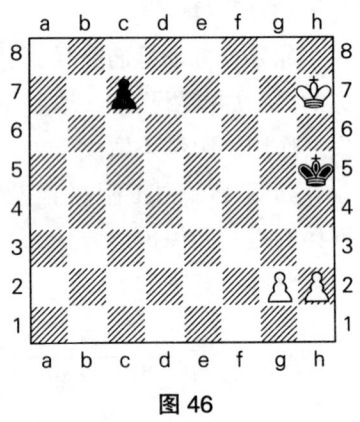

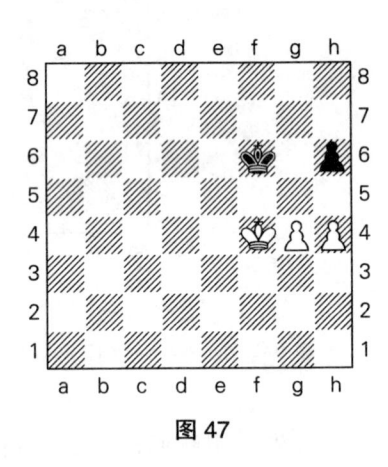

图 46

图 47

## 第五章 残局基础

2. 王 e4　王 f6　3. 王 f3　王 g5　4. 王 g3　王 f6　5. 王 f4 王 e6 和棋。

如果黑方先走，则为白胜。

1. ……………　王 f6-e6　　2. 王 f4-e4　　王 e6-f6
3. 王 e4-d5　王 f6-g6　　4. 王 d5-e5　　王 g6-g7
5. 王 e5-f5　王 g7-f7　　6. h4-h5

黑兵必丢，白胜。

又如 1. … h5　2. g5+　　王 e6　3. 王 e4 白胜。

图 48，白先。

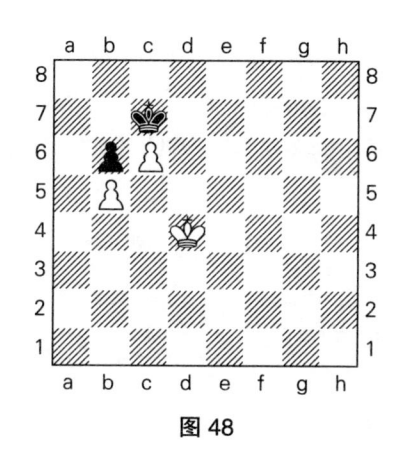

图 48

白方算清变化，在适当的时机大方地弃掉己方的通路兵，随即侵入黑兵的关键格，干掉黑兵而轻松获胜。似这样把优势兑现为胜势的行棋技巧值得借鉴。着法如下：

1. 王 d4-d5　王 c7-c8　2. 王 d5-d6　王 c8-d8
3. c6-c7+　王 d8-c8　　4. 王 d6-e6！　王 c8×c7
5. 王 e6-e7

至此，黑方 b6 兵必丢，白兵必将升后，白胜，下略。

225

如图 49，白方的有根通路兵在 a5 时，而黑兵的关键格之一（e5 格）就处在 a5 兵的方形区之外了，这样黑王就无法兼顾 e5 格了。因此本局面无论白王在于何处，无论该谁走棋，黑方均无法守和。如黑先走：

1. ………… 王 d6-d5
2. 王 h1-g2 王 d5-c6
3. 王 g2-f3 王 c6-d5
4. 王 f3-e3 王 d5-d6
5. 王 e3-e4 王 d6-c6
6. 王 e4-e5

图 49

白王已侵入黑兵的关键格，黑兵必丢，白胜。

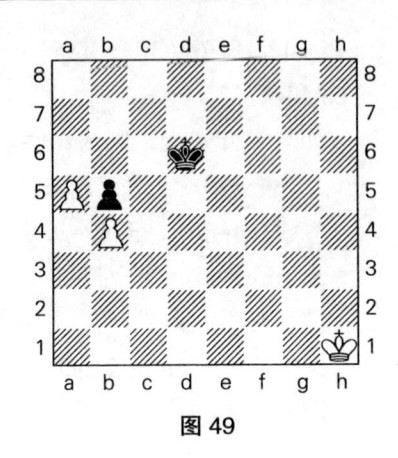

## 练习题

请完成习题 1~习题 8

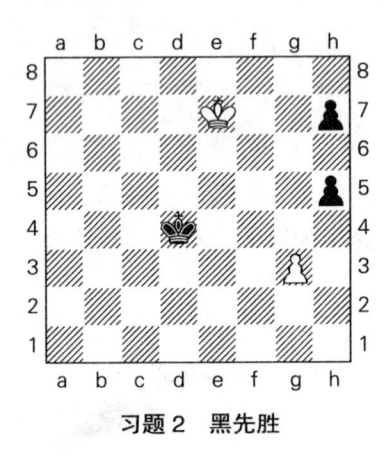

习题 1 白先和

习题 2 黑先胜

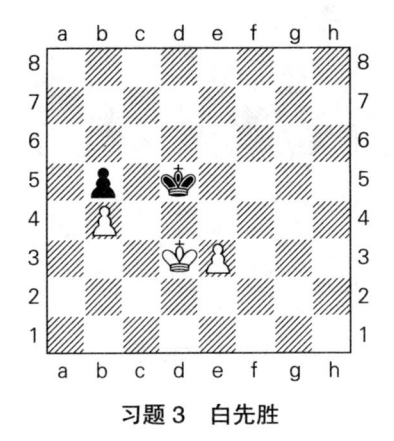

第五章 残局基础

习题 3　白先胜

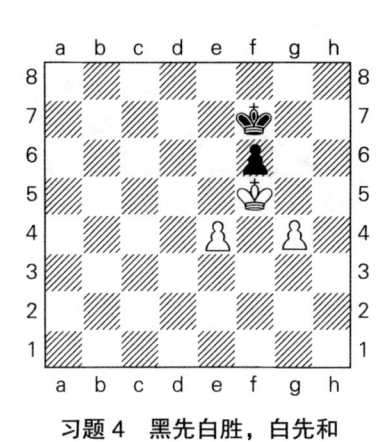

习题 4　黑先白胜，白先和

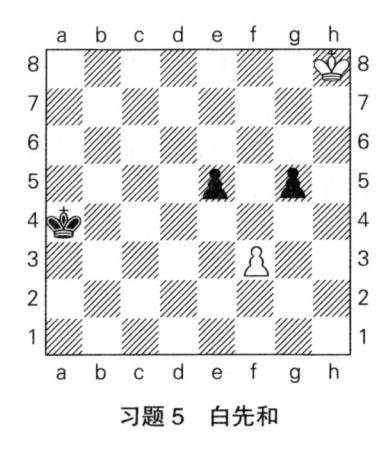

习题 5　白先和

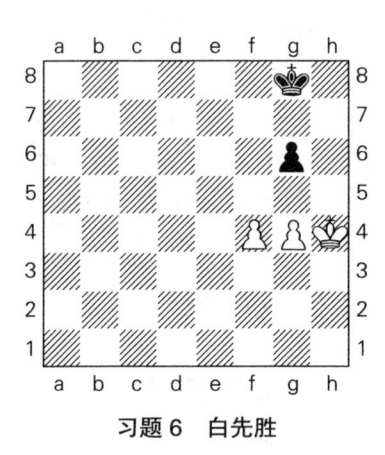

习题 6　白先胜

习题 7　白先胜　　　　　　习题 8　白先胜

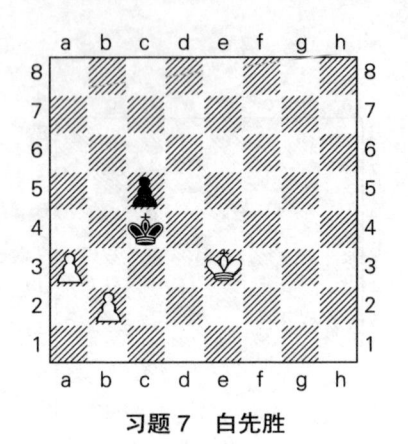

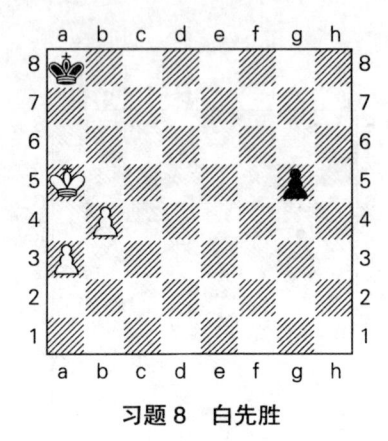

**练习题解答**

习题1，白先和。

1. 王g2-f1！（若 1. 王g3？ 王d4　2. 王f3　王c4　3. 王e3　王×b5　4. 王d4　王×b6　5. 王c4　王a5-+）

| 1. ………… | 王e3-d2 | 2. 王f1-f2 | 王d2-d3 |
| 3. 王f2-e1！ | 王d3-c4 | 4. 王e1-d2 | 王c4×b5 |
| 5. 王d2-c3 | 王b5×b6 | 6. 王c3-b4 | 和棋。 |

习题2，黑先胜。

1. ………… 王d4-e5！　2. 王e7-f7　王e5-f5

3. 王f7-g7　h5-h4！（如 3. …… 王g4 则 4. 王h6！=）

| 4. g3×h4 | h7-h5 | 5. 王g7-f7 | 王f5-g4 |
| 6. 王f7-f6 | 王g4×h4 | 7. 王f6-f5 | 王h4-g3 |
| 8. 王f5-e4 | h5-h4 | 黑胜。 |

习题3，白先胜。

1. e3-e4+　王d5-e5　2. 王d3-e3　王e5-e6

3. 王 e3-d4    王 e6-d6    4. e4-e5+    王 d6-e6

5. 王 d4-c5    王 e6×e5    6. 王 c5×b5    王 e6-d6

7. 王 b5-b6    王 d6-d7    8. 王 b6-b7    白胜。

习题4，黑先白胜，白先和。

黑先：1. ……王 f7-e7（如 1. … 王 g7 则 2. g5！+-）

2. e4-e5！（如 2. 王 g6？则 2. … 王 e6=）f6×e5

3. 王 f5×e5    王 e7-f7    4. 王 e5-f5    王 f7-g7

5. 王 f5-g5！   白胜。

白先：1. 王 f5-f4    王 f7-g6（如 1. … 王 e6=）2. 王 f4-f3    王 g6-h6    3. 王 f3-g3    王 h6-g6    4. 王 g3-f4    王 g6-g7    5. g4-g5    王 g7-g6！  6. g5×f6    王 g6×f6 和棋。

习题5，白先和。

1. 王 h8-h7！[如 1. 王 g7 则 1. … e4！2. f×e4    g4    3. e5    g3    4. e6    g2    5. e7    g1（后）升后带将，白兵无法升后，黑方胜势]

1. ……        王 a4-b4    2. 王 h7-h6！   e5-e4

3. f3×e4       g5-g4      4. e4-e5       王 b4-c5

5. e5-e6       王 c5-d6    6. 王 h6-g5！  g4-g3

7. 王 g5-f6    g3-g2      8. e6-e7       和棋。

习题6，白先胜。

1. 王 h4-g3（如 1. g5 则 1. … 王 f7    2. 王 g3    王 e6    3. 王 f3    王 f7！4. 王 e3    王 e7=）1. ……    王 g8-f7    2. 王 g3-f3    王 f7-e7    3. 王 f3-e3    王 e7-d7    4. 王 e3-e4    王 d7-e6    5. g4-g5！

关键的等着，使黑方陷入困境，白方胜势。

习题7，白先胜。

1. a3-a4！（如1.王d2则1.… 王b3 2.王c1 c4 3.王b1 c3 4.b×c3 王×c3，和棋）王c4-b4

2. 王e3-d3 王b4-a5 3. 王d3-c3！（如3.王c4则3.… 王×a4；或3. b3 王b4）王a5×a4

4. 王c3-c4+-

下着王×c5，b2兵必将升后，白胜。

习题8，白先胜。

1. 王a5-b6 g5-g4（如1.… 王b8则2.王c5 g4 3.王d4，白胜）

2. 王b6-c7 g7-g3 3. b4-b5 g3-g2 4. b5-b6 g2-g1（后）5. b6-b7+ 王a8-a7 6. b7-b8（后）+ 王a7-a6 7. 后b8-b7+！王a6-a5

8. 后b7-b4+ 王a5-a6    9. 后b4-a4#

可不能冲动走9. 后b6，那将痛失好局，因有9.… 后×b6，黑胜。

尽管黑方先升后，但白方早已胸有成竹，通过精准计算，运用巧妙的连杀，捷足先蹬。

# 二、各种子力对单兵

## （一）后对兵

后对单兵，在多数情况下，后方很容易取胜。但也有例外，如当单兵在王的支持下已达到次底线（2、7横线）时，则有和棋的可能。

我们先看一个位于中路线3线兵的情况。

图 50，白先。

白方只要用后顶住兵，就很容易取胜。

着法如下：

1. 后 a8-e4+　王 e2-d2
2. 王 h8-g7　王 d2-c3
3. 王 g7-f6　d3-d2
4. 后 e4-b1！　王 c3-d4
5. 王 f6-f5　王 d4-e3
6. 后 b1-d1

黑兵必失，白胜。

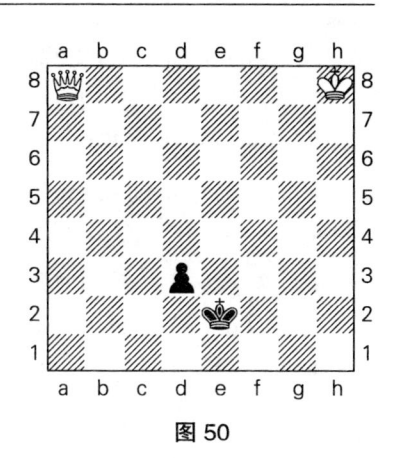

图 50

下面我们主要分析兵在次底线时的情况。由于兵在不同直线，其结果不尽相同，因此，下面我们以兵所在直线分：（1）中路兵（或马前兵），（2）象前兵，（3）车前兵。三种情况分别举例说明。

## (1) 中路兵（或马前兵）

单后胜中路兵的方法是：后方用照将的手段逐步接近兵，迫使对方的王进入兵前方格子，从而赢得时间上王，使王逐渐接近兵，然后支持后消灭兵，形成单后杀王的必胜局面。

图 51，白先。

1. 后 d8-e7+　王 e2-f2
2. 后 e7-d6　王 f2-e2
3. 后 d6-e5+　王 e2-f2
4. 后 e5-d4+　王 f2-e2

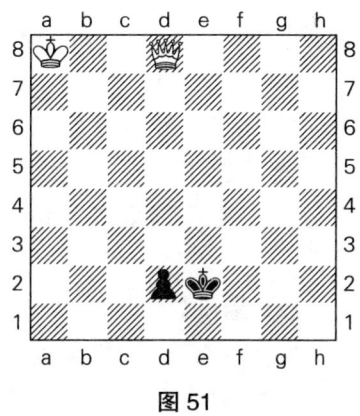

图 51

5. 后 d4-e4+　王 e2-f2　　6. 后 e4-d3!　王 f2-e1
7. 后 d3-e3+　王 e1-d1　　8. 王 a8-b7

白后通过阶梯形照将，靠近黑兵，迫使黑王退守在兵的前面，从而赢得用王助战的机会。

8. …………　王 d1-c2　　9. 后 e3-e2　王 c2-c1
10. 后 e2-c4+　王 c1-b2　11. 后 c4-d3　王 b2-c1
12. 后 d3-c3+　王 c1-d1　13. 王 b7-c6　王 d1-e2
14. 后 c3-c2　王 e2-e1　　15. 后 c2-e4+　王 e1-f2
16. 后 e4-d3　王 f2-e1　　17. 后 d3-e3+　王 e1-d1
18. 王 c6-d5　王 d1-c2　　19. 后 e3-e2　王 c2-c1
20. 后 e2-c4+　王 c1-b2　21. 后 c4-d3　王 b2-c1
22. 后 d3-c3+　王 c1-d1　23. 王 d5-e4　王 d1-e2
24. 后 c3-e3+　王 e2-d1　25. 王 e4-d3

白方得兵，将形成单后杀王，白胜。

在这类残局中，如果后方一开始就能够用后照将，或进行牵制，就可以取胜。否则，不能胜。

图 52，白先。

黑兵位于马前兵时，取胜着法如下：1. 后 e4-a8+ 王 a1-b1　2. 王 d4-c3　王 b1-c1　3. 后 a8-h1# 但需注意，当后位于 f4、g4、f2 或 h2 格时，则不能取胜。请试试看。

(2) 象前兵

当兵是象前兵和车前兵时，上面所述取胜方法则不

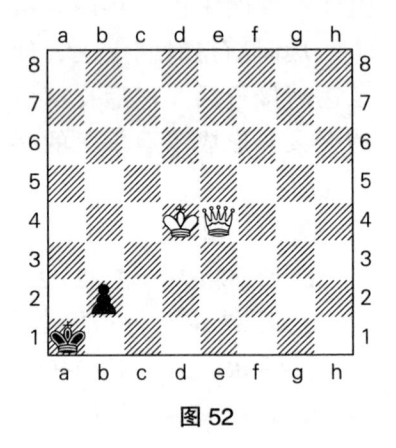

图 52

能通用。只有当强方王离兵较近时，并可在对方王周围构成杀势，强方才能获胜。

图 53，白先。着法如下：
1. 后 e8-d7+　王 d2-c1
2. 王 h8-g7　　王 c1-b1
3. 后 d7-b5+　王 b1-a2
4. 后 b5-c4+　王 a2-b2
5. 后 c4-b4+　王 b2-a2
6. 后 b4-c3　　王 a2-b1
7. 后 c3-b3+　王 b1-a1！

守和的关键，显然，白方无法进取，和棋。

图 54，白先。

图中所标虚线为胜利区，白王已在胜利区内，取胜着法如下：

1. 后 c5-d4+　王 d2-e2
2. 后 d4-c3　　王 e2-d1
3. 后 c3-d3+　王 d1-c1
4. 王 d5-c4　　王 c1-b2
5. 后 d3-d2！

如 5. 后 b3 则 5. … 王 a1。

5. …………　王 b2-b1　6. 王 c4-b3　c2-c1（后）

如 6. … 王 a1 则 7. 后 c3+　王 b1　8. 后 b2 将杀。

7. 后 d2-a2#

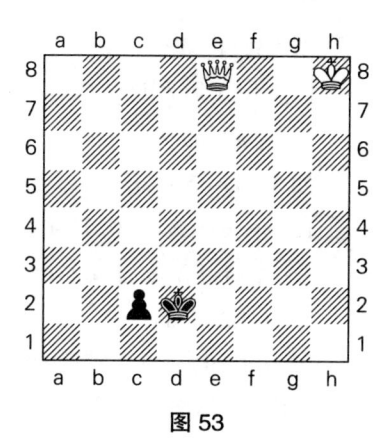

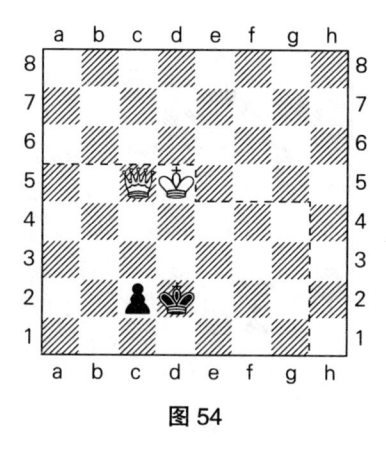

图 53

图 54

图 55，白先。

白土位于胜利区内

1. 后 a8-a2！

如 1. 后 d5+ 王 c1 2. 王 f3 王 b2，白方无法取胜。

1. ………… 王 d2-c3 2. 后 a2-a1+ 王 c3-d2

3. 后 a1-b2 王 d2-d1 4. 王 g4-f3！ c2-c1（后）

5. 后 b2-e2#

黑方王如在 b2，则胜利区有所不同，请看图 56，白王位于 d5 在胜利区外，尽管轮白方先走也无法取胜，着法如下：

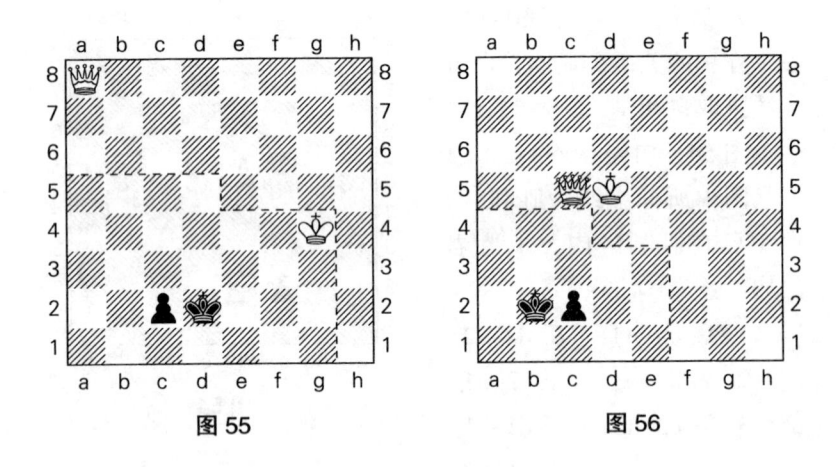

图 55

图 56

1. 后 c5-b4+ 王 b2-a2 2. 后 b4-c3 王 a2-b1

3. 后 c3-b3+ 王 b1-a1！

和棋。

如 3. 王 c4 则 3. … c1（后），也是和棋。

## 第五章 残局基础

图57，白先。

白王位于a4，已进入胜利区，因此白方可胜，着法如下：

1. 后 c8-b7+ 　王 b2-a1
2. 王 a4-b3!　c2-c1（后）
3. 后 b7-a6+　王 a1-b1
4. 后 a6-a2#

如 1. … 王 a2，则 2. 后 b3　王 a1　3. 后 a3　王 b1　4. 王 b3　c1（后）5. 后 a2 将杀，白胜。

由以上局例可知，位于次底线的象前兵，弱方王的位置，将决定强方王的胜利区域。

### (3) 车前兵

当强方的王远离黑兵时，强方无法取胜。

图58，白先。

1. 后 e8-b5+!　王 b1-a1! 黑方守和的要着，使白方无法用王助战。如 2. 王 a7 则逼和。

2. 后 b5-e5+ 　王 a1-b1　　3. 后 e5-b5+ 　王 b1-a1
4. 后 b5-f1+ 　王 a1-b2　　5. 后 f1-e2+ 　王 b2-b1
6. 后 e2-d1+ 　王 b1-b2　　7. 后 d1-d2+ 　王 b2-b1!

对于横线上的照将，黑王只要在 b1 和 b2 重复即可，但不

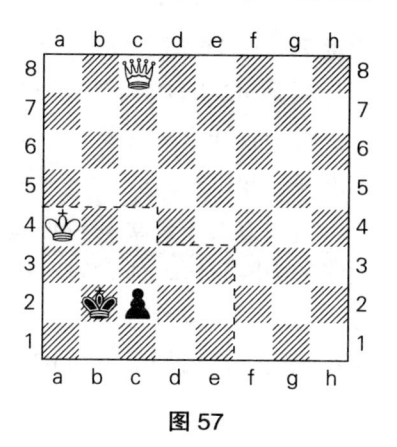

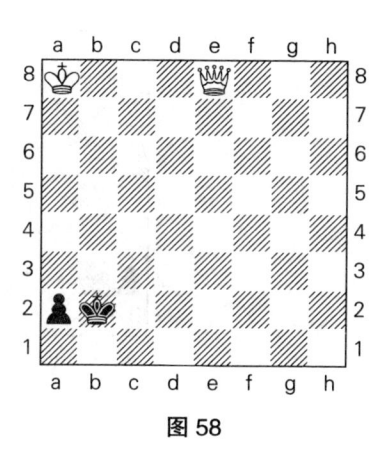

图 57

图 58

235

能走7. … 王a1因8. 后c1，白胜。

8. 后d2-b4+　王b1-a1！

对于直线上的照将，黑方就把王龟缩在a1即可，白方毫无进展，和棋。

当强方的王离黑兵较近时，则强方可胜。如图59中所标虚线，为胜利区，强方的王只要在虚线内，并轮强方先走，强方均可取胜。取胜方法是：先把后走到2线上，并把弱方的王压在底线；然后把王走到b3，与后配合形成将杀。

图59，白先。

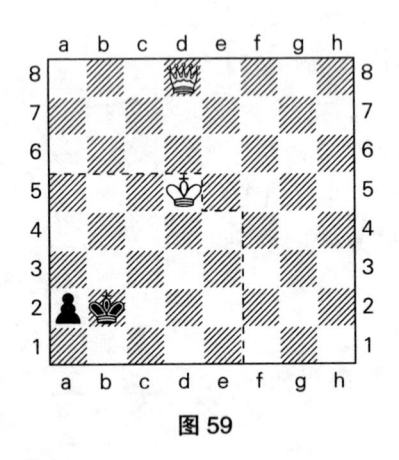

图59

1. 后d8-b6+　王b2-a1

如1. … 王c2，则2. 后f2+　王b1（如2. … 王b3，则3. 后d4　王c2　4. 后a1，白胜）3. 王c4　a1（后）4. 王b3，白胜。

2. 后b6-a5　王a1-b2

如2. … 王b1，则3. 后e1+　王b2　4. 后d2+　王a1　5. 王c4　a1（后）6. 王b3，白胜。

3. 后 a5-d2+ 王 b2-b1

4. 王 d5-c4! a2-a1（后）

5. 王 c4-b3

黑方无法避免将杀，白胜。

图 60，白先。

白王在胜利区内，在另一侧与后配合完成杀王。

1. 后 e8-e2+ 王 b2-b1

如 1. … 王 b3，则 2. 后 e5，白胜。

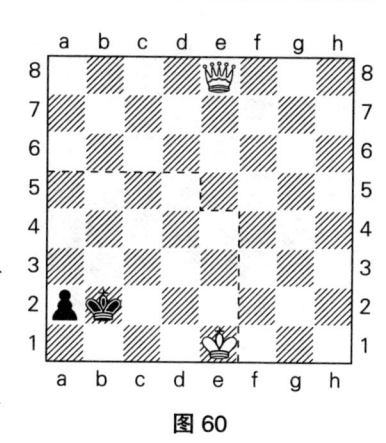

2. 王 e1-d1 a2-a1（后） 3. 后 e2-c2#

图 60

在单后对次底线车前兵时，强方王的位置十分关键，如强方王在胜利区内（图 59 所标区域），则强方可胜，反之为和棋。

## 练习题

完成习题 1~习题 6。

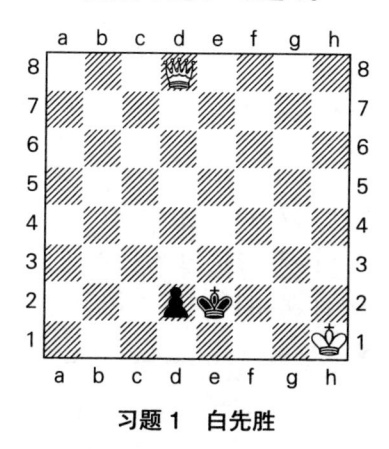

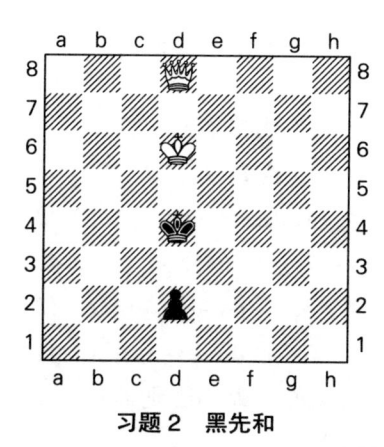

习题 1 白先胜

习题 2 黑先和

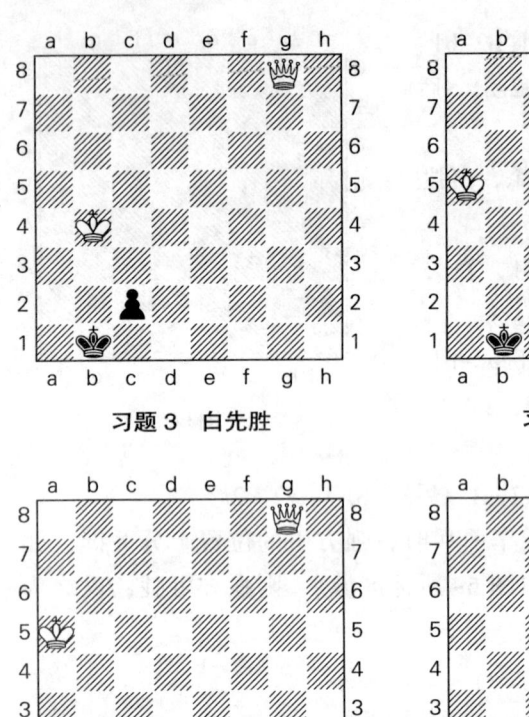

习题 3　白先胜　　　　　　　习题 4　白先和

习题 5　白先胜　　　　　　　习题 6　白先和

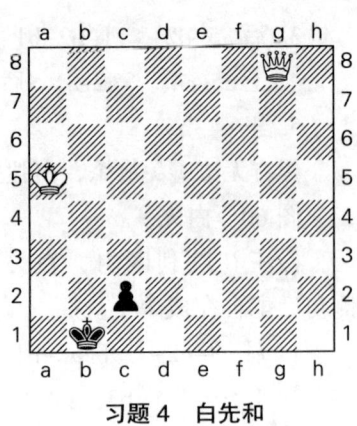

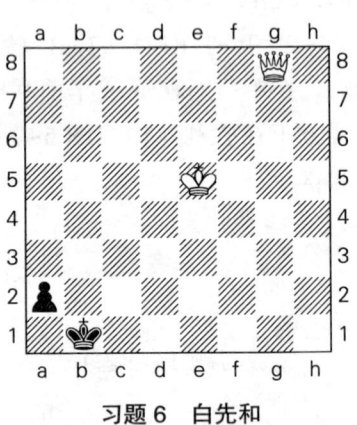

**练习题解答**

习题1，白先胜。

1. 后 d8–e7+　王 e2–f2　　2. 后 e7–d6　王 f2–e2
3. 后 d6–e5+　王 e2–f2　　4. 后 e5–d4+　王 f2–e2
5. 后 d4–e4+　王 e2–f2　　6. 后 e4–d3　王 f2–e1
7. 后 d3–e3+　王 e1–f1!　　8. 后 e3–f3+!

如 8. 后×d2 则逼和。

8. ……………  王 f1–e1    9. 王 h1–g1   d2–d1（后）
10. 后 f3–f2#

习题2，黑先和。

1. ……………  王 d4–d3!    2. 王 d6–c5+   王 d3–c2!
白后无法将军了，形成官和局面（如 2. 王 e5 则 2. …王 e2）。

习题3，白先胜。

1. 王 b4–b3    c2–c1（后）    2. 后 g8–g6+   王 b1–a1
3. 后 g6–a6+   王 a1–b1       4. 后 a6–a2# 或
1. 后 g8–b3+   王 b1–a1       2. 后 b3–c3+   王 a1–b1
3. 王 b4–b3    c2–c1（后）    4. 后 c3–d3+   王 b1–a1
5. 后 d3–a6+   王 a1–b1       6. 后 a6–a2#

习题4，白先和。

1. 后 g8–b3+   王 b1–a1       2. 后 b3–c3+   王 a1–b1
3. 王 a5–b4    c2–c1（后）和棋。

习题5，白先胜。

1. 后 g8–g1+   王 b1–b2       2. 后 g1–f2+   王 b2–b1
3. 王 a5–b4    a2–a1（后）    4. 王 b4–b3
黑兵虽升后了，但无法解杀，白胜。

习题6，白先和。

1. 后 g8–g1+   王 b1–b2       2. 后 g1–f2+   王 b2–b1
3. 王 e5–d4    a2–a1(后)+    4. 王 d4–c4    后 a1–a2+
由于白王在胜利区之外，黑方升后带将，使白方无法完成将杀，和棋。

## （二）车对兵

车对单兵，车方一般能胜，但如果没有王的支持，也有和棋的可能。在极个别情况下，王、车位置很差时，甚至会输棋。

图61，白先。

白王及时赶回，支持车消灭黑兵，着法如下：

1. 王e7-f6　　e4-e3　　2. 王f6-f5　　王d4-d3
3. 王f5-f4　　e3-e2　　4. 王f4-f3

下着车×e2，白胜。

如黑方先走，结果为和棋。

1. ………… 　e4-e3　　2. 王e7-f6　　王d4-d3
3. 王f6-e5　　王d3-d2　　4. 车e1-h1　　e3-e2 和棋。

图62，白先。

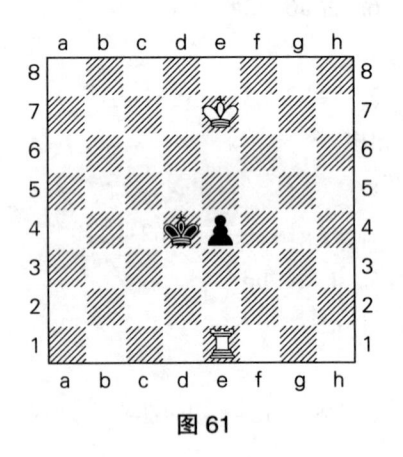

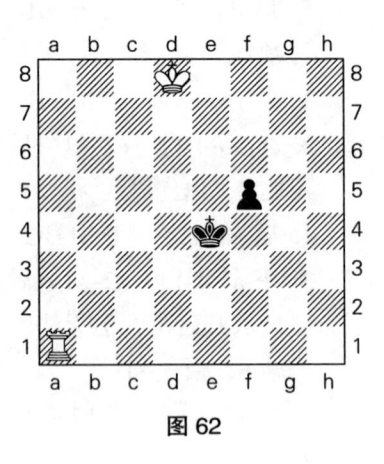

图61

图62

白王以精准的调动及时赶回，是取胜关键。

1. 王d8-e7！

如随手走1. 王d7 则 1. … f4　2. 王e6　f3 和棋。

1. …………　f5-f4　　2. 王e7-f6！　　f4-f3
3. 王f6-g5　　王e4-e3　　4. 王g5-g4

形成与上例相似的局面，白方胜定。

图 63，白先。

本局稍复杂些，同时很有教益，体现了强方王、车协同作战时典型的运子技巧。

1. 王 c2–d1！

准确的次序，把车亮出。

1. ………… g4–g3

2. 车 a1–a2+！

过门照将是争得时间的重要手段，值得体味。

2. ………… 王 f2–f1

如 2. … 王 f3 则 3. 王 e1 g2 4. 车 a3，下着王 f2 白胜。

3. 车 a2–a7！ g3–g2

4. 车 a7–f7+！ 王 f1–g1

5. 王 d1–e2 王 g1–h2

6. 车 f7–h7+！ 王 h2–g3

7. 车 h7–g7+！ 王 g3–h2

8. 王 e2–f2

图 63

图 64

白方运用漂亮的"过门"使王及时赶到 f2，白胜。

图 64，白先。

黑方车前兵已冲到次底线，黑王龟缩在角格看似难以取胜，但白方有巧着取胜。

1. 王 c4–b3！ 王 a1–b1　　2. 车 b8–h8！ a2–a1(马)+

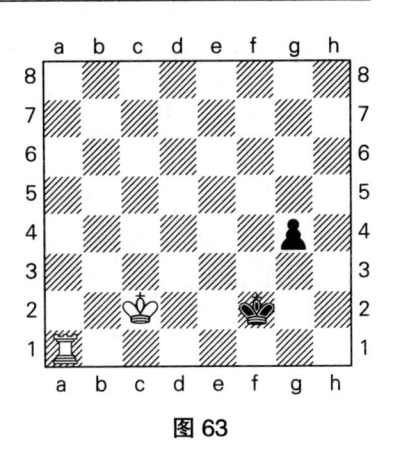

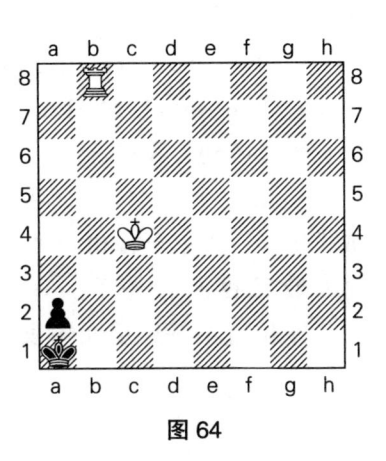

如 2. … a1（后）则 3. 车 h1。

3. 王 b3-c3　王 b1-a2

如 3. … 马 c2 则 4. 车 h1+　王 a2　5. 王×c2。

4. 车 h8-b8！

迫使黑方丢马，白方胜定。

图 65，白先。

黑方 c2 兵就要升变，白方沉着应对，化险为夷。

1. 车 b7-b5！　c2-c1（后）
2. 车 b5-c5+！　后 c1×c5

无子可动，和棋。

如 2. … c1（车），将形成王单车对王单车官和局面。

最后我们看一下，车方王、车位置不好，反而输棋的例局。

图 66，白先。

图 65

图 66

黑方王车位置不好，尤其黑王不但帮不了车的忙，反而成了负担。

1. f6-f7　车 e8-e6+　2. 王 g6-g5！

着法准确，如 2. 王 f5 则 2. … 车 e1 然后车 f1 或 2. 王 g7 则 2. … 车 e7 和棋。

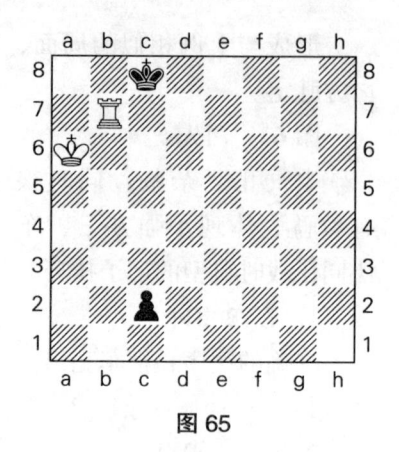

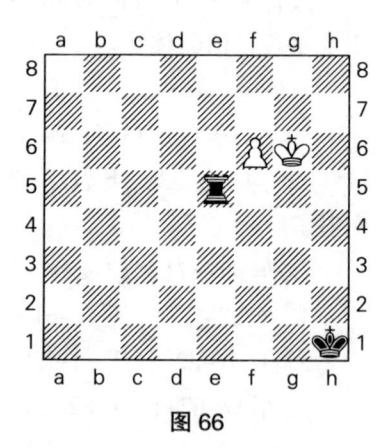

2. ⋯⋯⋯⋯ 车 e6–e5+    3. 王 g5–g4    车 e5–e4+

4. 王 g4–g3    车 e4–e3+    5. 王 g3–f2!    车 e3–e4!

白王巧妙地避开了黑车的长将，而黑方给白方设了个小陷阱，指望白方 6. f8（后）则 6. ⋯ 车 f4    7. 后×f4，逼和。

6. f7–f8（车）!

白方识破陷阱，并威胁下着车 h8 将杀。

6. ⋯⋯⋯⋯    车 e4–h4

为解杀，只好如此。

7. 王 f2–g3!

最后的完美表演！黑方或被杀，或丢车，白胜。

## 练习题

完成习题 1~习题 6。

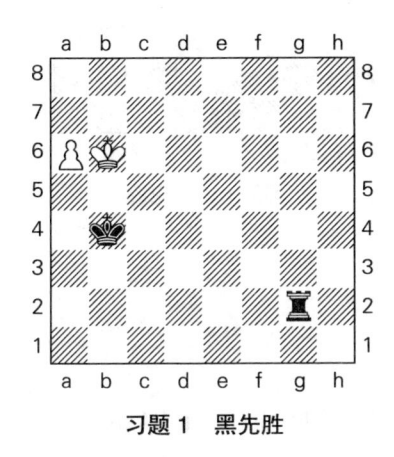

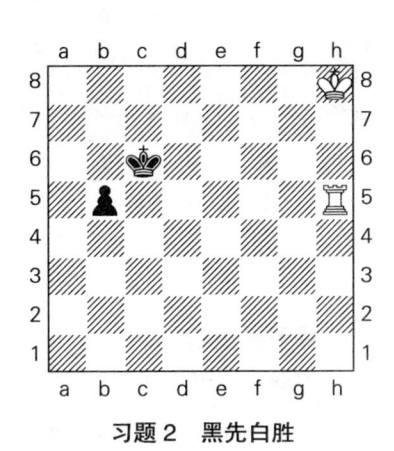

习题 1　黑先胜

习题 2　黑先白胜

习题 3　白先胜

习题 4　白先胜

习题 5　黑先和

习题 6　白先胜

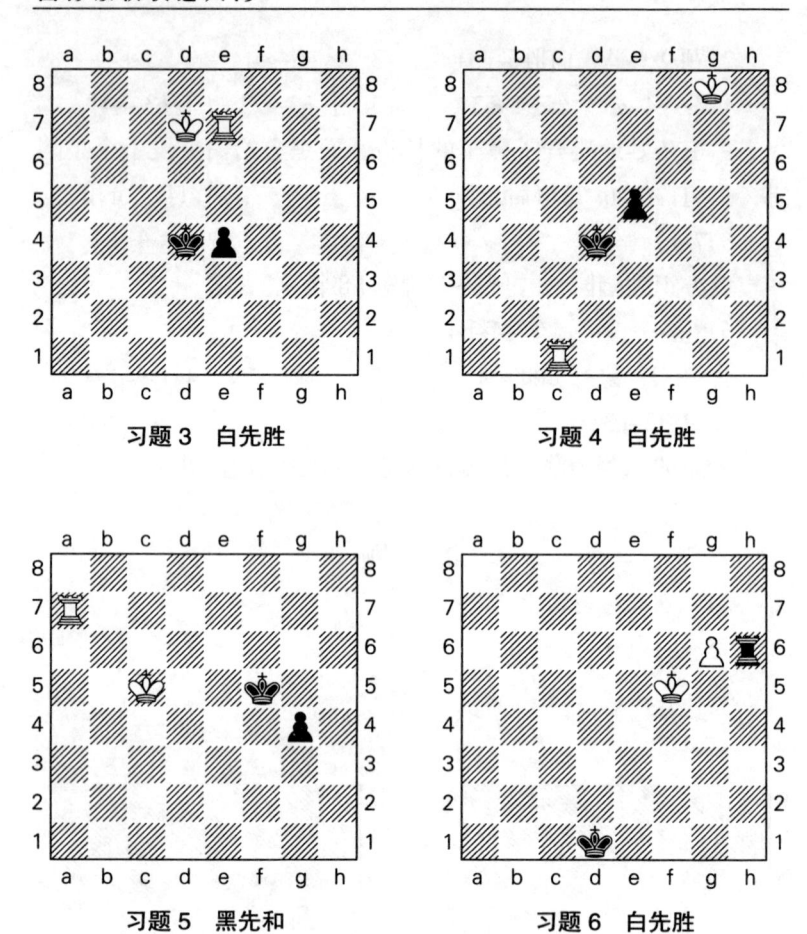

**练习题解答**

习题 1，黑先胜。

1. ………… 车 g2-g6+　　2. 王 b6-b7　王 b4-b5

3. a6-a7　　车 g6-g7+　　4. 王 b7-b8　王 b5-b6

5. a7-a8(马)+ 王 b6-c6 黑胜。

习题2，黑先白胜。

1. ………… 王c6–b6   2. 王h8–g7  王b6–a5

3. 王g7–f6  王a5–a4   4. 王f6–e5  b5–b4

5. 王e5–d4  b4–b3    6. 王d4–c3  白胜。

若1. … b4  2. 王g7  b3  3. 车h3  b2  4.车b3，黑兵被捉住，白胜。

习题3，白先胜。

1. 王d7–e6!  e4–e3   2. 王e6–f5  王d4–d3

3. 王f5–f4  e3–e2    4. 王f4–f3  白胜。

习题4，白先胜。

1. 车c1–d1+! 王d4–e3  2. 车d1–e1+! 王e3–d4

3. 王g8–f7  e5–e4    4. 王f7–f6  白胜。

习题5，黑先和。

1. ………… 王f5–e4!

着法细腻，运用肩冲手段挤住白王。如走1. … 王f4？以下变化是2. 王d4  王f3  3. 王d3  g3  4. 车f7+  王g2  5. 王e2  白胜。

2. 车a7–g7  王e4–f3   3. 王c5–d4  g4–g3

4. 王d4–d3  g3–g2    和棋。

习题6，白先胜。

1. g6–g7   车h6–h5+  2. 王f5–f4!  车h5–h4+

3. 王f4–f3  车h4–h3+  4. 王f3–g2   +–

白兵必能升后，将形成王单后对王单车必胜的局面。

## （三）象对兵

象对单兵，一般是和棋。但有兵的一方在极特殊情况下，会有获胜的机会。

图 67，白先。

这是一则排局，黑方象被己方王阻碍，而白方先走，白王可限制黑象的活动，使黑方无能为力，只能望兵兴叹。

1. 王 d5-e4！　象 g5-h4

2. 王 e4-f3！小兵必升后，白胜。

图 68，白先。

虽然黑兵即将升后，但白方有巧着解救。

1. 象 c6-e8！　d2-d1（后）　2. 象 e8-h5+　和棋。

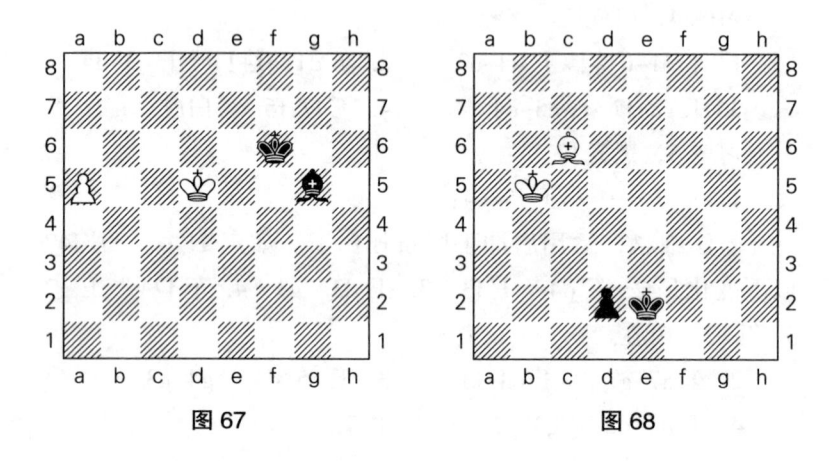

图 67

图 68

## （四）马对兵

马对付兵和象对兵相比，能力上要差些，但如王能参加防御，一般也可求和。而当马方子力位置不好，或马孤军作战时，也时常会输棋。另外，在极特殊情况下，马方反而能巧胜。

## 第五章　残局基础

图 69，白先。

象前白兵已冲到 7 线，但黑马在没有王的支持下，仍可以守和。

1. 王 e5–e6　　马 e7–c8
2. 王 e6–d7　　马 e8–b6+
3. 王 d7–c6　　马 b6–c8
4. 王 c6–b7　　马 c8–d6+

黑马与白王如此周旋，白方无法进展，和棋。

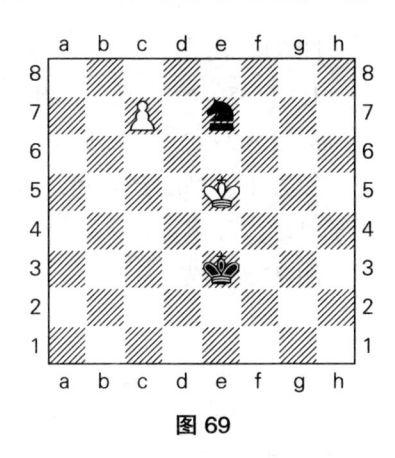

图 69

如果把图 69 局面向左平移两条直线，形成车前兵即图 70 局面。本局由于黑马被逼在角格，无法与白王周旋，马将被活捉，因此，兵方获胜。

图 70，白先。

1. 王 c5–c6　　马 c7–a8　　2. 王 c6–b7　　白胜。

如果将图 70 局面中的黑王移至 e5，形成图 71 局面，结果如何呢？

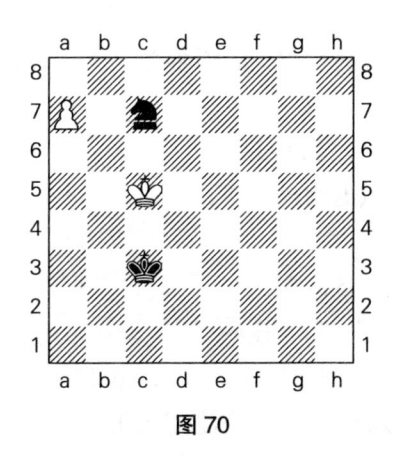

图 70

图 71，白先

1. 王 c5-c6　　马 c7-a8　　2. 王 c6-b7　　王 e5-d6！
3. 王 b7×a8　　王 d6-c7

黑方王、马配合默契，白方虽得马但王被困在角格，形成无子可动，和棋。

图 72，黑先。

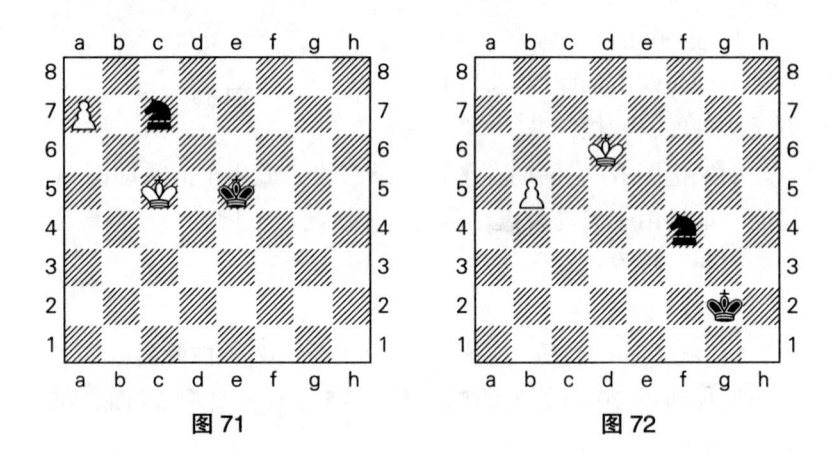

图 71

图 72

白王在兵附近掩护着兵，看似黑马无法攻击白兵，形势危急，但仍可有求和之道。

1. ……………　马 f4-d3！

迂回战术，似退为进。

2. b5-b6

如改走 2. 王 d5，则 2. …　王 f3　3. 王 d4　马 f4　4. b6 马 e6+再 5. …　马 d8 和棋。

2. ……………　马 d3-b4　　3. b6-b7　　马 b4-a6

马及时赶到 a6，形成已熟悉的必和局面。

如果把本局面向左平移一条直线，形成车前兵时，由于黑马不能进入 b6 或 c7 阻拦白兵升变，因此黑方无法守和，这里无需多叙，摆一下即可明了。

最后看一个马方巧胜单兵方的例子。

图 73，黑先。

白王被锁在边角，黑方以准确的着法，巧杀白王。

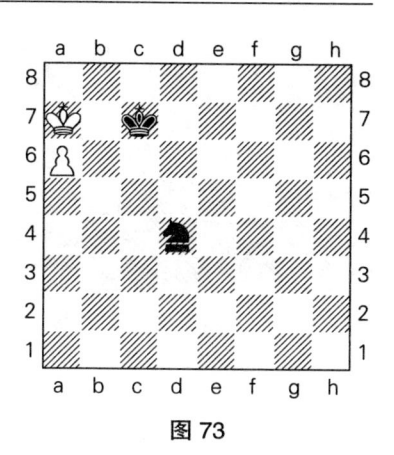

1. ………… 马 d4-b5+!  2. 王 a7-a8  王 c7-c8!
3. a6-a7  马 b5-c7#

图 73

## 练习题

请完成习题 1~习题 6。

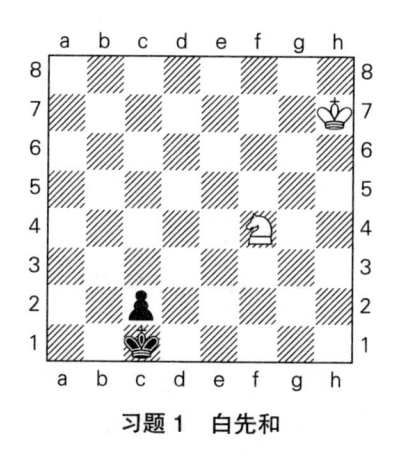

习题 1  白先和

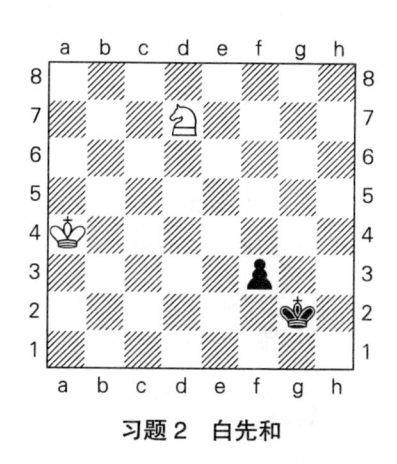

习题 2  白先和

249

习题3　白先和

习题4　黑先和

习题5　白先，黑胜

习题6　白先胜

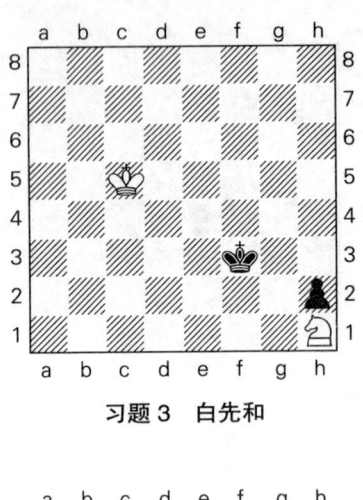

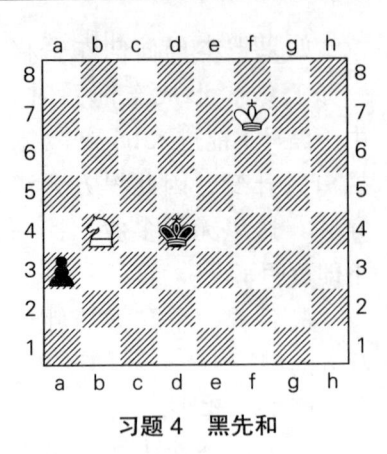

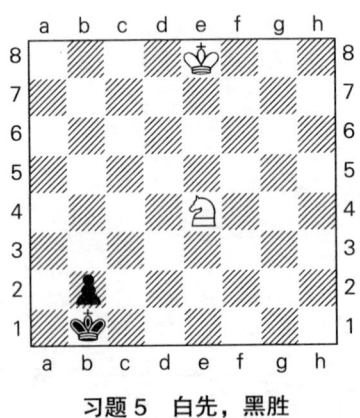

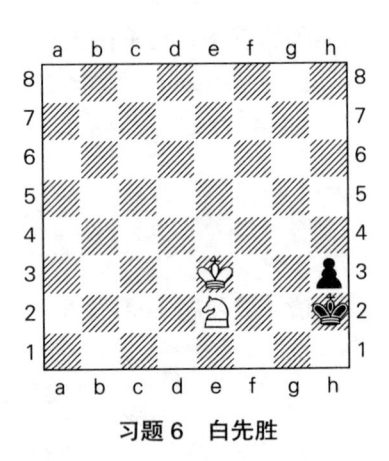

**练习题解答**

习题1，白先和。

1. 马 f4–e2+!　王 c1–d1　　2. 马 e2–c3+　王 d1–d2

3. 马 c3–a2　　和棋。

习题2，白先和。

1. 马 d7–e5!　　f3–f2　　2. 马 e5–g4　　f2–f1（后）

3. 马 g4-e3+　和棋。

习题 3，白先和。

1. 王 c5-d4　　王 f3-g2　　2. 王 d4-e3　　王 g2×h1
3. 王 e3-f2　　和棋。

习题 4，黑先和。

1. …………　王 d4-c4　　2. 马 b4-a2　　王 c4-b3
3. 马 a2-c1+　王 b3-b2　　4. 马 c1-d3+　王 b2-c2
5. 马 d3-b4+　王 c2-b3　　6. 马 b4-d3　　a3-a2
7. 马 d3-c1+　和棋。

习题 5，白先，黑胜。

1. 马 e4-d2+　王 b1-c1　　2. 马 d2-b3+　王 c1-d1！
黑兵必升后，黑胜。

习题 6，白先胜。

1. 王 e3-f3！

如 1. 王 f2，则 1. …　王 h1 和棋。

1. …………　王 h2-h1　　2. 王 f3-f2　　王 h1-h2

如 2. …　h2 则 3. 马 g3 将杀。

3. 马 e2-c3　　王 h2-h1　　4. 马 c3-e4　　王 h1-h2
5. 马 e4-d2　　王 h2-h1　　6. 马 d2-f1　　h3-h2
7. 马 f1-g3#

# 三、各种子力的相互对抗

## （一）后对车

单后对单车一般可胜。获胜的方法是，用王和后相互配合把对方的王赶到盘角，然后用等着迫使对方的车与王分离，这时，再用后威胁要杀或将军抽车而获胜。

如图74，这是单后胜单车的典型局面。

这时如轮黑方走棋，黑方处于受逼局面，车必然与王分离。因如走王a6，则后c8，白胜；如走车b8，则后a5将杀；因此黑方王和车只好被迫分离了。

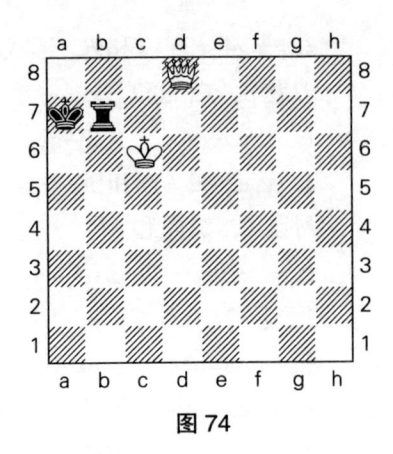

图74

下面由简到繁把黑方可能走的应着分述如下：如1. … 车b4，则2. 后e7或2. 后a5将军抽车；如1. … 车b2或1. … 车g7，则2. 后d4将军抽车，因此值得分析的只有1. … 车b3、1. … 车b1、1. … 车f7和1. … 车h7四种走法，但在这四种走法中，白后均可在几回合后抽吃掉黑车，而取胜。着法如下：

①1. …………  车b7-b3    2. 后d8-d4+   王a7-b8
3. 后d4-f4+   王b8-a7    4. 后f4-a4+   抽车。

②1. …………  车b7-b1    2. 后d5-d4+   王a7-b8
3. 后d4-h8+   王b8-a7    4. 后h8-h7+   抽车。

③1. …………  车b7-f7    2. 后d8-d4+   王a7-b8
3. 后d4-b2+   王b8-a8    4. 后b2-a2+   抽车。

④1. …………  车b7-h7    2. 后d8-d4+王a7-b8
3. 后d4-e5+   王b8-a7    4. 后e5-a1+   王a7-b8
5. 后a1-b1+   抽车。

如果轮白方先走，如直接走1. 后c8吃车，则会遭到黑方以下妙手。1. … 车b6，白方只好2. 王c5，若2. 王c7则

2. … 车 c6　2. 王×c6，形成无子可动，和棋。

这里白方简捷的取胜方法是：运用等着，把走子权转回给黑方，着法如下：

1. 后 d8-d4+　王 a7-a8　　2. 后 d4-h8+　王 a8-a7

如 2. …　车 b8，则 2. 后 a1。

3. 后 h8-d8!

回复到图 71 局面，轮黑方走，黑方受逼，白方胜势。

图 75，白先。

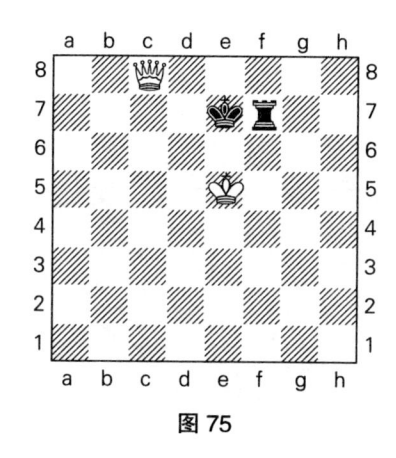

图 75

后方取胜要复杂一些，而逼迫车方的着法比较典型。着法如下：

1. 后 c8-c4　　王 e7-f8

如 1. …　车 g7 则 2. 后 c7+　王 f8　3. 后 d8+　王 f7　4. 王 f5　车 h7　5. 后 d7+　王 g8　6. 后 e8+　王 g7　7. 王 g5，白胜。

2. 王 e5-e6　　王 f8-g8

如 2. …　车 h7 则 3. 后 c8+　王 g7　4. 后 c7+　王 g8

5. 后 d8+ 王 g7  6. 后 e7+ 王 g8  7. 后 e8+ 王 g7  8. 后 f7+ 王 h6  9. 后 f6+ 王 h5  10. 王 f5 黑方将被将杀。

3. 后 c4-d5!  车 f7-g7  4. 王 e6-f6+ 王 g8-h8

5. 后 d5-h1+ 王 h8-g8  6. 后 h1-h5!

至此，白方利用转换走子权的手段，造成黑方受逼的局面，形成的局面和图 74 相同（调了个方向），白方胜定，余着从略。

在极特殊的局面中，单后对单车也有巧和的情况，如强方的后把对方的王逼迫在盘角时，则因车可成为勇猛的"疯车"而和棋。

图 76，黑先。

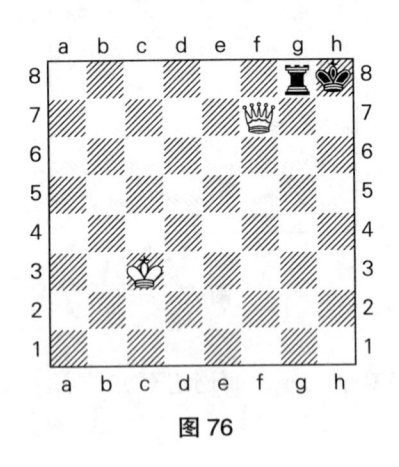

图 76

黑方的希望在于形成长将或无子可动，于是用车开始追逐对方的王。

1. ············  车 g8-g3+   2. 王 c3-d4  车 g3-g4+

3. 王 d4-e5  车 g4-g5+!

黑车不能离开 g 线，如 3. …车 e4，则 4. 王 d6 车 d4

5. 王 c5 之后，黑车无法将军了，白胜。

    4. 王 e5-d6    车 g5-g6+    长将和棋，白方无奈。

如 5. 后×g6 则无子可动，也是和棋。

## （二）后对弱子（象或马）

### (1) 后对象

后对象取胜很容易，取胜方法和单后杀王相似，只需注意后和己方王不要同时进入象的同色格，以防被抽后。

图 77，白先。

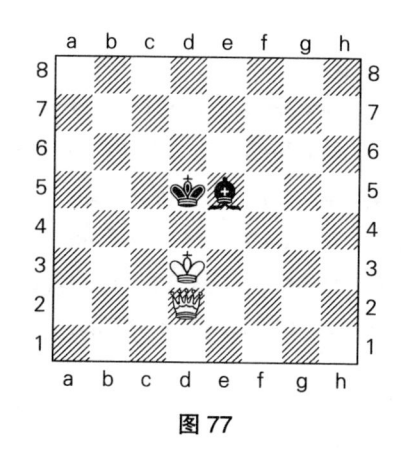

图 77

1. 后 d2-g5    王 d5-e6    2. 王 d3-e4    象 e5-d6
3. 后 g5-f5+    王 e6-e7    4. 王 e4-d5    象 d6-c7
5. 后 f5-e6+    王 e7-d8    6. 王 d5-c6

下着 7. 后 d7 白胜。

### (2) 后对马

后对马取胜也很容易，只需注意不要让马有将军抽后的机会。

图78，白先。

1. 王 a1–b2　　王 e6–d5
2. 王 b2–c3　　马 d6–e4+
3. 王 c3–d3　　马 e4–c5+
4. 王 d3–e3　　马 c5–e6

黑方尽力使马和王保持联络，否则输得更快。

5. 后 b1–f5+　　王 d5–d6
6. 王 e3–e4　　马 e6–c5+
7. 王 e4–d4　　马 c5–e6+
8. 王 d4–c4　　马 e6–c7
9. 后 f5–c5+　　王 d6–d7
10. 后 c5–b6　　马 c7–e6
11. 王 c4–d5　　马 e5–c7+
12. 王 d5–e5　　马 c7–e8
13. 后 b6–e6+　王 d7–d8

白方王、后紧密配合把黑王逼到底线。

14. 后 e6–f7　　马 e8–c7
15. 王 e5–d6　　马 c7–b5+
16. 王 d6–c5　　马 b5–c7
17. 王 c5–c6

黑方无法防御 18. 后×c7 及 18. 后 d7 白胜。

图78

## （三）车对象

车对象多数情况是和棋。但是，要记住当象方子力被逼迫往后退时，一定要把王退到与象的颜色不同色的角格，才可守和，这就是"安全角"。反之是"危险角"，不能守和。

如图79，这是车对象残局守和的典型局面。

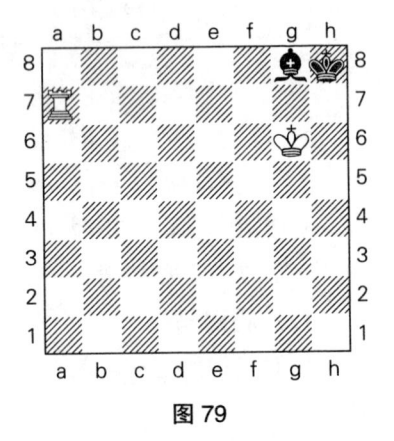

图79

## 第五章　残局基础

黑王处于安全角，无论该谁走，都是和棋。如白方走 1. 车 a8 则为逼和，如 1. 车 a1 则 1. … 象 d5，防 2. 车 h1。或 1. … 象 h7 都可守和，如轮黑方走则来回走象即可，白王无法进一步加强局面，和棋。

图 80，黑先。

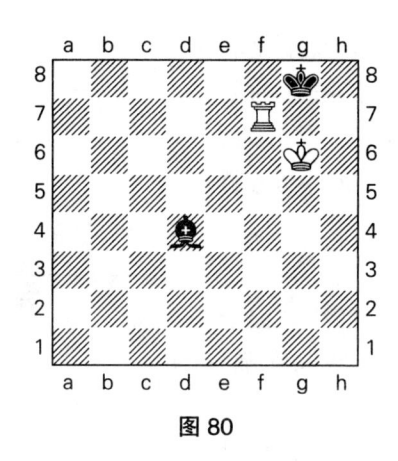

图 80

黑王位置不对，处于危险角，因此车方能胜。

1. ………… 　　象 d4-g1！

唯一的应着，如走到其他格位，白方将边捉象边威胁要杀，很容易取胜。现在白方的任务是把象赶出隐蔽所。

2. 车 f7-f1　　象 g1-h2　3. 车 f1-f2　　象 h2-g3

4. 车 f2-g2！　象 g2-e5

象被赶出了隐蔽所，局面难以坚持了。

5. 车 g2-e2　　象 e5-d6　6. 车 e2-e8+　　象 d6-f8

7. 车 e8-d8　　王 g8-h8　8. 车 d8×f8#

当象方子力位置太差时，车方可轻易取胜。

图 81，白先。

1. 王 e3–f3！  王 g5–h5
2. 王 f3–f4

黑象被捉死，白方胜定。

### （四）车对马

车对马在一般情况下是和棋，但马方需要有精确的防御。如果被逼得王、马分离，或马被逼到盘角，这时马方就无法守和了。

图 82，白先。

黑方虽被逼至底线，但子力位置不错，只要防守准确，是可以守和的。

1. 王 e5–d6  马 d8–f7+！

好棋！如走 1. … 王 f8，则 2. 车 c8  王 e8  3. 车 b8，黑马被牵死，白胜。

2. 王 d6–e6   马 f7–d8+
3. 王 e6–f6   王 e8–f8
4. 车 c7–d7   王 f8–e8
5. 车 d7–e7+  王 e8–f8
6. 车 e7–e1   马 d8–b7
7. 王 f6–e6   王 f8–e8
8. 车 e1–b1   马 b7–d8+
9. 王 e6–d6   马 d8–f7+
10. 王 d6–e6  马 f7–d8+

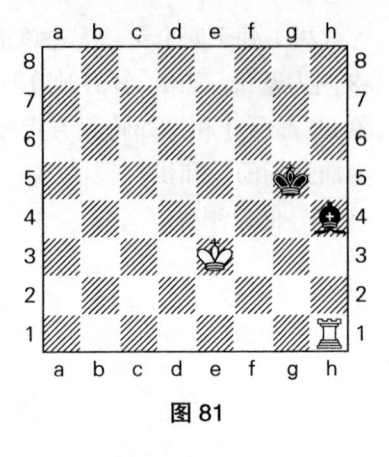

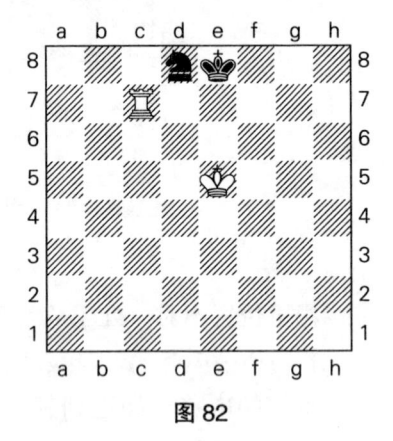

黑方用马将军反击，白方无法进取，和棋。

图 81

图 82

图 83，白先。

黑方子力不协调，马的位置不好，这时强方只要把马的活动范围限制住，就可以获胜。

1. 车 d3-d5!　马 f7-h8+
2. 王 g6-f6　马 h8-f7
3. 车 d5-d7　马 f7-h6

被迫之着，如 3. … 马 h8，则 4. 车 a7! +-。

4. 王 f6-g6　白胜。

或者，1. 车 e3 马 h8+（如 1. …马 d6，则 2. 车 e6，白胜）2. 王 f6 王 h7 3. 车 g3 白胜。

本例说明马的位置优劣，是胜和的关键。

当马与王分离时，车方也可取胜。取胜的途径是迫使马离己方的王更远，然后再捉死它。

图 84

图 84，白先。着法如下：

1. 车 h4-e4　马 e3-d1

如 1. … 马 f1 则 2. 车 f4 抽马；如 1. … 马 g2 则 2. 王 f6 再 3. 王 g5　4. 车 e2 捉死马；如 1. … 马 c2 则 2. 王 d5

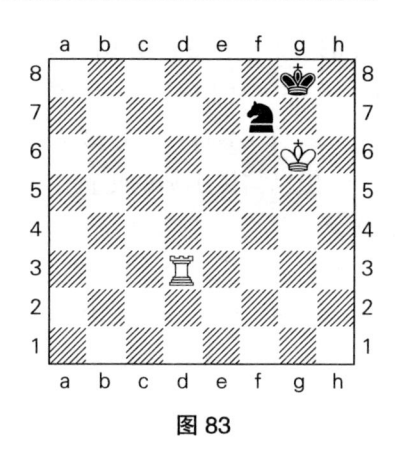

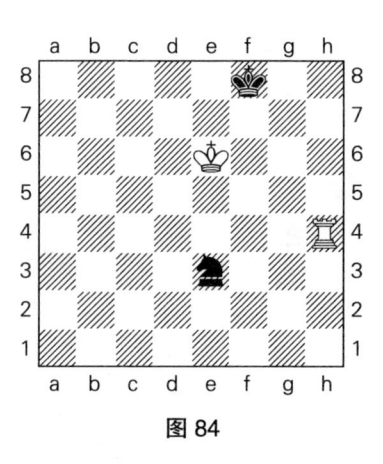

马 a3　3. 王 c5　马 b1　4. 王 b4　马 d2　5. 车 f4+　王 e7
6. 王 c3　马 b1+　7. 王 b2　马 d2　8. 王 c2，仍是捉死马。

2. 车 e4-f4+　王 f8-g7　　3. 车 f4-f3　王 g7-g6

黑马与黑王离的更远了，它将被白方王、车编织的罗网套牢。

4. 王 e6-e5　王 g6-g5　　5. 王 e5-d4　王 g5-g4
6. 车 f4-f1　马 d1-b2　　7. 车 f1-b1　马 b2-a4
8. 车 b1-b4　捉死黑马，白胜。

## 练习题

完成习题 1~习题 8。

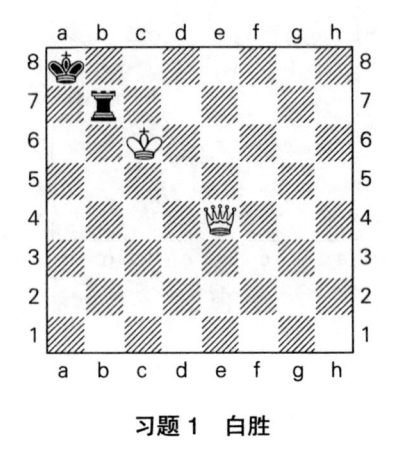

习题 1　白胜

习题 2　白先胜，黑先和

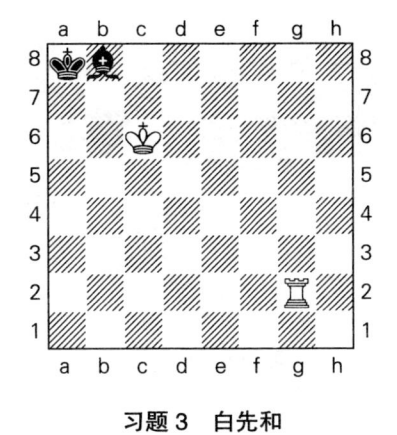

第五章　残局基础

习题 3　白先和

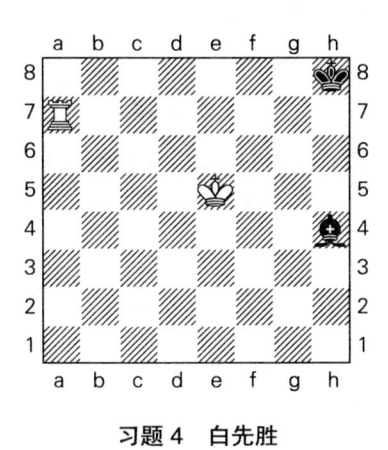

习题 4　白先胜

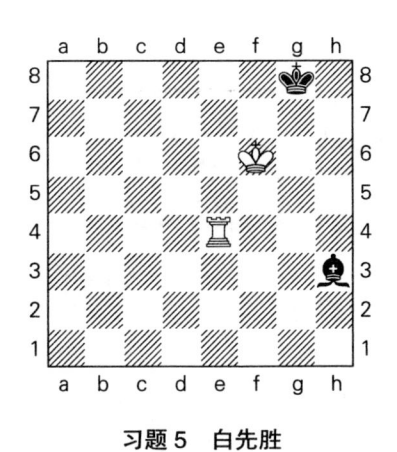

习题 5　白先胜

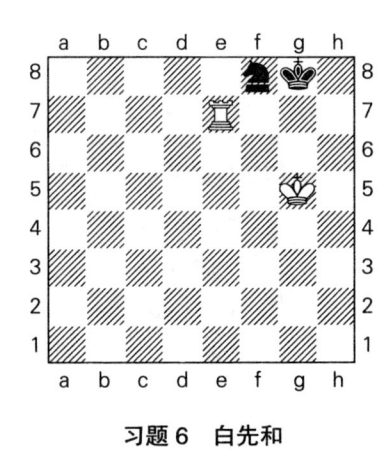

习题 6　白先和

习题 7　白先和　　　　　　　　习题 8　白先胜

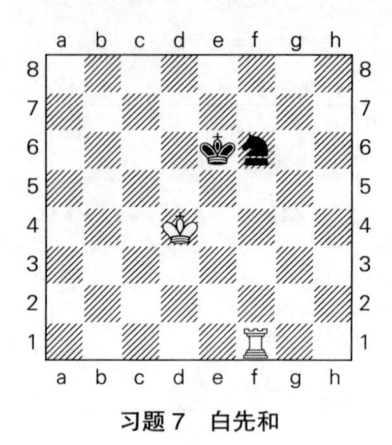

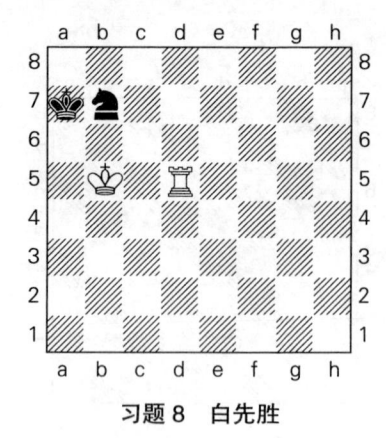

**练习题解答**

习题 1，白胜。

白先：1. 后 e4-d5！　王 a8-a7　2. 后 d5-d8+-

如 1. …　王 b8 则 2. 后 a5+-

黑先：1. ……　王 a8-a7　2. 后 e7-a4+　王 a7-b8

3. 后 a4-a5！　+-

如 1. …　王 b8 则 2. 后 e8　王 a7　3. 后 d8 白胜。

习题 2，白先胜，黑先和。

白先：1. 后 f6-e6+　车 d7-f7　2. 王 h5-g6　王 g8-h8

3. 王 g6×f7！　王 h8-h7　4. 后 e6-h3#

黑先：1. ……　车 d7-h7+！　2. 王 h5-g6 车 h7-h6+！

3. 王 g6×h6 逼和。

如 2. 王 g5 则 2. …　车 g7　3. 王 h6　车 h7 长将和。

习题 3，白先和。

1. 王 c6-b6　　象 b8-a7+　2. 王 b6-a6　　象 a7-b8

3. 车 g2-a2　　象 b8-a7　　4. 车 b2-g2　　象 a7-b8 和棋。

习题 4，白先胜。

1. 王 e5-f5　　王 h8-g8　　2. 车 a7-a4　　象 h4-e1
3. 王 f5-g6　　王 g8-f8　　4. 车 a4-f4+　　王 f8-g8
5. 车 f4-e4　　+-

习题 5，白先胜。

1. 车 e4-d4!　　象 h3-f1（唯一的一着）
2. 王 f6-g6　　王 g8-f8　　3. 车 d4-f4+　　+-

习题 6，白先和。

1. 王 g5-f6　　马 f8-h7+!

好棋！不能 1. …　王 h8？因 2. 王 f7　马 h7　3. 车 e8+，+-

2. 王 f6-g6　　马 h7-f8+　　3. 王 g6-h6　　王 g8-h8
4. 车 e7-f7　　王 h8-g8　　5. 车 f7-g7+　　王 g8-h8
6. 车 g7-g1　　马 f8-d7!

准确的一着，如 6. …　马 h7 则 7. 王 g6　王 g8　8. 车 g2　马 f8　9. 王 f6　王 h8　10. 王 f7　马 h7　11. 车 g8 将杀。

7. 王 h6-g6　　王 h8-g8　　8. 车 g1-d1　　马 d7-f8+
9. 王 g6-f6　　马 f8-h7+　　10. 王 f6-e6　　马 h7-f8+ 和棋。

习题 7，白先和。

1. 车 f1-e1+　　王 e6-f5　　2. 车 e1-e5+　　王 f5-f4
3. 车 e5-e1　　王 f4-f5　　和棋。

习题 8，白先胜。

1. 车 d5-d7!　　王 a7-b8　　2. 王 b5-b6　　王 b8-a8

263

3. 车 d7-h7　　马 b7-d8　　4.车 h7-h8　　白胜。

## 四、车单兵对单车

车单兵对单车残局，是车兵残局的基础，它是对局中最为常见的残局。因此学习和掌握这类残局中最为典型的局面及胜与和定式是十分必要的。

图 84，白先。

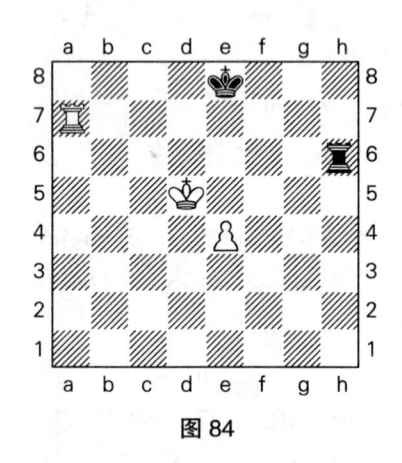

**图 84**

这是十分典型的局面，黑方少一兵，但王和车位置配置合理，因此能有效地阻止白方多一兵的优势，确保防御成功。

1. e4-e5　　车 h6-g6！

等着，也可走 1. … 车 b6 或 1. … 王 d8。

2. e5-e6　　车 g6-g1！

防守的关键之着，当白方把兵冲到第 6 线时，黑方把车调到底线，为的是从背后长将。

3. 王 d5-d6　　车 g1-d1+　　4. 王 d6-e5　　车 d1-e1+

5. 王 e5–f6　车 e1–f1+

由于白王失去了掩护所，无法避免黑车在底线的长将。这里黑方求和的关键是黑车在第 6 线控制白王，一旦白兵冲至 e6 时，黑车立即沉到底线从背后长将。这种防御方法称为 6 线守和法或菲利道尔局面。

如果强方的兵已冲到第 6 横线，但由于兵不能在横线上掩护王，也是和棋。

图 85，黑先。

1. ………… 车 a8–a6+！
2. 王 d6–e5　车 a6–a1
3. 王 e5–f6　车 a1–f1+

形成上例局面，长将和。

如果把白王从 d6 移至 f6，形成图 86，情况就不同了，黑车不能及时照将了，又不能离开底线，只能走王，着法如下：

1. ………… 王 e8–f8
2. 车 b7–h7　王 f8–g8
3. 车 h7–g7+　王 g8–h8

如 3. … 王 f8 则 4. e7，白胜。

4. 车 g7–g5！车 a8–a1
5. e6–e7　车 a1–f1
6. 王 f6–e6　车 f1–e1
7. 车 g5–e5

黑方无法长将了，下着

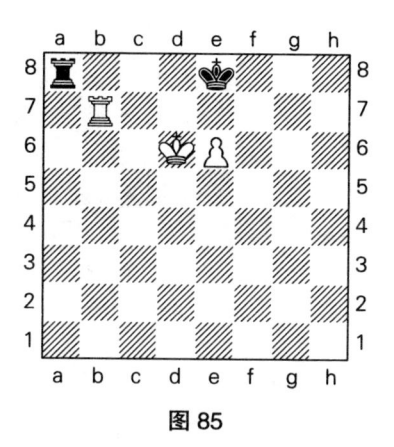

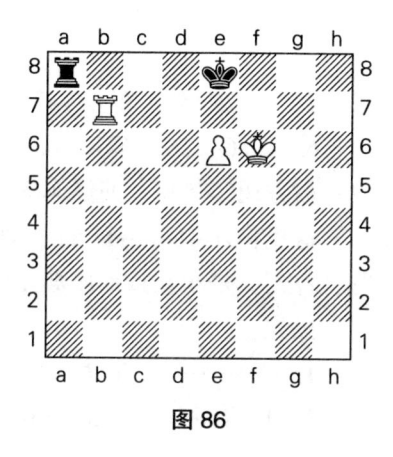

图 85

图 86

e8 升后，白胜。

下面分析强方兵已进入第 7 横线（黑方为第 2 横线）的典型局面。

图 87 是典型的车兵对单车强方必胜局面。

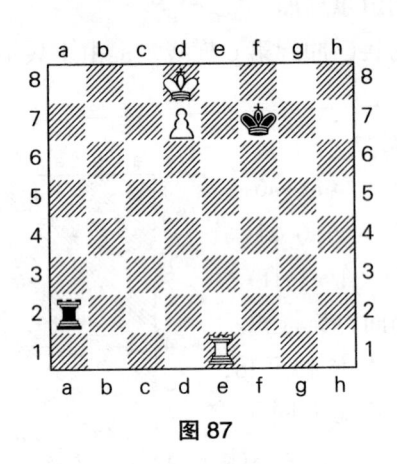

图 87

白先：

1. 车 e1-f1+　王 f7-g6

如 1. … 王 e6 则 2. 王 e8 下着 d8（后）白胜。

2. 车 f1-f4!　车 a2-c2　　3. 王 d8-e7　车 c2-e2+

4. 王 e7-d6　车 e2-d2+　　5. 王 d6-e6　车 d2-e2+

6. 王 e6-d5!　车 e2-d2+　　7. 车 f4-d4

白方用车垫将，使黑车无法长将了，白胜。

这里白车 f1-f4-d4 的调动是取胜的关键，这种方法称为"搭桥法"，是车兵残局中典型的技巧。

黑先：

1. …………　车 a2-a8+　　2. 王 d8-c7　车 a8-a7+

3. 王 c7-c6　车 a7-a6+　　4. 王 c6-b7!

白王的蛇形调动，使黑车无法长将了，小兵必升后，白胜。

图 88 和上图比较，除了黑方车在原位置，其他子力都向右移了一行，这一变化的结果会有所不同。如轮白方先走，仍是白胜，方法同上，请自行演示。

**图 88**

如黑方先走，则为和棋，过程如下：

1. ………… 车 a2–a8+
2. 王 e8–d7 车 a8–a7+
3. 王 d7–d6 车 a7–a6+
4. 王 d6–c7 车 a6–a7+

和棋。

由于黑车和白王相距三条直线，因此获得侧翼长将机会。而上图黑车和白王相距两条直线，无法获得长将，这一细微不同在此十分关键，请体会并记清。

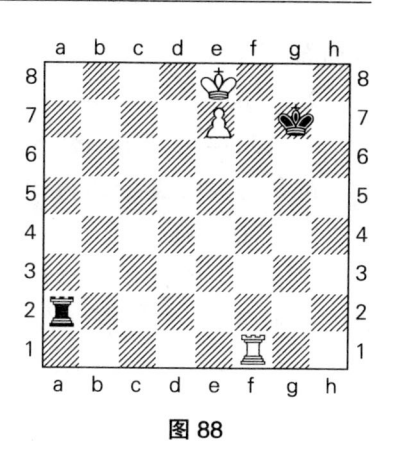

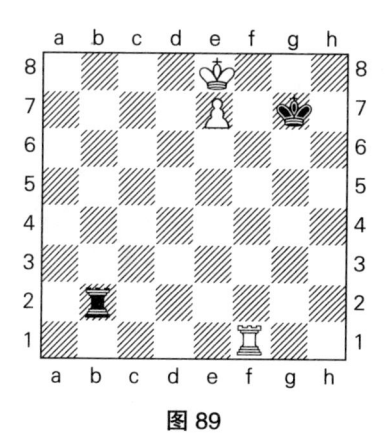

**图 89**

如果把黑车移至 b2，形成图 89 局面，由于黑车与白王相距两条直线，因此无法实施侧翼长将。

图 89，黑先。

1. ………… 车 b2–b8+

如走 1. … 车 a2 来不急，因 2. 车 g1+形成已熟悉的必胜局面。

2. 王 e8-d7　　车 b8-b7+　　3. 王 d7-d8　　车 b7-b8+

4. 王 d8-c7　　车 b8-a8

准备再次从侧翼长将，但白方走：

5. 车 f1-a1！

漂亮的引离战术，化解了黑方侧翼长将的希望。黑方若吃白车，则白兵升后，形成单后胜单车的局面。

5. …………　　车 a8-e8　　6. 王 c7-d7　　白胜。

图 90，黑先。

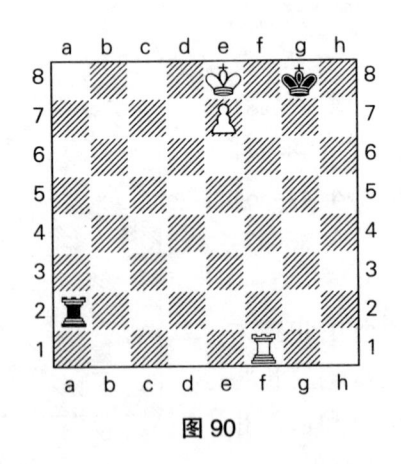

**图 90**

黑王位于底线，给了白方利用车 f8 将军，然后支持小兵升变的机会。为了防御白车 f8，黑车必须守住底线，因此使黑方侧翼进攻无法实现，白方取胜，过程如下：

1. …………　　车 a2-a8+　　2. 王 e8-d7　　车 a8-a7+

3. 王 d7-d6　　车 a7-a6+

现在白方有两种方法获胜：

第一种，破坏黑方车的侧翼进攻。

4. 王 d6-c5　车 a6-a8　5. 王 c5-c6　王 g8-g7

6. 车 f1-a1！

利用引离战术，破坏了黑方的侧翼进攻。

6. …………　车 a8-b8　7. 王 c6-c7　白胜。

第二种，利用黑王的不利位置，把己方王迂回到 g6 格，然后用车 f6 垫将，防守住黑方侧翼的进攻。

4. 王 d6-e5！　车 a6-a5+　5. 王 e5-f6　车 a5-a6+

6. 王 f6-g5　车 a6-a5　7. 王 g5-g6　车 a5-a6+

8. 车 f1-f6！　车 a6-a8　9. 车 f6-d6！

防住了黑车侧翼的进攻，并威胁下着车 d8+，白胜。

如果将上例的局面向右移一条直线，形成图 91 的局面，黑方先走，可以取得和棋。

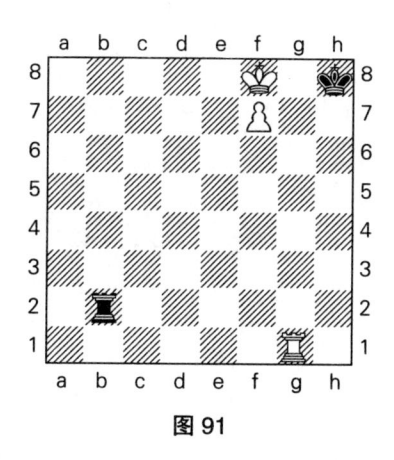

图 91

1. …………　车 b2-b8+　2. 王 f8-e7　车 b8-b7+

3. 王 e7-f6　车 b7-b6+　4. 王 f6-f5　车 b6-b5+

5. 王 f6-g6　车 b5-b6+　6. 王 g6-h5　车 b6-b5+

7. 王 h5-h6　车 b5-b6+　8. 车 g1-g6　车 b6×g6+！

9. 王 h6×g6

由于黑王位于角格，黑方兑车形成无子可动局面，和棋。

当强方的车位置不好时，弱方有取和机会。

图 92，黑先。

1. ………… 车 h1-h8+

2. 王 e8-f7　王 c7-d7

3. 车 g7-g1　车 h8-h7+

4. 王 f7-f8

如 4.王 f6 则 4. … 车×e7，均势。

4. ………… 车 h7-h8+

5. 王 f8-g7　车 h8-e8

白兵必丢，和棋。

图 93，黑先。

白方车位于兵前面，被黑方车从背后牵制住。黑方王和车各负其责，准确防守，成功守和。

1. ………… 车 g2-g6!

好棋！把白王控制在 7 线，使其无法发挥作用。如 1. … 王 a2 则 2. 王 b7　王 b3　3. 王 c6　王 c4　4. 王 d6　王 d4　5. 王 e6　王 e4　6. 车 e8　车×g7　7. 王 f6 闪将抽车，白胜。

2. 王 a8-b7

如 2. 王 a7，则 2. … 王 a2　3. 王 b7　结果同主变。

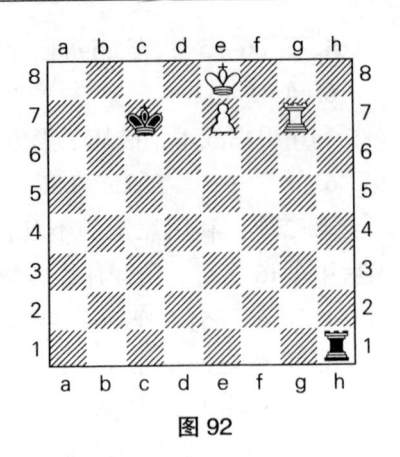

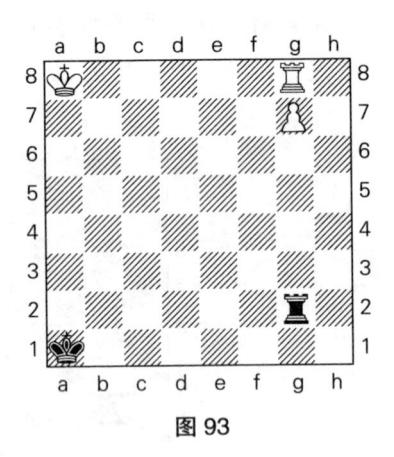

2. ……… 王 a1-b2　　3. 王 b7-c7　　王 b2-c3

4. 王 c7-d7　　王 c3-d4　　5. 王 d7-e7　　王 d4-e5

6. 王 e7-f7　　车 g6-f6+　　7. 王 f7-e7　　车 f6-g6（或 7. … 车 e6　8. 王 d7　王 f6　9. 车 a8　车 e7+）8. 王 e7-f7 车 g6-f6+

和棋。

强方的兵位于车前兵时，和棋的可能性相对增多。这里有两个原因：①强方的王只能从一侧保护兵；②当弱方用车照将时兵无法在横线上掩护王。

图 94，白先。

黑方防守正确，白方无法取胜，着法如下：

1. 车 d2-h2　　王 e7-d7!

2. 车 h2-h8　　王 d7-c7

3. 车 h8-b8

如 3. 车 h2 则 3. … 车 c1! 白方无法加强局面。

3. ……… 车 b1-c1

4. 车 b8-b2　　车 c1-c3

黑王锁住白王，黑车掩护黑王，白方毫无办法，和棋。

图 95，黑先。

白王无掩护所，白方车位于兵前无法发挥作用，而黑方车十分积极不仅掩护己方王，不给白车照将赢得时间，还争

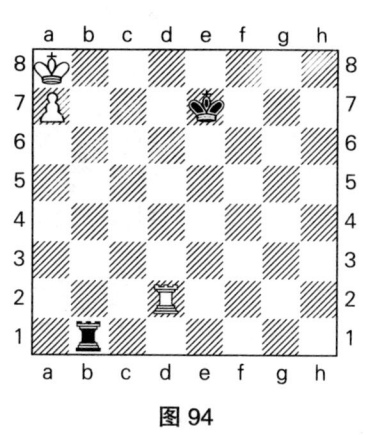

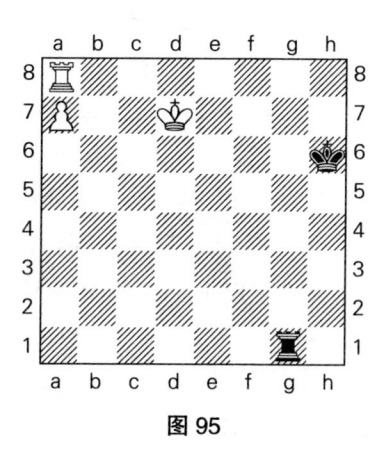

图 94

图 95

得长将。

1. ………… 车g1-g7+　2. 王d7-c6　王h6-g5!
3. 王c6-b6　车g7-g6+　4. 王b6-b5　车g6-g7
5. 王b5-a5　王g5-g4!

至此，黑方王车位置甚佳，白方无法进取，和棋。

图96，白先。

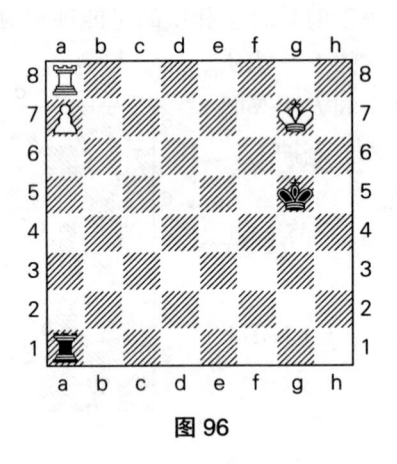

图 96

黑方的防守很有教益，黑车从背后牢牢地牵制着a7兵，黑王则以白王为掩护所，使白方无法加强局面。

1. 王g7-f7　王g5-f5!

着法精确，如走1. … 王f4，将无法守和，变化如下：2. 王e6　王e4　3. 王d6　王d4　4. 王c6　王c4　5. 车c8! 车×a7　6. 王b6，闪将抽车，白胜。

2. 王f7-e7　王f5-e5!　3. 王e7-d7　王e5-d5
4. 王d7-c7　王d5-c5　5. 王c7-b7

如改走5. 车c8弃兵，则5. … 车×a7+　6. 王b8　王b6，也是和棋。

5. 车 a1–b1+

和棋。

当强方的王在兵前，而弱方的王如果与兵相隔四条直线被切断时，强方可以取胜。

图 97，白先。

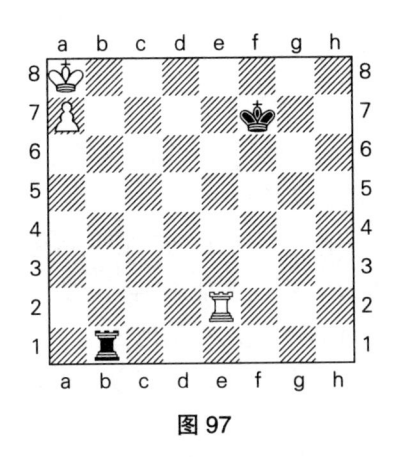

图 97

白方取胜方法是把车调到 b8，将黑方车从 b 线挤走，着法如下：

1. 车 e2–c2　王 f7–e7　2. 车 c2–c8　王 e7–d6

如走 2. … 王 d7 则 3. 车 b8 车 a1 4. 王 b7 车 b1+ 5. 王 a6 车 a1+ 6. 王 b6 车 b1+ 7. 王 c5，白王以蛇形调动的手法逼近黑车，白胜。

3. 车 c8–b8　车 b1–a1　4. 王 a8–b7　车 a1–b1+

5. 王 b7–c8　车 b1–c1+　6. 王 c8–d8　车 c1–h1!

7. 车 b8–b6+!

不能走 7. 王 e8 因 7. … 车 h8 8. 王 f7 车 h7，白方丢兵，和棋。

7. ………… 王 d6–c5　8.车 b6–c6+! 王 c5–b5

如 8. … 王 d5，则 9. 车 a6　车 h8+　10. 王 c7　车 a8 11. 王 b7 白胜；若 8. … 王×c6 则 9. a8（后）将军抽车。

9. 车 c6–c8!　车 h1–h8+　10. 王 d8–c7　车 h8–h7+

11. 王 c7–b8　白胜。

以上我们分析了车单兵对单车，兵已进入第 7 横线（黑方为第 2 横线）后的一些典型局面，通过分析我们知道弱方要保证侧翼进攻的成功，必须具备以下三个基本条件：

①弱方车与强方兵之间应保持足够的间距（至少三条直线），称为弱方车占领"长距离"。

②弱方王处于相应支援的位置，以清除强方王在另一翼躲避侧翼进攻的掩护所，但这不能影响到己方车的灵活性。

③强方车位于不能参战的被动地位。

当强方的兵离升变格较远时，弱方的车有可能从正面进行有效的防御。

图 98，白先。

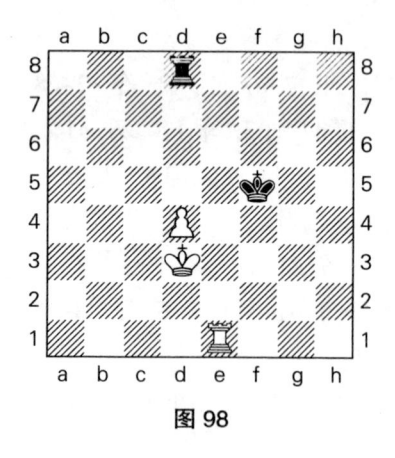

图 98

## 第五章　残局基础

　　黑方的王被白车隔开，但黑车的位置好，它的积极防守阻止白兵无法前冲。

　　1. 王 d3-c4　车 d8-c8+　　2. 王 c4-b5　车 c8-d8!

再将军就错误了。在 2. … 车 b8+ 3. 王 c6 车 c8+ 4. 王 d7 之后，兵的前冲已无法阻止。

　　3. 王 b5-c5　车 d8-c8+　　4. 王 c5-b6　车 c8-d8!

这里仍不能走 4. … 车 b8，因有 5. 王 c7 车 b5 6. 王 c6，接着走 7. d5 白胜。

　　5. 王 b6-c5

如改走 5. 车 d1，则 5. … 王 e6　6. 王 c7　车 d5　7. 王 c6　车 d6+　8. 王 c5　车 d5+　9. 王 c4　车 h5 再 10. … 王 d6。

　　5. …………　车 d8-c8+　　6. 王 c5-b4　车 c8-d8

　　7. 王 b4-c4　车 d8-c8+　　8. 王 c4-d3　车 c8-d8

白方毫无进展，和棋。

　　需要指出的是，似乎黑方的王没有帮助车，当然不是的，从 5.车 d1 的变着中就可以清楚地看到黑王所起的作用。

　　如图 99，黑王位于 f7，白方先走则可以取胜，过程如下：

　　1. 王 d3-c4　车 d8-c8+　　2. 王 c4-b5　车 c8-d8

　　3. 王 b5-c5　车 d8-c8+　　4. 王 c5-b6　车 c8-d8

　　5. 车 e1-e4!

前 4 回合着法和上例一样，现在不同了，当黑王位于 f5 时，白车是不能到 e4 的。

　　5. …………　王 f7-f6　　6. 王 b6-c5　车 d8-d5

如 6. … 王 f5 则 7. 车 e5 将军，黑方丢车，白胜。

　　7. 王 c7-c6　车 d5-d8　　8. d4-d5

白兵必能升后，白胜。

但如果轮黑方先走，可以守和，着法如下：

1. ………… 车 d8-e8！

运用关键格理论及时兑车，如白车离开 e 线，则黑王进入 e 线，也是和棋局面。

2. 车 e1×e8　王 f7×e8　　3. 王 d3-c4　王 e8-d8！

4. 王 c4-d5　王 d8-d7！

如 4. 王 c5 则 4. … 王 c7。

黑方主动对王，形成已熟悉的官和局面。

强方的兵位于车前兵时，显然取胜的可能性减少，原因是：王只能从一边支持兵，兵只能从后面保护王免受将军。

如图 100 局面，轮谁走棋都不重要，白方无论如何也不能加强局面，黑方可轻易守和。

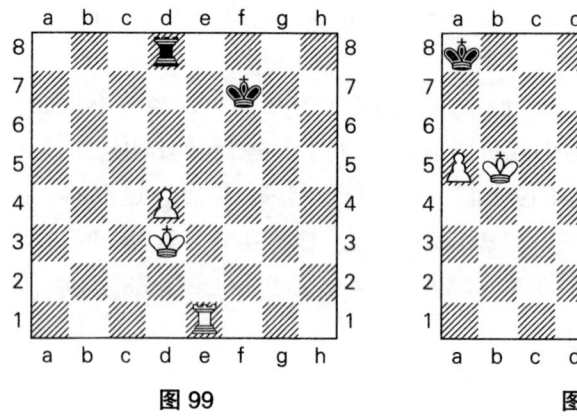

图 99　　　　　　　　　图 100

白先：1. 王 b5-b6　车 g1-g8 和棋。

黑先：1. …………　车 g1-b1+　2. 王 b5-a6　车 b1-b2

3. 车 h6-h8+　车 b2-b8 和棋。

图 101，白先。

白方的车位于兵前，而黑方的车十分灵动，此消彼长，白方多兵优势自然无法体现。

1. 王 c4-b5

白方用王保兵，准备解放车，如改走 1. a7，以下变化将是和棋：1. …　车 a6！〔若 1. …　车 f7，则 2. 车 g8+　王×g8　3. a8（后），白胜势〕2. 王 b5　车 a1　3. 王 b6　车 b1+　4. 王 c6　车 a1，白方一无所获，和棋。

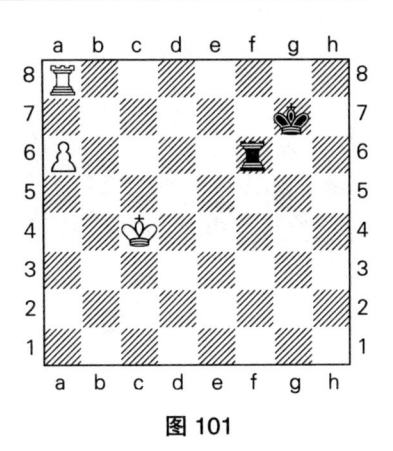

图 101

1. …………　车 f6-f5+　2. 王 b5-c4　车 f5-f6！
3. 王 c4-d5　车 f6-b6　4. 王 d5-e5　车 b6-c6！
5. a6-a7　车 c6-a6！

至此，黑方车在 a 线盯住兵，把白车牵制住，使其无所作为，黑方防守成功，和棋。

通过以上的分析我们可以得到这样的结论：判断车兵残局最重要因素是车的积极性，物质优势的意义是随着车的积极性而变化的。兵的升变只有得到车、王的全力支持才能获得成功。

## 练习题

完成习题 1~习题 8。

# 国际象棋快速入门

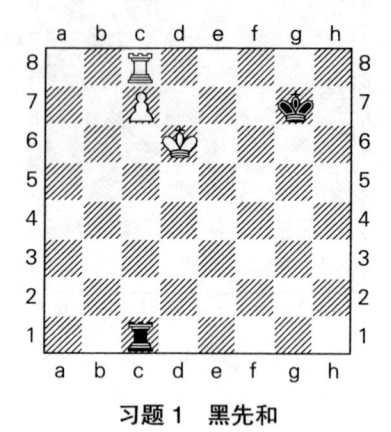

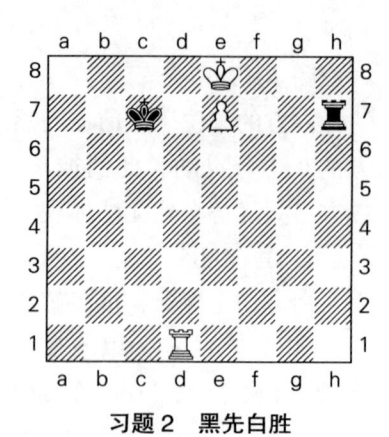

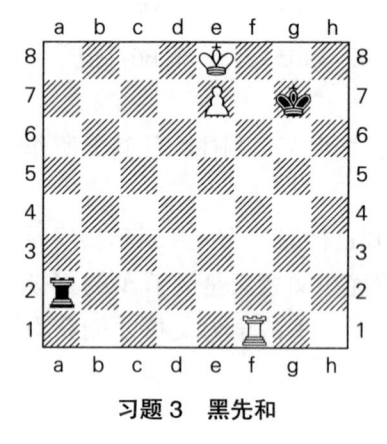

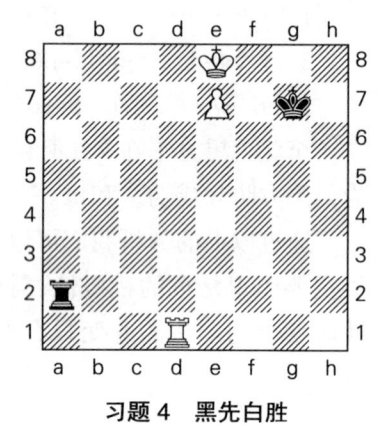

习题 1　黑先和

习题 2　黑先白胜

习题 3　黑先和

习题 4　黑先白胜

## 第五章 残局基础

习题 5　黑先和

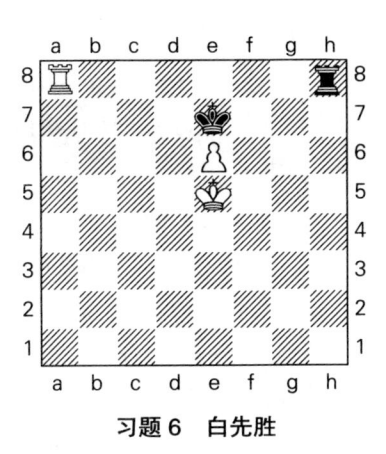

习题 6　白先胜

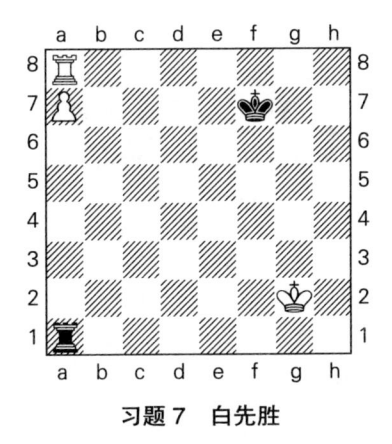

习题 7　白先胜

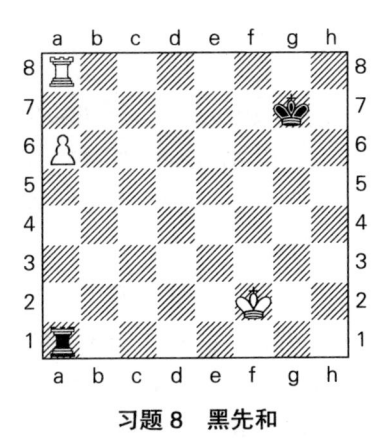

习题 8　黑先和

**练习题解答**

习题1，黑先和。

1. ………… 车 c1-d1+    2. 王 d6-c6    车 d1-c1+

3. 王 c6-b6    车 c1-b1+    4. 王 b6-a6    车 b1-c1

和棋。

习题2，黑先白胜。

1. ………… 车 h7-h8+    2. 王 e8-f7    车 h8-h7+

3. 王 f7-f6    车 h7-h8    4. 王 f6-g7    车 h8-a8

5. 王 g7-f7    白胜。

习题3，黑先和。

1. ………… 车 a2-a8+    2. 王 e8-d7    车 a8-a7+

3. 王 d7-d6    车 a7-a6+    4. 王 d6-d5    车 a6-a5+

5. 王 d5-c6    车 a5-a6+    6. 王 c6-b7    车 a6-e6

和棋。

习题4，黑先白胜。

1. ………… 车 a2-a8+    2. 王 e8-d7    车 a8-a7+

3. 王 d7-e6    车 a7-a6+    4. 车 d1-d6    车 a6-a8

5. 车 d6-d8    车 a8-a6+    6. 王 e6-d5    白胜。

习题5，黑先和。

1. ………… 车 f1-e1！    2. 王 g5-f5    车 e1-e2！

如误走 2. … 车 f1 将军，则 3. 王 e5 车 e1+ 4. 王 d6 车 d1 5. 王 e7 车 a1 6. 王 e8 白胜。

3. 车 d8-a8    车 e2-e1    4. 车 a8-a7+    王 g7-f8

5. 王 f5-f6    车 e1-f1+    和棋。

习题6，白先胜。

1. 车 a8-a7+

如误走 1. 车×h8，则逼和。

1. ……………  王 e7–f8  2. e6–e7+  王 f8–f7
3. e7–e8(后)++  王 f7×e8  4. 车 a7–a8+  白胜。
习题 7，白先胜。
1. 车 a8–h8  车 a1×a7  2. 车 h8–h7+  白胜。
和棋。
习题 8，黑先和。
1. ……………  车 a1–a5！ 2. 王 f2–e3  车 a5–e5+
3. 王 e3–d4  车 e5–e6  4. 王 d4–d5  车 e6–f6
5. 王 d5–e5  车 f6–b6  6. 王 e5–d5  车 b6–f6
7. 王 d5–c5  车 f6–f5+  8. 王 c5–b6  车 f5–f6+
9. 王 b6–a7  车 f6–f7+  和棋。

# 第六章 常用开局

依据开局基本原则，经过棋手们长期实践，创立了许许多多的开局体系。长期以来，人们习惯将这些开局分为三大类：开放性开局、半开放性开局、封闭性开局。开放性开局是指双方第一回合走 e2-e4、e7-e5 的开局；半开放性开局是第一回合白方走 e2-e4 而黑方不走 e7-e5 的开局；封闭性开局是白方第一回合不走 e2-e4 的所有开局。开局的名称是由国名、地名、人名等来命名的，如西班牙开局、西西里防御、阿辽亨防御等。

国际象棋的开局十分重要，它直接影响着中局甚至残局的战斗。因此，任何轻视开局的想法是不对的。

## 一、开放性开局

在开放性开局中，中心被打开，线路开放，子力能很快投入战斗，经常在中心进行短兵相接的激烈战斗。在此类开局中，出子速度具有重要作用，战术打击会经常出现。

### （一）意大利开局

这是一个古老的开局，至今已有五百多年的历史。白方战略思想十分明快，通过兵 c2-c3 支持中心兵 d2-d4 的挺进来建立中心兵阵，同时用 c4 象瞄准 f7 兵的弱点。双方有许多针锋相对的攻守方法，对初学者是十分有教益的。

1. e2-e4　　　e7-e5　　　2.马 g1-f3　　马 b8-c6

3. 象 f1-c4　　象 f8-c5（图 1）

图 1 形成意大利开局基本局面。在此开局各种变例中，黑方大多能够克服开局困难，取得均势。

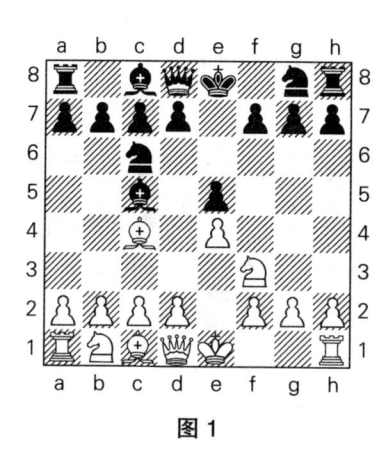

图 1

下面介绍三种主要变化：

第一种变化

4. c2-c3

白方利用黑象在 c5，通过兵 d4 冲击和占领中心。

4. ……………… 马 g8-f6

黑方针锋相对，攻击白 e4 兵。

5. d2-d4　　　e5×d4　　　6. c3×d4　　象 c5-b4+

如走 6. … 象 b6，则 7. d5 马 e7　8. e5 马 e4　9. d6，白优。

7. 象 c1-d2

如走 7. 马 c3，则 7. … 马×e4　8. 0-0　象×c3　9. d5

象 f6  10. 车 e1  马 e7  11. 车×e4  d6，黑方多兵，略优。

7. ……  象 b4×d2+

或走 7. …  马×e4  8. 象×b4  马×b4  9. 象×f7+  王×f7  10. 后 b3，局面复杂。

8. 马 b1×d2  d7-d5!  9. e4×d5  马 f6×d5

10. 后 d1-b3  马 c6-e7  11. 0-0  0-0

12. 车 f1-e1  c7-c6（图2）

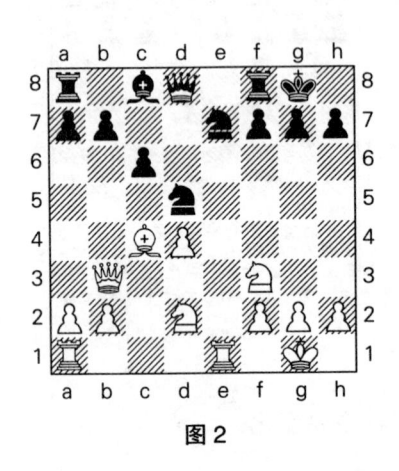

图 2

形成意大利开局的典型局面，双方均围绕着占领和争夺中心进行激烈的争夺，十分符合开局原则。至此，开局结束，双方均势。

第二种变化

4. c2-c3  后 d8-e7  5. d2-d4  象 c5-b6

如走 5. …  e×d4，则 6. 0-0，白方弃兵获取主动。黑方不能走后×e4，因为车 e1 捉死后。

6. 0-0  d7-d6  7. h2-h3  马 g8-f6

8. 车 f1-e1  0-0  9. a2-a4  a7-a6

白方接下去可走 10. 象 e3 或象 g5、马 a3，白略优。

第三种变化

4. d2–d3　　马 g8–f6　　5. 马 b1–c3　　d7–d6
6. 象 c1–e3　　象 c5–b6　　7. 后 d1–d2　　象 c8–e6
8. 象 c4–b5　　0–0　　　　9. 象 b5×c6　　b7×c6
10. 0–0　　　马 f6–d7　　11. d3–d4

双方均势。

## （二）苏格兰开局

此开局是因 1824 年由苏格兰棋手首次使用并获得成功而得名。它的特点是战斗进程快，容易导致尖锐复杂的局势。第 3 回合白方走 d4 虽符合占中心的原则，但它的过早行动，使黑方也容易取得均势局面。

1. e2–e4　　　e7–e5　　　2. 马 g1–f3　　马 b8–c6
3. d2–d4　　　e5×d4（图 3）

图 3 形成苏格兰开局基本局面。

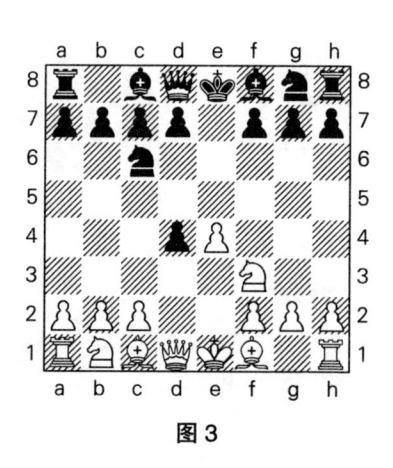

图 3

下面介绍三种主要变化：

第一种变化

4. 象 f1-c4

白方弃兵争先，导入激烈变化。

| 4. …………   | 象 f8-c5 | 5. c2-c3   | d4-d3  |
|-----------|---------|------------|--------|
| 6. b2-b4  | 象 c5-b6 | 7. 后 d1-b3 | 后 d8-f6 |
| 8. 0-0    | d7-d6   | 9. a2-a4   | a7-a6  |
| 10. a4-a5 | 象 b6-a7 | 11. b4-b5  | a6×b5  |

形成双方各有顾忌、复杂多变的局面。

第二种变化

| 4. c2-c3  | d4-d3 | 5. 象 f1×d3 | d7-d6  |
|-----------|-------|------------|--------|
| 6. 0-0    | 马 g8-f6 | 7. 马 b1-d2 | 象 f8-e7 |
| 8. 马 f3-d4 | 0-0   | 9. f2-f4   | 马 c6-e5 |
| 10. f4×e5 | d6×e5 | 11. 马 d2-f3 | e5×d4  |

白方在中心占有优势，空间较大，形势较好。

第三种变化

4. 马 f3×d4

白马虽占领了中心，但也由此成为黑方反击的目标。

4. ………… 象 f8-c5

稳健之着，利用白方马在 d4，出象反击。

5. 象 c1-e3　后 d8-f6

6. c2-c3　　马 g8-e7

（图 4）

黑方快速出子准备冲起 d5，消除白方 e4 中心兵。

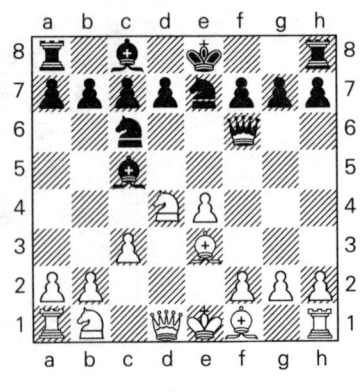

图 4

7. 象 f1-c4　马 c6-e5　　8. 象 c4-e2　后 f6-g6
9. 0-0　　　d7-d5!　　10. e4×d5　　象 c8-h3
11. 象 e2-f3　0-0-0

双方反方向易位，形成对攻之势。黑方子力活跃，形势较好。

## （三）双马防御

双马防御是一个古老开局，至今已有四百多年的历史，由于黑方先出动双马与白方争夺中心而命名。此开局有多种复杂激烈的攻守变化，它的战略思想是通过对白方 e4 兵的攻击，限制白方建立中心兵阵，还常采用弃兵的方法争取主动。

1. e2-e4　　e7-e5　　2. 马 g1-f3　马 b8-c6
3. 象 f1-c4　马 g8-f6（图 5）

图 5 形成双马防御基本局面。

下面介绍两种主要变化：

第一种变化

4. 马 f3-g5

白方马和象配合攻击 f7 兵，黑方防守要准确。

4. ………… d7-d5

黑方用弃兵来阻挡白方对 f7 兵的攻击。

5. e4×d5　　马 c6-a5!

如果马上吃回一兵对黑方不利。

6. 象 c4-b5+　c7-c6!
7. d5×c6　　b7×c6

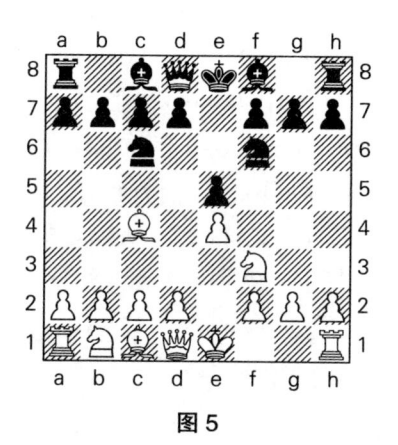

**图 5**

8. 象 b5-e2　h7-h6　　9. 马 g5-f3　e5-e4
10. 马 f3-e5　象 f8-d6　　11. d2-d4

这时也可走 11. f4，则 11. … e×f3　12. 马 f3　0-0　13. d4　c5　14. 0-0　车 e8，双方各有顾忌。

11. ………　e4×d3!　　12. 马 e5×d3　后 d8-c7（图 6）

如图 6 黑方少一兵，但出子速度快于白方，且子力活跃，线路通畅，弃兵有补偿。

第二种变化

4. d2-d4　　e5×d4
5. e4-e5　　d7-d5

这时可走 5. … 马 e4，以下 6. 象 d5　马 c5　7. 0-0　马 e6　8. c3　d×c3　9. 马×c3　象 e7　10. 后 a4　0-0，双方均势。

6. 象 c4-b5　马 f6-e4
7. 马 f3×d4　象 c8-d7
8. 象 b5×c6　b7×c6
9. 0-0　　象 f8-c5

如走 9. … 象 e7，则 10. 马 c3　0-0　11. f4　马×c3　12. b×c3，白方较好。

10. f2-f3　　马 e4-g5
11. 象 c1-e3　象 c5-b6
12. f3-f4　　马 g5-e4

（图 7）

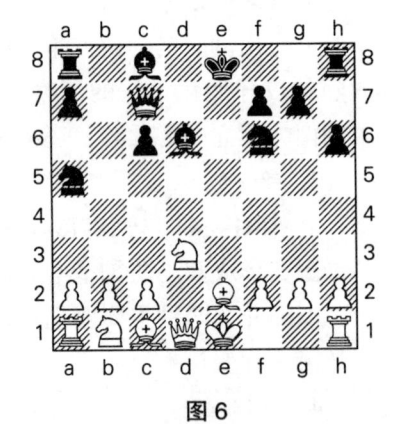

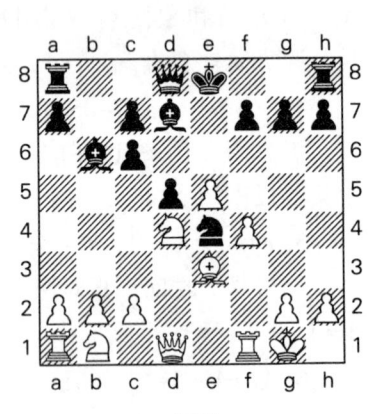

图 6

图 7

## 第六章　常用开局

以下白方用 e 兵 f 兵冲击，从王翼进攻；黑方可用 c 兵 d 兵冲击，从后翼反击，形成对攻。但由于黑方没易位，因此白方较好。

### （四）俄罗斯防御

这也是一个古老的开局，由于俄国棋手对此开局有深入的研究而命名。此开局黑方第二步棋针锋相对攻击白方 e4 兵，迫使白方立即表态，以后容易形成互吃 e 兵而简化局面，一般认为在对称局面中白方能保持微小而稳固的先手，因此在比赛中使用较少。

1. e2–e4　　e7–e5　　2. 马 g1–f3　马 g8–f6（图 8）

图 8 形成俄罗斯防御基本局面。

下面介绍两种主要变化：

第一种变化

3. d2–d4　　e5×d4

如改走 3. … 马×e4，则 4. 象 d3　d5　5. 马×e5　马 d7，白方稍好。

4. e4–e5　　马 f6–e4
5. 后 d1×d4　d7–d5
6. e5×d6　　马 e4×d6
7. 象 c1–g5　马 b8–c6
8. 后 d4–e3+ 象 f8–e7　　9. 马 b1–c3　0–0
10. 0-0-0　　白方稍优。

第二种变化

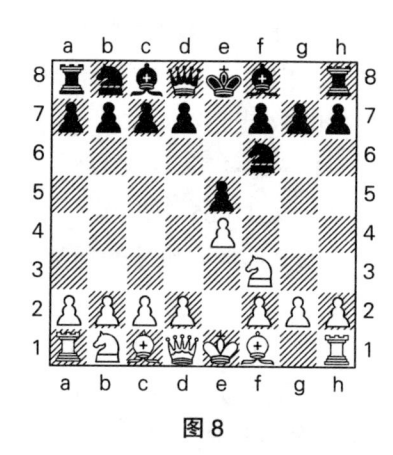

3. 马 f3×e5　d7–d6　　4. 马 e5–f3　马 f6×e4

| | | | |
|---|---|---|---|
| 5. d2-d4 | d6-d5 | 6. 象 f1-d3 | 象 f8-e7 |
| 7. 0-0 | 马 b8-c6 | 8. 车 f1-e1 | 象 c8-g4 |
| 9. c2-c4 | 马 e4-f6 | 10. c4×d5 | 马 f6×d5 |
| 11. 马 b1-c3 | 0-0 | 12. h2-h3 | 象 g4-e6 |
| 13. a2-a3 | 象 e7-f6 | 14. 象 d3-e4 | h7-h6 |
| 15. 象 e4-c2! | 马 d5-e7 | 白方形势较好。 | |

## （五）西班牙开局

西班牙开局历史悠久，早在 15 世纪末由西班牙棋手创立而命名。经过各国棋手长期深入的研究，大大丰富了其战略思想，使这一古老的开局焕发出强大的生命力，目前深受棋手们的重视和喜爱，成为现代最流行的开局之一。

西班牙开局和其他开放性开局有明显的不同，其战略意义深远，内容丰富，变化复杂，常以阵地战为主，但也不乏短兵相接的激烈变例。

1. e2-e4  e7-e5  2. 马 g1-f3  马 b8-c6
3. 象 f1-b5 （图 9）

图 9 形成西班牙开局基本局面。

3. …………  a7-a6

是最有力的一着，此外，还有许多其他变着，如走马 d4、象 c5、f5、马 f6、d6、g6 等。

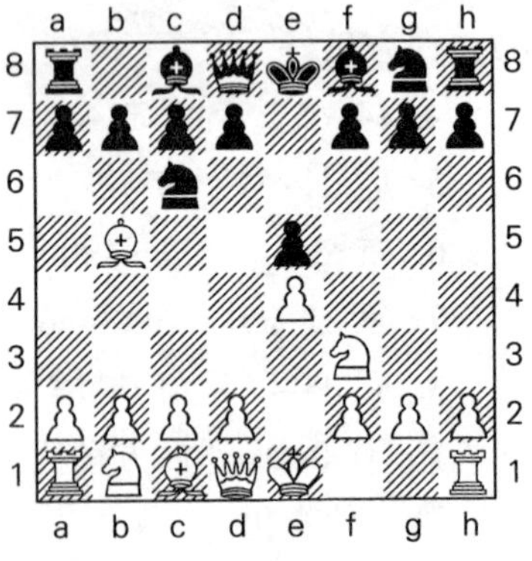

下面介绍四种主要变化：

第一种变化  兑换变例

4. 象 b5×c6  d7×c6

图 9

白方以好象换掉 c6 马，其目的是破坏黑方后翼兵形，并先手攻击 e5 兵。而黑方保留双象，线路通畅。此变例易于简化局面，形成均势。

5. 0-0

如走马×e5，则后 d4。即可吃回兵，并获得双象畅通的满意局面。

现在黑方有三种应着：

（1） 5. ………… f7-f6  6. d2-d4  象 c8-g4
7. d4×e5  后 d8×d1  8. 车 f1×d1  f6×e5
9. 车 d1-d3  象 g4×f3  10. 车 d3×f3  马 g8-f6
11. 马 b1-c3  象 f8-b4  12. 象 c1-g5  象 b4×c3
13. b2×c3  车 h8-f8

没有必要走 0-0，因为现在的局面王在中路可以防护 d7、e7、f7 等格位。

14. 象 g5×f6  车 f8×f6  15. 车 f3×f6  g7×f6

经过大量的子力交换，形成平稳、均势的局面。

（2） 5. ………… 后 d8-d6  6. d2-d4  e5×d4
7. 马 f3×d4  象 c8-d7  8. 象 c1-e3  0-0-0
9. 马 b1-d2  马 g8-h6  10. h2-h3  后 d6-g6
11. 后 d1-f3  f7-f5  局面大致相等。

（3） 5. ………… 象 c8-g4  6. h2-h3  h7-h5
7. d2-d3  后 d8-f6  8. 马 b1-d2  象 f8-d6
9. 车 f1-e1  象 g4-e6  局面大致相等。

第二种变化  开放变例

4. 象 b5-a4  马 g8-f6  5. 0-0  马 f6×e4

这是黑方准备打开中心，寻求战斗的变例。

6. d2-d4

如 6. 车 e1，则 6. … 马 c5 7. 马×e5 马×e5 8. 车×e5+ 象 e7，简化局面，黑方满意。

6. ………… b7-b5

不能走 6. … e×d4，因为 7. 车 e1 d5 8. 马×d4 象 d7 9. f3，白方得子。

7. 象 a4-b3 d7-d5 8. d4×e5 象 c8-e6（图 10）

图 10 是开放变例基本阵形，黑方弱子出动较快，子力活跃，但还没能易位，局面激烈而复杂。

**第三种变化 马歇尔弃兵**

前四回合同上。在第 5 回合白方短易位后，黑方走象 f8-e7，接下来是：

6. 车 f1-e1 b7-b5
7. 象 a4-b3 0-0
8. c2-c3 d7-d5

（图 11）

图 11 形成马歇尔弃兵，由前美国冠军马歇尔所创而得名。以下将导入激烈的变化。

9. e4×d5 马 f6×d5
10. 马 f3×e5 马 c6×e5
11. 车 e1×e5 c7-c6
12. d2-d4 象 e7-d6
13. 车 e5-e1 后 d8-h4
14. g2-g3 后 h4-h3

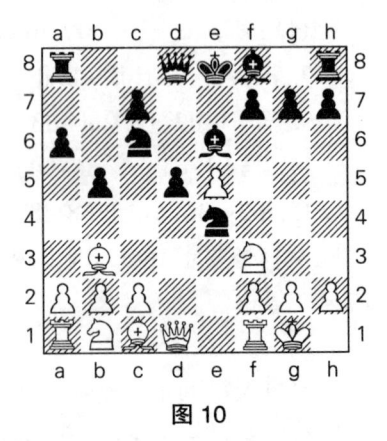

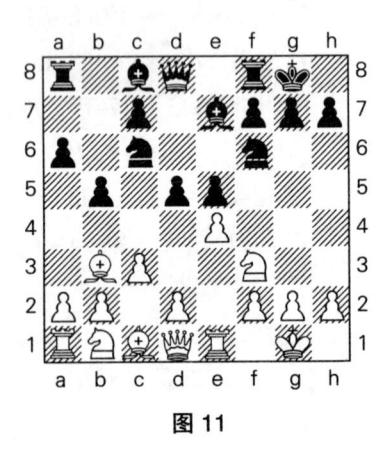

图 10

图 11

15. 象 c1-e3　　象 c8-g4　　16. 后 d1-d3　　车 a8-e8

17. 马 b1-d2　　车 e8-e6

黑方弃一兵，力争在王翼进攻，双方互有机会。

第四种变化　齐果林变例

4. 象 b5-a4　　马 g8-f6　　5. 0-0　　　　象 f8-e7

6. 车 f1-e1　　b7-b5　　　7. 象 a4-b3　　0-0

8. c2-c3　　　d7-d6　　　9. h2-h3（图 12）

图 12 形成西班牙开局中最为流行的齐果林变例，由俄国棋手齐果林创立而得名。此变例内容十分丰富，战略计划深远。白方首先通过兵 d4 建立兵中心，然后马 b1 沿 d2-f1-g3（e3）向王翼调动，并通过象 c2，对黑方王翼施加压力；黑方则必须巩固 e5 兵，并在中心及后翼进行反击。

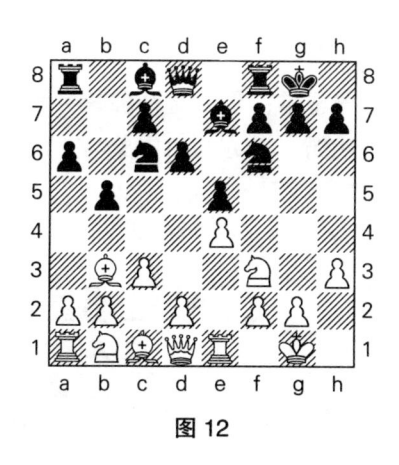

图 12

9. ⋯⋯⋯⋯　　马 c6-a5

此时黑方也可走 9. ⋯ h6，以下象 b7 再马 b8、马 d7。

10. 象 b3-c2　　c7-c5　　　11. d2-d4　　　后 d8-c7

12. 马 b1-d2

至此形成此变例的典型局面，以下黑方续着有车 e8、象 d7、马 c6、象 b7 等，将形成不同的变例。

## 二、半开放性开局

半开放性开局给黑方提供了更多的选择，它可以根据不同的对手，扬长避短，把战斗引入自己熟悉的布局。此类开局双方能够较从容地进行子力调动，部署兵阵，积极备战。在开局阶段战斗强度不如开放性开局，然而其斗争形式多种多样，变化复杂，给棋手提供了更为广阔的天地。

### （一）卡罗·康防御

卡罗·康防御创立于 19 世纪末，由两位德国棋手卡罗和康共同创立而得名。

此开局的战略思想是：黑方避开种种尖锐的斗争，经过子力的交换过渡到中残局，黑方的白格象易于出动，但出子速度稍慢。

1. e2–e4　c7–c6
2. d2–d4　d7–d5（图 13）

图 13 形成卡罗·康防御基本局面。

下面介绍三种主要变化：

第一种变化

3. e4–e5　象 c8–f5

黑方及时出动后翼白格象，控制 b1–h7 斜线。

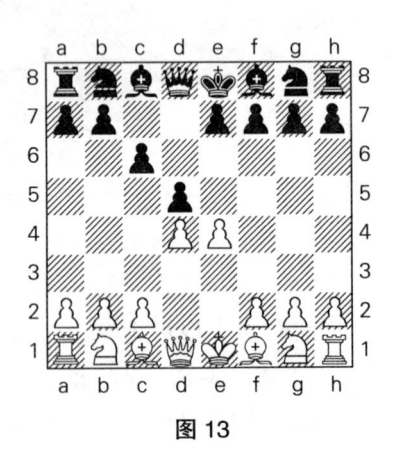

4. 象 f1–d3　象 f5×d3

图 13

5. 后 d1×d3　　　e7-e6！

及时，否则白方将走 e6，破坏黑方兵形。

6. 马 g1-e2

如走 6. 马 f3，则 6. … 后 a5+　7. c3　后 a6，局面简化。

6. …………　　后 d8-b6　7. 马 b1-c3　c6-c5

黑方在后翼反击，基本均势。

第二种变化

3. e4×d5　　c6×d5　　4. c2-c4　　马 g8-f6

5. 马 b1-c3　　e7-e6　　6. 马 g1-f3　　象 f8-e7

7. c4×d5

也可走 c5，在后翼上占有主动。

7. …………　　马 f6×d5　8. 象 f1-c4　　0-0

9. 0-0　　　马 b8-c6　10. 车 f1-e1　马 d5×c3

11. b2×c3　　b7-b6

黑方准备走象 b7 控制 a8-h1 大斜线。双方基本均势。

第三种变化

3. 马 b1-c3

这是此开局最主要变例，白方坚持占领中心。

3. …………　　d5×e4　　4. 马 c3×e4　　象 c8-f5

5. 马 e4-g3　　象 f5-g6　　6. 马 g1-f3　　马 b8-d7

7. h2-h4　　h7-h6　　8. 象 f1-d3　　象 g6×d3

9. 后 d1×d3　　后 d8-c7　10. 象 c1-d2　　e7-e6

11. 0-0-0　　0-0-0

开局结束，基本均势。

## （二）法兰西防御

法兰西防御也是一个古老的开局，早在 16 世纪末由法国棋手创立而得名。

在此开局中，黑方的战略思想是尽力巩固王翼，形成稳定的中心，并用c7-c5进行反击。其缺点是后翼白格象难以出动。白方则尽力保持空间和出子优势，在中心和王翼组织进攻。此开局复杂多变，双方都有许多机会。

1. e2-e4　　　e7-e6　　2. d2-d4　　d7-d5（图14）

图14形成的局面是法兰西防御基本局面。

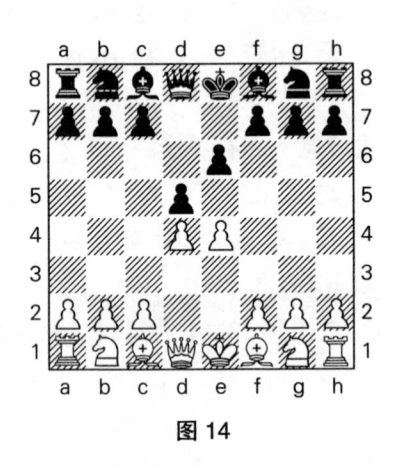

**图14**

下面介绍三种主要的变化：

第一种变化

3. e4-e5

这是一种古老变例。白方固定住中心，获得一定空间；而黑方则在后翼行动，攻击中心d4兵。

3. ………… c7-c5！

这是法兰西防御中典型的反击方法。

4. c2-c3

白方尽力巩固住中心兵阵，如走4. d×c5，则4. … 马

c6 5. 马 f3 象×c5 6. 象 d3 马 ge7 7. 象 f4 后 b6 8. 0-0 马 g6 9. 象 g3 后×b2，黑方得兵占优。

4. ………… 马 b8-c6 5. 马 g1-f3 后 d8-b6!

攻击 b2 和 d4 格，并阻止马 bd2，走法有力。

6. 象 f1-e2

如改走 6. 象 d3，则 6. … c×d4 7. c×d4 象 d7，白方将只好走象 e2，白方失先。

6. ………… 马 g8-e7 7. 马 b1-a3 c5×d4

8. c3×d4 马 e7-f5 9. 马 a3-c2 象 f8-e7

如象 b4 将军看上去是先手，实际对黑方不利。

10. 车 a1-b1 a7-a5（图 15）

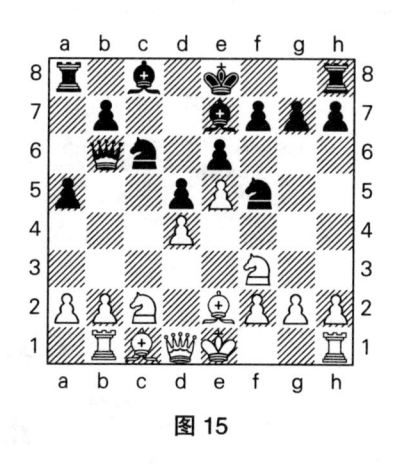

图 15

双方各有千秋，局势均衡。

第二种变化 尼姆佐维奇变例

3. 马 b1-c3

这是最流行的变例。白方坚持占领中心的原则，易导致复杂多变的对攻局面。

3. ……………   象 f8-b4

形成尼姆佐维奇变例。它的战略思想是先牵住 c3 马，然后再 c5、后 c7 等，从后翼反击。

4. e4-e5　　马 g8-e7　　5. a2-a3　　象 b4×c3+
6. b2×c3　　c7-c5　　7. a3-a4

白方以破坏自己兵形为代价，换掉了黑方黑格象，现在准备出象 a3，来控制黑方薄弱的黑格。

7. ……………   马 b8-c6　　8. 马 g1-f3　　后 d8-a5

黑方在后翼和中心活动，白方保留双象，双方大致均势。

第三种变化　塔拉什变例

3. 马 b1-d2

白方马 d2 避免被象牵制，意图使局势相对简明，以获得稍优局面。

3. ……………   c7-c5！　　4. e4×d5　　e6×d5
5. 马 g1-f3　　马 b8-c6　　6. 象 f1-b5　　象 f8-d6
7. 0-0　　马 g8-e7　　8. d4×c5　　象 d6×c5
9. 马 d2-b3　　象 c5-d6　　10. 马 b3-d4　　0-0
11. 象 c1-g5　　f7-f6
12. 象 g5-e3　　马 c6-e5
13. 车 f1-e1（图 16）

以下白方可通过对黑 d5 兵的牵制，获得稍优局面。

## （三）西西里防御

西西里防御是最典型的半开放性开局，也是目前十分流行的开局。

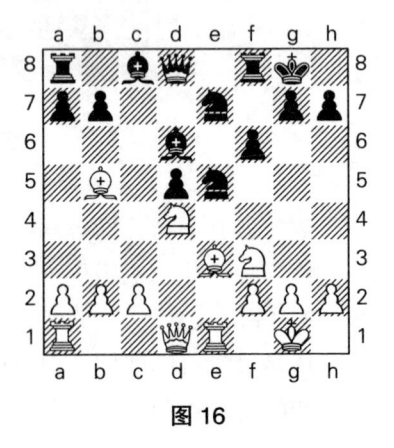

图 16

## 第六章 常用开局

此开局特点是：黑方空间较小，但子力协调，具有很大潜力，黑方积极组织兵力从后翼发动反击，来对抗白方在王翼的进攻。

1. e2-e4　　　c7-c5（图 17）

图 17 形成西西里防御基本局面。

西西里防御内容丰富，变化十分复杂，是比较难掌握的一种开局。

下面介绍四种主要变化：

第一种变化　龙式变例

2. 马 g1-f3　　d7-d6
3. d2-d4　　　c5×d4
4. 马 f3×d4　　马 g8-f6
5. 马 b1-c3　　g7-g6

（图 18）

如图 18 由于黑方兵形（h7、g6、f7、e7、d6）好像一条龙，所以命名为龙式变例。

黑方准备出侧翼象 g7，保持双象畅通，并控制 a1-h8 大斜线，威胁白 d4 和 c3 马，配合其他子力反击中心和后翼。但由于 g 兵冲起，削弱了王翼，从而遭到白方在王翼的进攻。

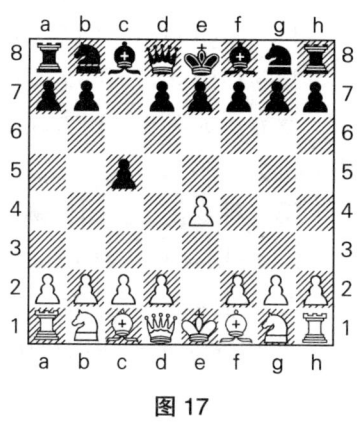

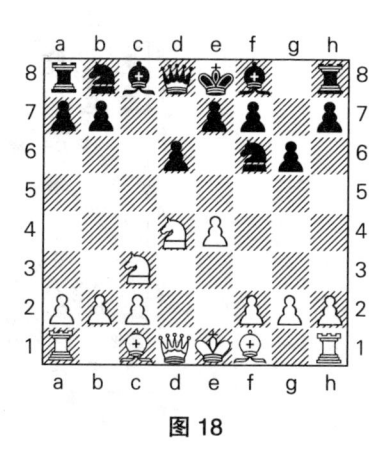

图 17

图 18

299

6. 象c1-e3　　象f8-g7

不能走6.…马g4，因7. 象b5将军，白方得子。

7. f2-f3

白方采用拉乌捷尔攻击，准备长易位后直接向黑方王翼进攻。

7. …………　　马b8-c6　　8. 后d1-d2　　0-0
9. 象f1-c4　　象c8-d7　　10. 0-0-0　　车a8-c8
11. 象c4-b3　　马c6-e5　　12. h2-h4　　马e5-c4
13. 象b3×c4　　车c8×c4

双方形成对攻，白方攻王翼，黑方在后翼反击，一般认为白方机会较多。

第二种变化　　封闭变例

2. 马b1-c3　　马b8-c6　　3. g2-g3　　g7-g6
4. 象f1-g2　　象f8-g7　　5. d2-d3　　d7-d6（图19）

图19形成西西里防御中的封闭体系。

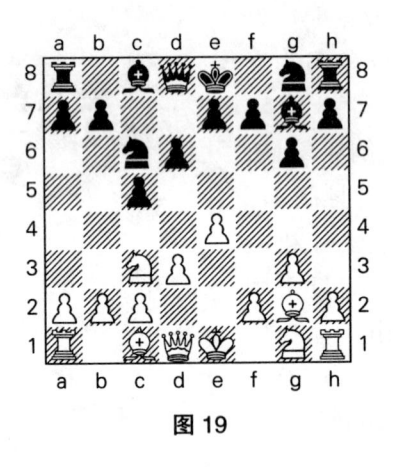

图19

白方在中心先不和黑方交换，而是积极出动子力控制中心。黑方则运马到 d4，然后在后翼反击，因此常形成在两翼对攻的局势。

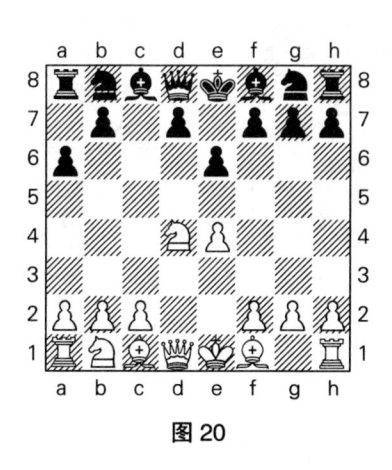

| 6. f2–f4 | e7–e6 | 7. 马 g1–f3 | 马 g8–e7 |
| 8. 0–0 | 0–0 | 9. 象 c1–e3 | 马 c6–d4 |
| 10. 车 a1–b1 | b7–b6 | 11. 马 c3–e2 | 马 d4×f3+ |
| 12. 象 g2×f3 | 马 e7–c6 | 13. c2–c3 | 象 c8–b7 |

白方稍优。

第三种变化　保尔逊变例

| 2. 马 g1–f3 | e7–e6 | 3. d2–d4 | c5×d4 |
| 4. 马 f3×d4 | a7–a6 | （图 20） | |

图 20

黑方挺起 e6 开通了黑格象线路，而兵 a6 是以后准备走 b5、象 b7 等，在中心和后翼进行反击。此变例反弹力强，双方都有较多的选择余地，因此受到棋手的喜爱和重视。

5. 马 b1-c3  后 d8-c7  6. 象 f1-e2  马 b8-c6
7. f2-f4  马 c6xd4  8. 后 d1xd4  b7-b5
9. 象 c1-e3  象 c8-b7  10. 0-0  车 a8-c8
11. a2-a3  马 g8-f6  12. 象 e2-f3  象 f8-e7
13. 车 a1-d1  0-0 （图 21）

图 21，双方互有机会，形势一时难分优劣。

第四种变化  舍维宁根变例
2. 马 g1-f3  d7-d6  3. d2-d4  c5xd4
4. 马 f3xd4  马 g8-f6  5. 马 b1-c3  a7-a6
6. 象 f1-e2  e7-e6 （图 22）

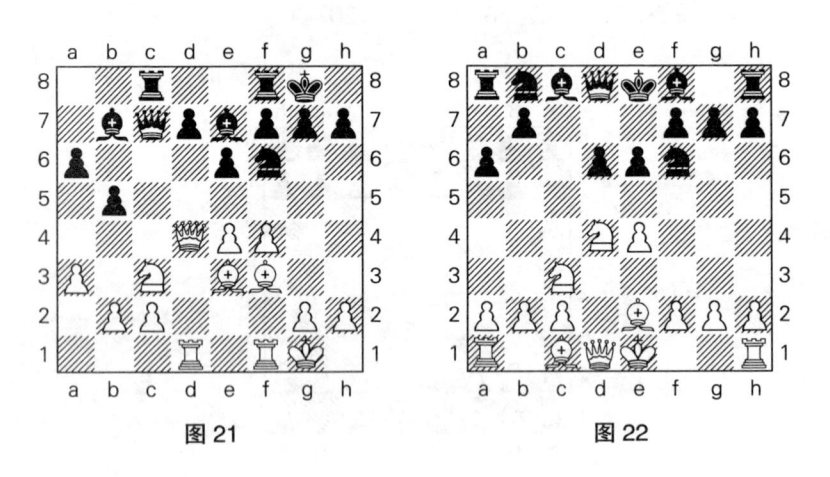

图 21

图 22

图 22，黑方 d6、e6 两兵严密防守中路，富于弹性。

7. 0-0  象 f8-e7  8. f2-f4  0-0
9. 象 c1-e3  马 b8-c6

形成此变例的典型局面，白方空间大，双象位于好点可随机而动；而黑方子力虽处于低位，但子力协调，防守准确，静观动向，局势大致相等。以下的续着大致是这样的：

10. 后 d1-e1

准备调向王翼攻王。

10. ………… 马 c6×d4

兑马减轻中心压力，并为走兵 b5、象 b7 等从后翼展开反击争取时间。

11. 象 e3×d4　b7-b5（图 23）

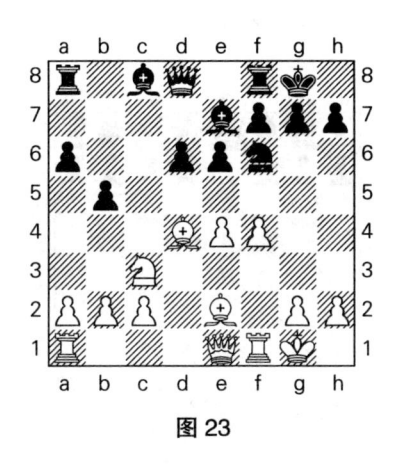

图 23

至此，形成白方攻王翼、黑方攻后翼的阵形，双方互有机会。

## 三、封闭性开局

封闭性开局战略计划深远，在开局阶段战术组合出现得较晚。双方大多在己方阵地进行子力调动，为争夺控制中心而积极努力。

封闭性开局内容丰富，变化复杂，深受高手的喜爱。这里只简明介绍两种开局供大家参考。

## （一）后翼弃兵

后翼弃兵即白方在后翼冲兵 c4，以争取开阔的空间和巩固中心兵阵。它的布局复杂，内容十分丰富，这里我们只选择几种主要变化作介绍。

1. d2-d4　　d4-d5　　2. c2-c4（图 24）

图 24 形成后翼弃兵基本局面。

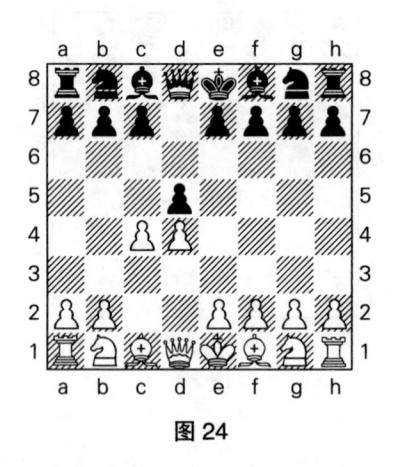

图 24

第一种变化　吃后翼弃兵

2. ……………　d5×c4　　3. 马 g1-f3　　马 g8-f6
4. e2-e3　　e7-e6　　5. 象 f1×c4　　c7-c5
6. 0-0

及时易位，以便快速出动王翼车控制中路。

6. ……………　a7-a6　　7. 后 d1-e2　　b7-b5
8. 象 c4-b3　　象 c8-b7　　9. 车 f1-d1　　马 b8-d7
10. 马 b1-c3　　后 d8-b8

双方大致均势。

第二种变化　正统防御

2. ………… 　　e7-e6　　3. 马b1-c3　　马g8-f6
4. 象c1-g5　　象f8-e7　　5. e2-e3　　0-0（图25）

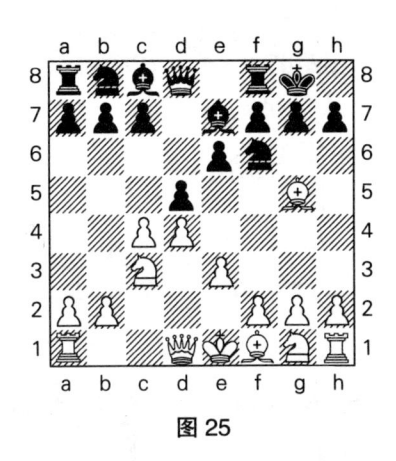

图25

6. 马g1-f3　　马b8-d7　　7. 车a1-c1　　c7-c6！
8. 象f1-d3　　d5×c4

导致大量兑子，迅速简化局面。

9. 象d3×c4　　马f6-d5　　10. 象g5×e7　　后d8×e7

如走10. … 马×c3，则11. 象×d8 马×d1 12. 象e7 车e8 13. 象a3，白方得马。

11. 0-0　　马d5×c3　　12. 车c1×c3　　e6-e5！
13. d4×e5　　马d7×e5

黑方解决了c8象的通路，阵营中无弱点，白方仍保持微小的先行之利。

## （二）斯拉夫防御

斯拉夫防御是后翼弃兵开局中的一个重要分支，是对付后翼弃兵的主要开局之一。

在斯拉夫防御中，黑方用兵 c6 来巩固 d5 中心兵，从而保证了 c8 象线路畅通。布局特点是双方防守较为稳固，计划性较强，而进攻行动稍显平和、缓慢。

1. d2-d4　　　d7-d5　　2. c2-c4　　c7-c6（图 26）

图 26 形成斯拉夫防御基本局面。

下面介绍三种主要变化：

第一种变化　兑换变例

3. c4×d5　　　c6×d5　　4. 马 b1-c3　　马 g8-f6
5. 马 g1-f3　　马 b8-c6　　6. 象 c1-f4（图 27）

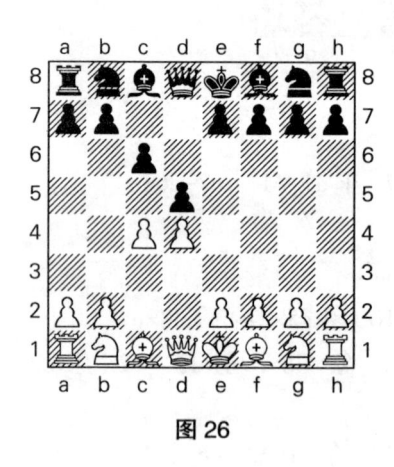

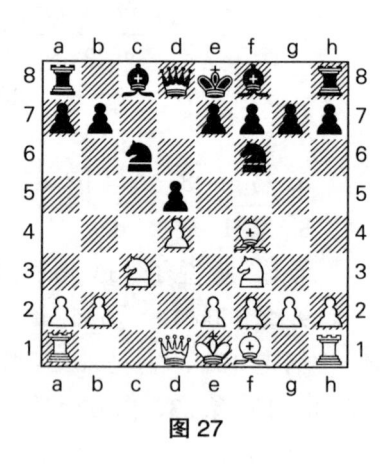

图 26

图 27

图 27 形成斯拉夫防御兑换变例基本局面。

6. ………… 　象 c8-f5　　7. e2-e3　　e7-e6
8. 象 f1-b5　　马 f6-d7　　9. 后 d1-a4　　车 a8-c8
10. 0-0　　　a7-a6
11. 象 b5×c6　　车 c8×c6　　大致均势。

第二种变化　米兰变例

3. 马 g1-f3　　马 g8-f6　　4. 马 b1-c3　　e7-e6

5. e2-e3　　马 b8-d7（图 28）

图 28 形成米兰变例基本局面。

6. 后 d1-c2

也可走 6. 象 d3，以下 6. ⋯　dxc4　7. 象×c4　b5　8. 象 d3。

6. ⋯⋯⋯⋯　象 f8-d6　　7. 象 c1-d2　　0-0

8. 0-0-0　　e6-e5　　9. c4×d5　　c6×d5

10. 马 c3-b5　　象 d6-b8　　11. d4×e5　　马 d7×e5

12. 象 d2-c3　　后 d8-e7　　13. 象 c3-d4　　b7-b6（图 29）

图 29 双方反方向易位，各有顾忌，形势大致相等。

第三种变化　斯拉夫弃兵

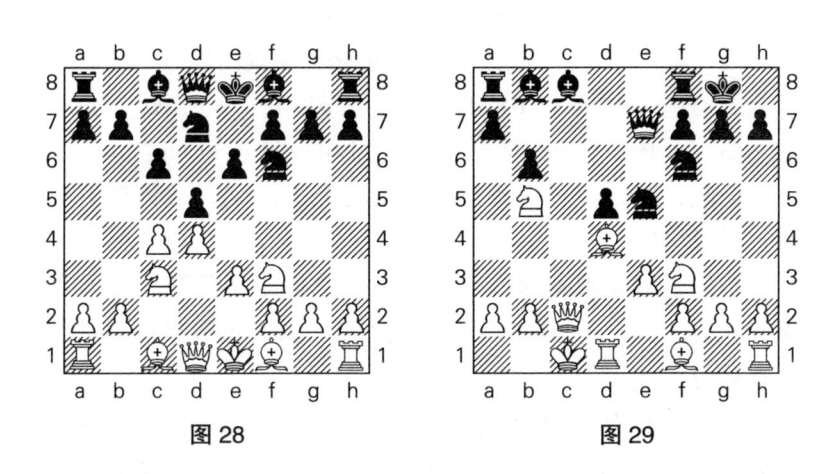

图 28

图 29

3. 马 b1-c3　　e7-e6

白方有中心优势，线路通畅，黑方则以对称的兵阵形成坚固的防守。

4. e2-e4

白方立即冲兵，挑起事端，将形成激烈复杂的变化。

4. ……………  d5×e4    5. 马 c3×e4    象 f8-b4+

利用先手将军出动子力，是开局中常用的手段。

6. 象 c1-d2

为了保持先手，白方弃掉 d4 兵。

6. ……………  后 d8×d4   7. 象 d2×b4   后 d4×e4+

8. 马 g1-e2   马 b8-a6！

白方弃兵后，出子占先，子力位置优越。为了阻止白后进至 d6 格，黑马 a6 及时攻击危险的 b4 白象。

9. 象 b4-f8！   马 g8-e7

黑方明智地弃回一兵，进马助攻。如 9. … 王×f8 则 10. 后 d8 将杀。

10. 象 f8×g7   马 a6-b4   11. 后 d1-d6！

攻守兼备的好棋，既为王腾出逃路，又攻击黑方王城。

11. ……………   马 b4-d3+   12. 王 e1-d2   马 e7-f5

13. 后 d6×d3   后 e4×d3+   14. 王 d2×d3   马 f5×g7

至此，双方经过一番搏斗，子力大大简化，形势趋于平稳，形成均势。

当你学习完本章内容后，你已经掌握了一些开局基本知识，并记住了一些开局的谱着，这对于提高你的开局能力是十分有益的。

但是学习开局不能只是机械地背谱，每个开局都有它特有的战略计划，要注意体会开局和中局的衔接，要注意从高手的典型对局中吸取经验，并在平时多实践。开始学习开局不要求

## 第六章 常用开局

多求全，应力求少而精，循序渐进。学习开局也不要把主要精力用在研究开局圈套上，而要重在对开局原理的理解。

至于哪一种开局最适于你，应根据自己的气质、棋风和爱好，经过大量实战来慢慢体会。另外也要根据不同的对手，不同的风格来选用不同的开局。

世上无难事，只要肯攀登。相信经过你的不断努力，你的开局水平乃至全局水平，一定会有新的飞跃。